Wissen
auf einen Blick

Weltliteratur

Wissen
auf einen Blick

Weltliteratur

Annerose Sieck, Mathias Hejny

NGV

Bildnachweis
akg-images: 37, 57, 61, 65
Interfoto, München: 9, 13, 15, 17, 19, 21, 23, 25, 29, 31, 33, 35, 39, 41, 43, 45, 47, 51, 53, 55, 59, 63, 67, 73, 75, 77, 79, 81, 85, 87, 89, 93, 95, 97, 99, 101, 105, 107, 109, 111, 113, 115, 117, 119, 121, 123, 127, 129, 131, 133, 137, 139, 141, 143, 145, 147, 149, 151, 153, 155, 157, 159, 161, 163, 165, 167, 169, 171, 173, 175, 177, 179, 181, 183, 185, 189, 191, 192, 197, 199, 201, 203, 205, 207
picture-alliance/akg-images: 49
picture-alliance/dpa: 91, 135, 195
SITHO, München: 11
twinbooks, München: 27, 69, 71, 83, 103, 125, 187

Gesamtherstellung: Naumann & Göbel Verlagsgesellschaft mbH, Köln
Realisation und Redaktion: twinbooks, München

ISBN 978-3-625-11421-5

www.naumann-goebel.de

Inhalt

Vorwort

„Bücher sind mehr als Bücher.
Sie sind das Leben,
der Wesenskern vergangener Zeiten,
das, wofür Menschen gelebt
und gearbeitet haben und gestorben sind,
die Essenz und Quintessenz ihres Daseins."

Amy Lowell

Die Literatur ist seit Jahrtausenden in allen Teilen der Erde ein wichtiger Bestandteil des gesellschaftlichen Lebens, ein Kulturgut, mit dem sich die Menschen ihrer selbst vergewissern. Dies hat sich auch im Zeitalter von Fernsehen und Internet nicht geändert. Trotz der Überflutung mit Informationen durch andere Medien wurde das Buch – anders als von vielen zunächst vermutet – nicht in die unzugänglichen und verstaubten Ecken der Bibliotheken verbannt. Im Gegenteil: Allein auf dem deutschsprachigen Buchmarkt erscheinen jährlich bis zu 100 000 neue Titel, und gerade angesichts des hektischen Alltags erleben viele Menschen das Lesen neu. Sie genießen die Ruhe der Lektüre, die es ermöglicht ein geradezu intimes Verhältnis zu den Zeilen des Autors zu entwickeln. Entsprechend gefragt sind Buchempfehlungen, sei es durch die Literaturkritiker, von denen einige geradezu berühmt sind, die Literatursendungen im Fernsehen, die Bestsellerlisten in den Zeitschriften. Denn „der wirkliche Liebhaber von Büchern muss sie gar nicht alle gelesen haben. Wichtig ist, dass man weiß: Es gibt dieses oder jenes Buch und man hat es zur Verfügung – für die Zukunft." (Umberto Eco)

Der Begriff Literatur kommt aus dem Lateinischen und bedeutet Sprachkunst, Schrift, Schrifttum. Ohne Sprache und Schrift wäre Literatur nicht möglich geworden. Die Erfindung der Schrift ist eine der wichtigsten Errungenschaften der menschlichen Zivilisation. Die anfänglich komplizierten Bildersprachen – etwa die ägyptischen Hieroglyphen – wurden um 1500 v. Chr. vom ersten einfachen Alphabet abgelöst. Um 800 v. Chr. übernahmen die Griechen dieses System und ergänzten es mit Vokalzeichen. So wurde das griechische Alphabet im Laufe der folgenden Jahrhunderte zum Vorbild des lateinischen Alphabets, das wir auch heute noch benutzen. So alt wie die Schrift ist auch die Geschichte der Literatur. Wurden bis zur Erfindung der Schrift wichtige Informationen, aber auch geheimes Wissen, Rituale, Mythen, Legenden und Sagen mündlich weitergegeben, so konnten sie jetzt aufgeschrieben und auf diese Weise für die Nachwelt erhalten werden. Eindrucksvolles Zeugnis davon geben die ersten großen Versepen.

Doch was ist eigentlich Weltliteratur? Internationale Verbreitung allein kann keine hinreichende Bedingung für die Auswahl sein. Als Weltliteratur bezeichnet man Werke, die international bekannt und weltweit gelesen wurden und werden. Weltliteratur – das ist aber auch ein Spiegel der Zeitgeschichte. Sie umfasst literarische, philosophische und religiöse Texte, die im Laufe von Jahrhunderten eine herausragende Bedeutung gewonnen haben, sei es, dass sie stellvertretend für eine bestimmte literarische Epoche stehen, sei es, dass sie neue literarische Traditionen oder Gattungen begründet haben. Der Franzose Gustave Flaubert wurde Wegbereiter des Realismus, der britische Autor Charles Dickens begründete den sozialen Roman, der deutsche Schriftsteller Georg Büchner das soziale Drama und Heinrich Bölls Name steht für die so genannte Trümmerliteratur der deutschen Nachkriegszeit. Der russische Literat Maxim Gorki wies der Literatur eine „dienende" Funktion zu: Sie sollte den Leser im kommunistischen Sinne erziehen. Die Beispiele ließen sich beliebig fortsetzen. Eines haben all diese Autoren gemeinsam: Ihre Werke beeinflussten die Literatur der Welt und setzten eine Entwicklung in Gang. Erstmals wurde der Begriff „Weltliteratur" von Christoph Martin Wieland (1733–1813), einem deutschen Dichter zur Zeit der Aufklärung, verwendet.

Zu den Klassikern der Weltliteratur gehören zum Beispiel „Der dritte Mann" von Graham Greene, „Schuld und Sühne" von Fjodor Dostojewski, „Effi Briest" von Theodor Fontane, „Das Glasperlenspiel" von Hermann Hesse, die „Odyssee" von Homer, Grimms Märchen, „Ulysses" von James Joyce, „Der Mensch in der Revolte" von Albert Camus oder die „Buddenbrooks" von Thomas Mann. Egal ob Drama, Komödie, Roman, Novelle, Fabel, Ballade, Märchen, Gedicht, Pamphlet oder Manifest: Weltliteratur kennt keine formalen Grenzen. Die düstere Roman-Vision „1984" von George Orwell ist heute genauso anerkannt wie Heinrich Heines Versepos „Deutschland, ein Wintermärchen" oder der Abenteuerroman „Robinson Crusoe" von Daniel Defoe. Form und Gattung spielen keine Rolle. Auch die Epoche nicht. Jede Zeit und Epoche hat Weltliteratur hervorgebracht und die jeweilige Kultur geprägt: Antike Komödien, mittelalterliche Versepen oder Minnegesang, Schriften der Aufklärung, klassische Dramen, romantische Gedichte, realistische Romane, naturalistische Bühnenstücke, expressionistische Experimente, Literatur der Neuen Sachlichkeit, Trümmer- oder Gegenwartsliteratur.

Die Welt der Literatur ist in Zeiten der Globalisierung ins Unüberschaubare gewachsen. Günter Grass, William Shakespeare, Thomas Mann, Theodor Fontane, George Orwell, Anton Tschechow, Jean-Paul Sartre, Heinrich Heine, Nadine Gordimer – nahezu jeder kennt diese Namen und verbindet mit ihnen große Literatur. Oft allerdings hat man alles Nähere vergessen. Nachschlagewerk und Lesebuch zugleich, präsentiert dieses Buch 100 berühmte Schriftsteller, „Meilensteine der Literatur", und eine Auswahl der bedeutendsten Werke der Literaturgeschichte. Es informiert über Autoren und Werke aus allen Zeiten, Kulturen und Sprachgebieten und bietet damit zugleich Orientierung in der Vielfalt der Bücher, die die Menschheit bewegten und immer noch bewegen. Lassen Sie sich nun in die Welt der Literaten und Meisterwerke entführen und entdecken Sie Ihre Leselust neu.

Wie sagte bereits Johann Wolfgang von Goethe? „Nationalliteratur will jetzt nicht viel sagen; die Epoche der Weltliteratur ist an der Zeit, und jeder muss jetzt dazu wirken, diese Epoche zu beschleunigen."

Das Gilgamesch-Epos: Die Wiege der Literatur
(12. Jahrhundert v. Chr.)

Das Gilgamesch-Epos, das erste Großepos der Weltliteratur, war schon zu Zeiten seiner Entstehung berühmt. Gilgamesch und sein Gefährte Enkidu – im Bild als Löwenbezwinger – sind die Helden der Handlung.

Viele winzige Tonscherben

Gilgamesch war ein König der mesopotamischen Stadt Uruk, der um 2600 v. Chr. lebte und herrschte. Kürzere epische Dichtungen über ihn liegen aus der Zeit um 2000 v. Chr. vor. Dieses Material diente dem Dichter Sinlekunninni in der mittelbabylonischen Zeit (etwa 1200 v. Chr.) als Grundlage für eine zusammenhängende Komposition in akkadischer Sprache, einer ostsemitischen Sprache des alten Mesopotamiens. So entstand das eigentliche Gilgamesch-Epos.

Ein Exemplar dieses auf zwölf Tontafeln in Keilschrift niedergeschriebenen Zyklus wurde in der Bibliothek des assyrischen Königs Assurbanipal (669–um 627 v. Chr.) gefunden. Mehr als 2000 Jahre waren die Tafeln verschollen, bis sie der Brite George Smith 1872 entdeckte. Aus Tausenden von winzig kleinen Tonscherbenstücken konnten zwölf Tafeln mit etwa 3600 Textzeilen rekonstruiert werden. Das Epos besticht durch seinen klaren Aufbau, seinen prägnanten Stil und seine dichterische Sprache. Bei den überlieferten Ereignissen sind die Götter so stark in das Geschehen eingebunden, dass die Grenzen zwischen Epos und Mythos verfließen. Das Gilgamesch-Epos war im gesamten Alten Orient verbreitet und auch in der klassischen Antike bekannt.

Keilschrift

Im dritten Jahrtausend v. Chr. gelang es den Sumerern erstmals, ein Aufzeichnungssystem zu entwickeln, das die gesprochene Sprache wiedergeben konnte: die erste Schrift. Die in Ton geritzten Zeichen wurden im Laufe der Zeit stilisiert und nicht mehr in den Ton geritzt, sondern mit einem Schreibgriffel eingedrückt. Die Keilform dieser Zeichen gab der sumerischen Schrift den Namen Keilschrift. Sie war rund 2500 Jahre lang in Gebrauch.

Auf der Suche nach Unsterblichkeit

Die Geschichte ist einfach: Um die strenge Herrschaft des Königs Gilgamesch über die Bewohner Uruks – sie müssen Tag und Nacht an der Stadtmauer bauen – zu beenden, schaffen die Götter einen Gegner für ihn: den Steppenmenschen Enkidu. Nach einem unentschiedenen Kampf wird dieser jedoch Gilgameschs Gefährte. Gemeinsam begehen die beiden Heldentaten, die allerdings von den Göttern missbilligt werden, sodass Enkidu auf Beschluss der Götterversammlung erkrankt und stirbt. Gilgamesch wird nun von der Angst umgetrieben, sterben zu müssen, und macht sich auf die Suche nach Unsterblichkeit. Auf dem Weg zu seinem Vorfahren Utnapischtim, dem einst die Unsterblichkeit verliehen wurde, vollbringt er weitere Heldentaten. Schließlich berichtet ihm Utnapischtim, dass er unsterblich wurde, als er die Sintflut durch den Bau einer Arche überlebte. Er verrät Gilgamesch auch das Geheimnis von einer jugendverleihenden Pflanze. Nachdem Gilgamesch diese gefunden hat, wird sie ihm jedoch von einer Schlange entwendet. Er stirbt mit der Erkenntnis der Sinnlosigkeit seines Vorhabens.

Gemeinsam bestehen die Helden Gilgamesch und Enkidu eine ganze Reihe von Abenteuern. Dieses sumerische Rollsiegel, ein Siegel aus Stein aus der Zeit um 2000 v. Chr., mit dem man Motive in weichen Ton prägen konnte und das sich heute im Musée d'Art et d'Histoire in Genf befindet, zeigt die beiden Helden im Kampf mit wilden Löwen.

Homer: Lehrmeister der Antike

(8. Jahrhundert v. Chr.)

Der Schöpfer der beiden ersten Großepen „Ilias" und „Odyssee" galt bereits im Altertum als bedeutender Dichter. Seine Heldenepen übten großen Einfluss auf die griechische Sprache, Literatur und Kunst aus. Beinahe jeder Epiker in der abendländischen Literatur berief sich auf das homerische Vorbild oder setzte sich kritisch damit auseinander. Über Homers Person hat allerdings seit jeher Unsicherheit geherrscht. Viele stellten ihn sich als blinden Greis vor.

Die „Ilias"

Die Ilias, die älteste Dichtung des Abendlandes, spielt im letzten Jahr des Trojanischen Krieges, der auch den Hintergrund für die Haupthandlung bildet. Homer verarbeitete hier nicht nur eigenes Gedankengut, sondern schöpfte auch aus den Überlieferungen mündlicher Dichtung. Das Epos veranschaulicht, dass Selbstbeherrschung die höchste Form des Handelns ist. In 24 Büchern schildert die „Ilias" den Zorn des griechischen Helden Achill. Vom Heeresführer Agamemnon gekränkt, verlässt er die griechische Streitmacht, die daraufhin schwere Niederlagen im Kampf gegen die Bewohner von Troja erleidet. Achill zeigt sich unversöhnlich, lässt jedoch zu, dass sein Gefährte Patroklos an seiner Stelle die Truppen anführt. Als dieser im Kampf fällt, richtet sich der Zorn des Achill gegen die Trojaner, deren Heerführer Hektor – ein Sohn des Königs Priamos – er im Zweikampf tötet. Die Dichtung endet mit den Totenfeierlichkeiten für Hektor. Die Haupthandlung wird von zahlreichen Nebenepisoden unterbrochen, die verschiedene von Göttern abstammende Helden im Zweikampf zeigen, und auch die Götter selbst mischen sich immer wieder in die Kampfeshandlungen ein.

Die „Odyssee"

Die „Odyssee" gilt als das zweitälteste Dokument der abendländischen Literatur. Inhalt der 24 Bücher, die einen Zeitraum von zehn Jahren darstellen, sind die Irrfahrten des griechischen Helden Odysseus nach dem Ende des Trojanischen Krieges und die Heimkehr zu seiner Gattin Penelope. Der erste Teil des Epos beginnt kurz vor seiner Heimkehr: Nach einem Schiffbruch erzählt Odysseus seinen Rettern von seinen Irrfahrten, in deren Verlauf er zahllosen Gefahren ausgesetzt war. In Form von Rückblenden erzählt er also selbst seine Abenteuer, etwa beim Menschen fressenden einäugigen Riesen Polyphem oder bei der verlockenden Nymphe Kalypso, die ihm Unsterblichkeit verspricht, würde er als ihr Ehemann bei ihr bleiben. Parallel dazu werden die Vorgänge in der Heimat des Helden beschrieben, wo sich eine Horde Freier in seinem Haus niedergelassen hat und um die Gunst seiner Frau buhlt. Penelope kann sich dieser nur mit einer List erwehren und schickt ihren Sohn Telemachos aus, um nach seinem Vater zu suchen. Der zweite Teil des Epos berichtet von Odysseus' Heimkehr nach Ithaka, wo er sich zunächst heimlich der Loyalität seiner Dienerschaft versichert und dann blutige Rache an den Freiern seiner Frau nimmt.

Schon in der Antike nahm die „Odyssee" eine überragende Stellung ein. Sie galt als meisterhafte Darstellung des griechischen Wesens.

Die Homerische Frage

Homers historische Existenz wurde bisher nicht belegt, und über die Frage, ob die „Ilias" und die „Odyssee" wirklich von ein und demselben Verfasser stammen, gingen und gehen die Meinungen weit auseinander. Heute ist man sich zumindest darin einig, dass Homer wirklich gelebt hat. Darüber hinaus legen Untersuchungen die Vermutung nahe, dass beide Dichtungen im 8. Jahrhundert v. Chr. an der von Griechen besiedelten Westküste Kleinasiens entstanden sind.

Die Alabasterbüste des dänischen Bildhauers Thorvaldsen (1770–1844) zeigt den Dichter, der in Smyrna (heute Izmir) geboren wurde. Als Sterbeort gilt die Insel Ios.

Äsop: Begründer der Fabel
(Mitte 6. Jahrhundert v. Chr.)

Der legendäre Fabeldichter, der in einfachen Geschichten die menschlichen Schwächen betrachtete, gilt als wichtigster Vertreter und gleichzeitig Begründer der Fabeldichtung. Er sammelte ältere griechische und römische Fabeln, fasste sie zusammen und ergänzte sie mit eigenen Geschichten.

Vom Sklaven zum Freigelassenen

Die Gestalt des berühmten Fabeldichters verliert sich zwischen Sage und Historie. Nach Angaben Herodots (um 490–um 425 v. Chr.) lebte Äsop (Aisopus) im 6. Jahrhundert v. Chr. auf der Insel Samos. Er soll der verkrüppelte Sklave eines Mannes namens Xanthes gewesen sein.

Äsops Weisheit, Witz und Erzählungen waren jedoch bei den Menschen so beliebt, dass er es wagte, seine Freilassung zu fordern. Xanthes gewährte sie ihm, nachdem er eingesehen hatte, dass Äsop ihm an Klugheit weit überlegen war. Im Anschluss soll Äsop mehrere Reisen unternommen und sich eine Zeit lang am Hofe des lydischen Königs Kroisos aufgehalten haben. In dessen Auftrag reiste er auch nach Delphi, wo er später unschuldig hingerichtet wurde – ihm wurde vorgeworfen, die Einwohner der Stadt beleidigt zu haben.

Geschichten für das Volk

Äsops volkstümliche Fabeln, die mit ihren Hauptfiguren in Tiergestalt sowohl Gesellschaftskritik übten als auch humorvoll die menschlichen Schwächen aufs Korn nahmen, wurden zunächst mündlich überliefert und erst Jahrhunderte später niedergeschrieben. In der lateinischen Fassung, die Phaedrus (tätig bis um 50 n. Chr.) im ersten Jahrhundert verfasste, verschob sich der Akzent von der Satire zum Lehrstück.

Als solches erlangte die Fabel im Mittelalter und zur Zeit des Humanismus große Bedeutung, bis sie durch Jean de La Fontaine (1621–1695) im 17. Jahrhundert ihren satirischen Biss zurückerhielt. In den Fabeln können Tiere sprechen. Sie handeln wie Menschen mit ihren Vorzügen und Schwächen und verkörpern menschliche Eigenschaften wie List, Schlauheit, Stärke, Geiz, Faulheit oder Überheblichkeit. Äsops Fabeln sind die einzigen Werke aus der griechischen Antike, die über Jahrhunderte hinweg in ganz Europa verbreitet waren.

Die Sammlung, die heute Äsops Namen trägt (Äsopische Fabeln), besteht zum größten Teil aus späteren Prosa-Umschreibungen der Fabeln des griechischen Fabeldichters Babrios (1. Jahrhundert n. Chr.).

Äsops Fabel „Die Krähen und die Vögel"

Äsop werden eine Vielzahl von lehrreichen Erzählungen zugeschrieben, in denen sprechende Tiere die Rolle von Menschen übernehmen, eine davon handelt von Krähen und Vögeln:

„Jupiter wollte den Vögeln einen König geben und setzte einen Tag fest, an welchem sie zusammenkommen sollten. Die Krähe sammelte im Bewusstsein ihrer Hässlichkeit die Federn, welche den andern Vögeln ausgefallen waren, und bekleidete sich mit denselben.

Als nun der bestimmte Tag kam, ging sie in ihrem bunten Schmucke in die Versammlung. Doch da sie Jupiter wegen ihrer Schönheit zum König erwählen wollte, rissen ihr die erzürnten Vögel die Federn aus, indem ein jeder diejenigen herauszupfte, welche ihm zugehörten. So war die Krähe bald wieder nichts anderes, als was sie ursprünglich gewesen war, nämlich eine hässliche Krähe.

Fazit: Auch jene Menschen, die sich durch fremde Macht erhoben haben und sich nun ihres Reichtums brüsten, gewähren, wenn jeder zurückfordert, was ihm gebührt, einen kläglichen Anblick und sind dann nichts mehr, als was sie früher waren."

Der Fabeldichter Äsop auf einem Holzschnitt in der Ulmer Äsop-Ausgabe von Heinrich Steinhöwel aus dem Jahr 1476 mit dem Titel „Aesopus: Vita et Fabulae". Kaum ein anderer antiker Dichter steht so hoch auf der Beliebtheitsskala wie Äsop.

Das Mahabarata und der Sanskrit

(4. Jahrhundert v. Chr. – 4. Jahrhundert n. Chr.)

Das Mahabarata ist eines der gewaltigsten Heldenepen der Menschheit und das älteste literarische Werk Indiens. Seine Ursprünge liegen in der Mitte des ersten vorchristlichen Jahrtausends; in der heute bekannten Gestalt liegt es etwa seit dem vierten Jahrhundert unserer Zeitrechnung vor. Ähnlich wie die Edda oder das Nibelungenlied ist das Mahabarata nicht das Werk eines einzelnen Dichters, sondern eine Sammlung von Geschichten, Fabeln und Sagen in Gedichtform. Die auf 18 Bücher verteilten rund 106 000 Doppelverse haben den 15-fachen Umfang der Bibel und beschreiben den Gründungsmythos der Hindukultur.

> **Sanskrit**
>
> *Das Mahabarata ist in Sanskrit geschrieben, der Sprache der frühesten indischen Literatur, die um 1200 v. Chr. entstand. Sanskrit ist eine Kunstsprache, die vor allem in der Literatur und bei rituellen Handlungen verwendet wurde. Heute ist Sanskrit eine „tote" Sprache, die nur noch in religiösen oder wissenschaftlichen Kreisen gesprochen wird. Die modernen Sprachen Indiens – wie Hindi, Urdu, Bengali oder Punjab – sind aus dem Sanskrit hervorgegangen. Es ist Teil der indogermanischen Sprachfamilie, weshalb auch die klassischen wie modernen europäischen Sprachen im Sanskrit verwurzelt sind.*

Kampf um die Herrschaft in Indien

„Mahabarata" bedeutet „das große Epos der Nachfahren Bharatas". Der Name des Herrschergeschlechts Bharata ist bei den Hindus bis heute auch die Bezeichnung für Indien. Im Zentrum der Handlung steht der Thronfolgekonflikt zwischen den aus der Bharata-Dynastie hervorgegangenen Fürstenfamilien Kaurava und Pandava. Eingestreut in die Berichte um den Machtkampf sind Gedichte mit weiteren Erzählungen und Erörterungen, die mit dem Strang der Haupthandlung nur lose zusammenhängen. Dabei handelt es sich nicht nur um farbig ausfabulierte Legenden und Märchen aus dem alten Indien, sondern auch um Sachtexte. So werden Fragen der politischen Führung eines Landes, der Rechtsprechung und Verwaltung ebenso angesprochen wie solche der praktischen Lebenshilfe.

Die spirituelle Quelle der Hindus

Der folgenreichste Text aus dem Mahabarata ist die Bhagavadgita. Der „Gesang Gottes" ist eine Offenbarung des Gottes Krishna: In einem spirituellen Dialog überzeugt dieser den von Zweifeln gequälten Helden Arjuna von der Rechtmäßigkeit der bevorstehenden Schlacht zwischen den verfeindeten Stämmen. Arjuna zieht zwar in die Schlacht, aber das Mahabarata verherrlicht weder Krieg noch verklärt es Heldentum. Die Figuren des Epos sind in ihren persönlichen Stärken und Schwächen äußerst vielschichtig gezeichnet. Auf diese Weise entsteht ein über die Jahrtausende aktuell bleibendes Bild des Menschen. Mit dem Verweis auf den ewigen Kreislauf von Tod und Leben wird in der philosophischen Auseinandersetzung die Grundlage der hinduistischen Religion gelegt. Die Kraft der Bilder und die Schönheit der Poesie faszinierten auch europäische Denker. Der Dichter Johann Wolfgang von Goethe (1749–1832) bezeichnete die Bhagavadgita als das „Buch, das mich in meinem ganzen Leben am meisten erleuchtet hat". Der Wissenschaftler Wilhelm von Humboldt (1767–1835) fand hier „das Tiefste und Erhabenste, was die Welt aufzuweisen hat".

Ein Blick in eine historische Ausgabe des Mahabarata: Das über acht Jahrhunderte aus schriftlicher wie mündlicher Überlieferung entstandene Werk ist Nationaldichtung Indiens, Offenbarungsbuch der hinduistischen Religion und Teil der Weltliteratur.

मीमा त्रा रायपाडरोगत: श्री: स्तुए चैवसोमध्य तुरगश्चमनोजव: यतोदेवास्ततोजग्मुरादित्यपथमाश्रिता: धन्वंत
ति प्रतदम्भ्दुलंदृष्ट्वा दानवानां समुत्थित: अमृतार्थे महानादो ममेदमितिजल्पतां स्वैतैर्देतेस्वतु भिस्तु महाकायमा
मजायत घोर: जगदावृत्य सहसा सप्तमोत्रिरिव ज्वलन् त्रैलोक्यं मोहितं यस्य गंधमाघ्राय तद्विषं दृधारभगवान्

एवदारुणं तदनकज्वलन समानवर्चसं पुन: पुनर्क्षपतवेगवत्तदा विदारयद्भिरिवदुजान्सहस्त्रश: क्रूरैरतं पुरुषव
समूर्छतन प्रवेरितं विदुर्लते मुद्र: क्षितितयापपौरुरैरेस्वधिरमयो वृषागचवुद्र तथासुरैतगिरिभिरदीनचेतसोम
शो गगन मभिप्रपद्य त्राथांबराद्रपजनेना: प्रपेदिरे सपादपाव ऋविधमेपद पिला: महाद्रय: परिगलितांत्रसानं

Aristoteles: Der große Philosoph der Antike

(384–322 v. Chr.)

Neben Sokrates (470–399 v. Chr.) und Platon (427–347 v. Chr.) gilt Aristoteles als Begründer der klassischen philosophischen Kultur des Abendlandes. Der griechische Philosoph befasste sich mit dem gesamten Spektrum des antiken Wissens und war zu seiner Zeit einer der einflussreichsten Denker. Mit seinen Gedanken unter anderem zur Logik, Ethik, Politik, Poetik und Kunsttheorie legte er den Grundstein für zahlreiche wissenschaftliche Disziplinen.

Lehrer und Forscher

Aristoteles wurde in Stageira auf der Halbinsel Chalkidike in Nordgriechenland geboren. Er entstammte einer angesehenen Medizinerfamilie – sein Vater war Leibarzt des makedonischen Königs Amyntas. Auch Aristoteles sollte Arzt werden, weshalb er im Alter von 17 Jahren nach Athen ging. Er wurde Schüler der Platonischen Akademie, der von Platon gegründeten Philosophenschule, in der er später auch Lehrer war. Insgesamt verbrachte er hier mehr als 20 Jahre.

Das Jahr 342 brachte den Wendepunkt im Leben des Philosophen: König Philipp von Makedonien verpflichtete ihn als Erzieher für seinen Sohn Alexander den Großen. Nach dessen Thronbesteigung kehrte Aristoteles 334 nach Athen zurück. Dort gründete er eine eigene Schule, den Peripatos. Als Alexander der Große starb, wurde Aristoteles von den Gegnern des makedonischen Herrschers angeklagt und floh ins Exil nach Chalkis. Dort verstarb er ein Jahr später.

Das literarische Werk

Aristoteles' philosophische Lehrschriften waren ursprünglich nicht für eine Veröffentlichung bestimmt, sondern als Vorlesungsmanuskripte für die Hörer der Akademie konzipiert. Erst im 1. Jahrhundert v. Chr. wurden sie durch die Ausgabe des Andronikos von Rhodos einem breiteren Publikum zugänglich gemacht.

Im Gegensatz zu Platon, der Philosophie als eine alle Bereiche menschlichen Wissens umfassende Einzelwissenschaft betrachtete, ging Aristoteles von einem komplexen Gebäude von Einzelwissenschaften aus. Auf der Suche nach der „Grundlage allen Seins" befasste sich Aristoteles mit der Staatstheorie. In seinen Schriften, die unter dem Titel „Politica" zusammengefasst sind, entwirft er ausgehend vom Wesen des Menschen als „zóon politikón" eine philosophische Theorie der antiken Gesellschaft und des menschlichen Zusammenlebens. Mit seiner grundlegenden Schrift zur abendländischen Dichtung, der „Poetik", und der in ihrer psychologischen Konzeption bis heute bedeutenden „Rhetorik", ist Aristoteles das Sinnbild des Universalgelehrten, der alle Aspekte der menschlichen Lebenserfahrung zu einer umfassenden Ideenlehre, einem Gesamtbild des Wissens, verbindet.

Die Poetik

Die „Poetik", in der sich Aristoteles mit der Dichtkunst und ihren Gattungen auseinandersetzte, begründete die Tradition und Theorie der westlichen Dichtung. Die Schrift gliedert sich in drei Abschnitte. Der erste Teil legt dar, dass das Wesen der Dichtung – die Nachahmung (Mimesis) – der Natur des Menschen entspringt und deren oberstes Prinzip ist. Der zweite Teil behandelt die Tragödientheorie; die letzten Kapitel sind dem Epos gewidmet. Vermutlich ist die „Poetik" nur unvollständig überliefert. Darauf lassen Verweise auf nicht vorliegende Abschnitte – wie zum Beispiel zur Komödie – schließen. Die „Poetik" des Aristoteles bildete die Grundlage für die Dichtungslehre von Martin Opitz (1624), die französische Theaterlehre des 17. Jahrhunderts und schließlich die Poetik Johann Christoph Gottscheds (1730).

Nach seiner Herkunft wurde Aristoteles auch der „Stagirit" genannt. In seiner Heimat setzte man dem antiken Philosophen und Naturforscher mit dieser Statue ein bleibendes Denkmal.

Augustinus: Der Vater der Theologie

(354–430)

Im 16. Jahrhundert wurde der Kirchenlehrer Augustinus von dem berühmten italienischen Maler Sandro Botticelli auf einem Fresko verewigt. Schon zu Lebzeiten war Augustinus berühmt; er war der meistgelesene christliche Philosoph. Sein überliefertes schriftliches Werk ist riesig, es umfasst 113 Bücher, 218 Briefe und 1000 Predigten. Kaum ein anderer hat die Lehre der römisch-katholischen Kirche so nachhaltig bestimmt. Heute wird er als Heiliger verehrt.

Vom Manichäer zum Christen

Der bedeutende Theologe wuchs in Thagaste, dem heutigen Souk in Algerien, auf. In Karthago ließ er sich zum Redner ausbilden und arbeitete einige Jahre als Lehrer der Rhetorik, bevor er 383 nach Rom und weiter nach Mailand reiste, wo er ebenfalls als Hochschullehrer tätig war.

Augustinus war zunächst Anhänger des Manichäismus, einer damals jungen geistig-religiösen Strömung, die dem göttlichen Lichtreich das Reich der Finsternis gegenüberstellte und von der Teilung der Welt in Gut und Böse geprägt war. Doch im Verlauf seiner Studien, in denen er sich auch mit den Werken des römischen Redners Cicero (106–43 v. Chr.) beschäftigte, wuchsen Augustinus' Zweifel.

Manichäismus

Der Manichäismus geht auf den Religionsstifter Mani (216–277) zurück und breitete sich im dritten und vierten Jahrhundert vom Nahen Osten in den Mittelmeerraum und nach Asien aus. Seine Lehre verbindet biblisch-christliche und persische Elemente und ist von einer dualistischen Weltsicht und von der Leugnung des freien Willens bestimmt.

386 ließ er sich durch den Bischof Ambrosius von Mailand (um 340–397) zum christlichen Glauben bekehren; ein Jahr später folgte seine Taufe. Er kehrte nach Afrika zurück, wurde 391 zum Priester und 395 zum Bischof von Hippo Regius (Nordafrika) geweiht.

Die Schriften

Als Bischof betrieb Augustinus nicht nur intensive Bibelstudien, er verfasste darüber hinaus unzählige Schriften. Sein bekanntestes Werk sind die „Bekenntnisse" („Confessiones"), in denen er sich mit seiner eigenen Wahrheitssuche und Bekehrung auseinandersetzt. Dabei geht er hart mit sich selbst ins Gericht. Das um 400 entstandene Werk beschäftigt sich jedoch nicht allein mit der persönlichen Entwicklung des Theologen, sondern auch mit dem Wesen des Menschen an sich. Die „Bekenntnisse" sind eine Mischung aus verzweifelter Anrufung Gottes, philosophischen Betrachtungen und Autobiografie.

Augustinus' Buch „Über den Gottesstaat" („De civitate Dei") entstand zwischen 410 und 420. In 22 Büchern entwickelt er hier die Idee vom Gottesstaat, der zum irdischen Staat in einem bleibenden Gegensatz steht. Der irdische Staat erscheint in der augustinischen Darstellung als gottgewollte Ordnungsmacht, die von widergöttlichen Kräften beherrscht wird.

Augustinus starb 430 während der Belagerung Hippos durch die Vandalen. Schon kurz nach seinem Tod begannen Gelehrte, sein Werk zu sammeln und zu verbreiten. Die Schriften des Augustinus beeinflussten sowohl die katholischen Schriftsteller als auch die Reformatoren. Seine „Bekenntnisse" begründeten die Tradition einer philosophischen Bekenntnisliteratur, wie sie sich später beispielsweise bei Rousseau findet.

Dieses Fresko des italienischen Malers Sandro Botticelli (1445–1510) zeigt „Augustinus beim Philosophieren". Es befindet sich heute im Refektorium des Klosters Ognissanti (13. Jahrhundert) in Florenz.

Wolfram von Eschenbach: Epiker des Hochmittelalters

(um 1170 – um 1220)

Wolfram von Eschenbach ist neben Walther von der Vogelweide der größte deutsche und der eigenwilligste Dichter des Hochmittelalters (11. Jh.– Mitte des 13. Jh.). Im ersten Viertel des 13. Jahrhunderts schuf der Dichter aus ritterlichem Stand drei herausragende epische Werke; das bekannteste unter ihnen ist der „Parzival", der vom höfischen Leben und von den Tugenden der Ritter erzählt. Sein Verfasser wurde dafür bereits zu Lebzeiten gefeiert.

Im Dienste der Literatur

Wolfram von Eschenbach wurde um 1170 im fränkischen Eschenbach in der Nähe von Ansbach geboren. Er entstammte wohl einem verarmten Adelsgeschlecht und verdiente seinen Unterhalt als fahrender Dichter und Sänger. Es ist bekannt, dass er in seinem Leben an zahlreichen Höfen Dienst tat, denn als Berufsdichter war er auf die Gunst von Gönnern angewiesen. So hielt er sich ab 1203 am Hof Hermanns von Thüringen auf, wo er Walther von der Vogelweide (um 1170–um 1230) begegnete. Auf Burg Heitstein im Bayerischen Wald genoss er die Gastfreundschaft der Markgräfin von Vohburg, der Schwester Ludwigs des Bayern. Später wurde die Burg Wildenberg sein ständiger Wohnsitz, wo er mit Frau und Kind lebte.

Wie Gottfried von Straßburg († um 1215) und Hartmann von Aue († um 1210/20) verwendete Wolfram von Eschenbach Vorlagen des provenzalischen Dichters Chrétien de Troyes (um 1140–um 1190). Der kunstvoll aus 25 000 Versen aufgebaute „Parzival" zeigt den Entwicklungsprozess eines jungen Helden und ist der erste Bildungsroman. Das Werk besticht durch Humor, eine einfallsreich gestaltete Sprache und durch die Fülle des Erzählten. Wolfram von Eschenbach schildert die Geschichte von Parzivals Eltern, Parzivals Weg zur Ritterschaft, seine Erlebnisse auf der Gralsburg, seine Abkehr von Gott und seine Erwählung zum Gralskönig. Daneben treten als Parallelhandlung die Abenteuer des Artusritters Gawan.

Minne

„Minne" war die höfische Liebe des Mittelalters. Der Minnedienst war wichtiger Bestandteil der feudalen Kultur und bedeutendes Motiv in der Dichtung dieser Zeit. Einer Dame den Hof zu machen, um ihre Gnade zu werben, sie selbstlos zu lieben und ihr Treue zu schwören, galt als ritterliche Tugend. Der liedhafte Vortrag des Minnesangs wurde an höfischen Festtagen oft in Form eines Wettstreits dargeboten.

Heldenlieder und Minnegesang

In „Willehalm" erzählt der Dichter die Geschichte Wilhelms des Heiligen. Das in Reimpaaren angelegte Werk beruht auf einem provenzalischen Legendenstoff und trägt durch die freie Bearbeitung des Dichters Züge des höfischen Romans und der Heldenlieder. Als Spätwerk gelten die zwei kurzen Fragmente des „Titurel", die allein auf einer Erfindung Wolfram von Eschenbachs beruhen. In verrätselter Sprache wird hier die Vorgeschichte einer Liebe aus dem „Parzival" erzählt. Weiterhin verfasste Wolfram von Eschenbach neun Minnelieder; dazu gehören auch – als höchste Ausprägung dieser literarischen Gattung – fünf Tagelieder, in denen jeweils zwei Liebende nach einer gemeinsamen Nacht heimlich voneinander Abschied nehmen.

Um das Jahr 1220 starb Wolfram von Eschenbach und wurde in der Liebfrauenkirche seines Heimatortes beigesetzt. Unbestreitbar ist, dass er über umfassende Kenntnisse aus der lateinischen Bildungstradition verfügte. Sein literarisches Werk ist durchsetzt mit sachkundig dargestelltem Wissensstoff aus den Bereichen Naturkunde, Geographie, Medizin und Astronomie sowie mit theologischen Reflexionen.

Die Abbildung, auf der Wolfram von Eschenbach in einer Ritterrüstung zu sehen ist, findet sich im Codex Manesse, der umfangreichsten und berühmtesten deutschen Liederhandschrift des Mittelalters. Sie besteht aus 426 Pergamentblättern und entstand um 1300 in Zürich – wahrscheinlich im Auftrag der Züricher Patrizierfamilie Manesse.

Das Nibelungenlied: Das deutsche Heldenepos
(um 1200)

Der abenteuerliche Stoff der Nibelungensage geht auf die Zeit der Völkerwanderung in Europa zurück. Zwischen dem dritten und fünften Jahrhundert unserer Zeitrechnung zerfiel das Imperium der Römer allmählich, die Goten zogen von der Ostsee ans Mittelmeer und die Hunnen trieben alle Völker zwischen Mittelasien und Westeuropa vor sich her. Eines dieser Völker waren die Burgunder, die im Zentrum der Sage stehen. Über sieben Jahrhunderte hinweg wurden die Geschichten vom Aufstieg und Fall des burgundischen Reiches zu Zeiten des Königs Gunther nur mündlich überliefert. Irgendwann um 1200 erschien eine schriftliche Fassung, fortan das „Nibelungenlied" genannt. Der Autor der 2370 vierzeiligen Verse ist bislang unbekannt. Aufgrund einiger Hinweise ist es wahrscheinlich, dass die Niederschrift im deutschsprachigen Donauraum zwischen Passau und Wien erfolgte.

Tödliche Intrigen

Die Erzählung gliedert sich in zwei Teile: Der erste Teil berichtet, wie der aus Xanthen nach Worms gereiste Kämpfer Siegfried die isländische Königin Brunhilde als Ehefrau für König Gunther gewinnt, selbst dessen Schwester Kriemhild heiratet und nach einer höfischen Intrige des Hagen von Tronje, eines Beraters am Wormser Hof, ermordet wird.
Der zweite Teil spielt im heutigen Ungarn am Hof des Hunnenkönigs Etzel und berichtet von der Rache Kriemhilds: Sie hat Etzel geheiratet und lädt die Burgunder zu einem Fest ein. Das Gastmahl ist ein Hinterhalt, dem fast alle Burgunder zum Opfer fallen. Aber Kriemhild kann Hagen nicht das Geheimnis entreißen, wo er einst ihre Mitgift, den Schatz der Nibelungen, im Rhein versenkt hat.

Bearbeitungen des Sagenstoffs

Die heute bekannteste Bearbeitung des germanischen Heldenepos ist „Der Ring der Nibelungen" von Richard Wagner (1813–1883). Dabei handelt es sich um einen vierteiligen Opernzyklus, bestehend aus „Das Rheingold" (1854), „Die Walküre" (1856), „Siegfried" (1871) und „Götterdämmerung" (1874). Im Gegensatz zum Nibelungenlied bezieht Wagner auch die germanische Götterwelt mit ein, die schließlich dem Untergang geweiht ist, um einer besseren Ordnung Platz zu machen. Dichter am alten Sagenstoff entlang erzählt sind die Theaterbearbeitungen von Christian Friedrich Hebbel (1813–1863) und Moritz Rinke (1967), die seit 2004 abwechselnd bei den Nibelungen-Festspielen in Worms aufgeführt werden. Darüber hinaus gibt es eine Reihe von Verfilmungen, von denen jedoch nur der 1924 entstandene zweiteilige Stummfilm von Fritz Lang (1890–1976) von Bedeutung ist.*

Historische Hintergründe

Der legendäre Schatz wurde bis heute nicht geborgen, ebenso können nur Vermutungen über die historischen Quellen des Nibelungenlieds angestellt werden. Der Siegfried-Mythos ist vermutlich eine Montage aus vielen Heldenepen, die zwischen Skandinavien und dem Balkan erzählt wurden. Kriemhilds Rache hingegen verweist mit großer Sicherheit auf die Zerstörung des Burgunderreiches am linken Ufer des Mittelrheins durch die Hunnen im Jahr 436. Unter den 20 000 Todesopfern dieses zwei Jahre dauernden Krieges waren auch alle Mitglieder der Königsfamilie. Seine Bedeutung als Epos der Deutschen erhielt das Nibelungenlied erst mit den nationalen Einheitsbestrebungen des 19. Jahrhunderts. Mit erheblichen Geschichtsklitterungen versehen, wurde es während der nationalsozialistischen Herrschaft als Ursprungsmythos für so genannte deutsche Tugenden wie Treue und Pflichtbewusstsein missbraucht.

Die erste Seite einer im 13. Jahrhundert in Böhmen entstandenen Handschrift des Nibelungenliedes. Sie wird heute in der Bayerischen Staatsbibliothek in München aufbewahrt. Insgesamt wurden in Süddeutschland, Österreich und der Schweiz 36 deutsche Handschriften in Mittelhochdeutsch sowie eine niederländische Übertragung gefunden.

Dante Alighieri: Der bedeutendste Dichter des Mittelalters
(1265–1321)

Dantes Werk ist ebenso mit biografischen und politischen Ereignissen verflochten wie mit der Entwicklung der zeitgenössischen Literatur des späten Mittelalters. Wie kein anderer Dichter vor ihm stellte der Nationaldichter Italiens die eigene Person als Liebender und Leidender, als Irrender und Lernender in den Mittelpunkt seiner Werke. Berühmt wurde er durch seine „Göttliche Komödie".

Zwischen Schwärmerei und Politik

In Florenz erhielt Dante seine Ausbildung in klassischen Sprachen und Rhetorik. Im Alter von neun Jahren begegnete er Beatrice Portinari, die er später in seinen Dichtungen zur idealen Geliebten stilisieren sollte. Er verewigte die Angebetete, die mit 24 Jahren starb, in der allegorischen Liebesdichtung „Das neue Leben" (1292–1295) und der „Göttlichen Komödie". Kurz nach dem Tod seines Vaters heiratete der Schriftsteller 1285 Gemma, eine Tochter der mächtigen Familie Donati.

Nach seinem Studium in Bologna begann Dante sich in die inneritalienischen Auseinandersetzungen zwischen Anhängern des Kaisers („Bianchi") und des Papstes („Neri") einzumischen. Obwohl die Familie seiner Frau den „Neri" näher stand, schloss Dante sich den papstfeindlichen „Bianchi" an. 1302 wurde er staatsfeindlicher Umtriebe bezichtigt, für zwei Jahre aus Florenz verbannt, sämtlicher Ämter enthoben und mit einer Geldbuße belegt. Als Dante das Urteil nicht anerkannte, wurde er zum Tode verurteilt. Es begann die Zeit seines langen Exils, in der er auf die Gunst mächtiger Gönner angewiesen blieb.

Der Weg zur Erlösung

Im Exil entstand neben Liebeslyrik und Abhandlungen über Sprache, Philosophie, Naturwissenschaften und den Staat ab 1311 das Epos „Die Göttliche Komödie" („La Divina Commedia"), die Dante in der Volkssprache abfasste. Damit legte er den Grundstein für das heutige Italienisch. Das Attribut „göttlich" stammt nicht von ihm selbst, sondern von seinem Dichterkollegen Giovanni Boccaccio (1313–1375). Die allegorische Vision schildert in 100 Gesängen den Weg durch die drei Jenseitsreiche Hölle, Fegefeuer und Paradies. Hauptfigur der Dichtung ist der Autor selbst. Auf seiner Reise begegnen ihm die Seelen der Verstorbenen, die in bewegenden Worten ihr Schicksal erzählen. Dante wird von seinem Vorbild Vergil – hier die Verkörperung der Vernunft – durch die Hölle und den Läuterungsberg geleitet. Beatrice, die als Ausdruck und Instrument des göttlichen Willens erscheint, führt den Dichter auf seinem Himmelsflug durchs Paradies. Es ist nicht übertrieben zu sagen, dass die „Göttliche Komödie" den Beginn der italienischen Nationalliteratur markiert. Kurz nach der Vollendung seines Meisterstückes kehrte Dante 1321 krank von einer Venedigreise nach Ravenna zurück. Am 14. September verstarb er.

La Divina Commedia

Es war in unseres Lebensweges Mitte,
Als ich mich fand in einem dunklen Walde;
Denn abgeirrt war ich vom rechten Wege,
Wohl fällt mir schwer, zu schildern diesen Wald,
Der wild verwachsen war und voller Grauen
Und in Erinnerung schon die Furcht erneut:
So schwer, dass Tod zu leiden wenig schlimmer.
Doch um das Heil, das ich dort fand, zu künden,
Will, was ich sonst gesehen, ich berichten. –
Wie ich bin hingelangt, kann ich nicht sagen,
So schlafbenommen war ich um die Zeit.
(Aus dem 1. Gesang)

Dante Alighieri um 1500 in einem Fresko von Luca Signorelli in der Capella Nuova im Dom von Orvieto. Seine „La Divinia Commedia" wurde in fast alle Sprachen übersetzt.

Francesco Petrarca und die petrarkistische Liebeslyrik (1304–1374)

Im Frühjahr 1341 wurde Francesco Petrarca zum Dichterkönig gekrönt. Der Papst überreichte ihm in Rom den Lorbeerkranz – eine Ehre, die nur wenigen Dichtern zuteil wurde: Petrarca war eine jener Künstlerpersönlichkeiten, die dazu beitrugen, das seit dem Ende der Antike als „dunkel" empfundene Zeitalter zu überwinden. Mit der „Wiedergeburt" der griechischen und römischen Gedankenwelt, die in späterer Zeit als Renaissance bezeichnet wird, ändert sich das Selbstverständnis des Menschen: Vom Objekt einer göttlichen (mittelalterlichen) Welt wird er zum tätigen, der eigenen Entscheidung mächtigen Subjekt. Mit seinem Lebenswandel wie mit seinem Werk sollte sich Francesco Petrarca – gemeinsam mit seinem Schüler Giovanni Boccaccio (1313–1375) – als einer der ersten neuzeitlichen Geister in der europäischen Kulturgeschichte etablieren.

Der erste Bergsteiger

Im ausgehenden Mittelalter war es eine sehr absonderliche Idee, einen Berg zu besteigen, einfach nur um ihn zu besteigen. Doch Petrarca erklomm zusammen mit seinem Bruder den Mont Ventoux. Zwar ist die 1912 Meter hohe Landmarke in der Provence nicht gerade eine alpinistische Herausforderung, doch der Dichter gilt mit seiner Besteigung als der Erste, der aus rein touristischem und sportlichem Interesse einen Berg erklomm. Deshalb wird der 26. April 1336 als der Geburtstag der Bergsteigerei gefeiert. Die Briefe, in denen Petrarca über das Erlebnis berichtete, gelten literaturgeschichtlich als Beginn einer modernen Subjektivität. Bei Naturschilderungen stellt sich der Mensch nicht mehr in einen göttlichen Zusammenhang, sondern ein konkretes Ich nimmt seine Bewegung in Raum und Zeit wahr.

Petrarkismus

Der Petrarkismus löste die höfische Minne ab, die einem unerreichbaren Frauenideal huldigte. In der petrarkistischen Liebeslyrik existiert das Objekt der Ansprache dagegen körperlich. Zu den feststehenden Motiven gehören das Preisen der körperlichen Vorzüge und der Liebesschmerz. Die Sprachbilder sind häufig übersteigert und künstlich. Die Sonette folgen immer der gleichen Form: zwei vierzeilige Strophen, bei denen sich die jeweils erste und vierte sowie die zweite und dritte Zeile reimen, und zwei dreizeilige Strophen mit variablen Reimpaaren. Der Petrarkismus bestimmt bis heute unsere Vorstellungen von einem Liebesgedicht. Populäre Vertreter waren etwa William Shakespeare (1564–1616) und Martin Opitz (1597–1639).

Die Anfänge des modernen Liebesgedichts

Den größten Eindruck auf die Nachwelt machten jedoch die erst posthum, 1470, als Gesamtwerk erschienenen Gedichte „Il Canzoniere", an denen Petrarca 30 Jahre lang gearbeitet hatte. Auf den ersten Blick fällt auf, dass er sie nicht wie sein übriges dichterisches und philosophisches Werk in Latein verfasste, sondern in der italienischen Volkssprache. Dennoch folgen die 366 Gedichte formal antiken Vorbildern.

Durchgängiges Motiv ist die Liebe zu Laura, einer Schönheit, der er an Ostern 1327 in Avignon begegnet sein will und die er nie wieder sah. Falls dieses Schlüsselerlebnis nicht der Phantasie des Dichters entsprang, handelte es sich bei der Schönen vermutlich um eine verheiratete Dame namens Laura de Sade (1310–1348). Die Gedichte revolutionierten den bis dahin bekannten Minnesang. Der neue Stil der Liebeslyrik wurde nach Petrarca benannt. Die petrarkistische Liebeslyrik prägte die Dichtung bis weit in die Neuzeit hinein.

Francesco Petrarca als „Poeta Laureatus", der lorbeergekrönte Poet. Er verkörpert prototypisch den modernen Dichter und prägte mit seinem selbstbewussten Auftreten, umfassenden Wissen, seiner aus Reisen durch halb Europa erworbenen Weltläufigkeit und dem ausgefeilten Wohlklang seiner Sprache das landläufige Bild eines Poeten.

Giovanni Boccaccio: Wegbereiter der Renaissance

(1313–1375)

Neben Dante Alighieri (1265–1321) und Francesco Petrarca (1304–1374) war Boccaccio einer der drei Großen der italienischen Literatur des 14. Jahrhunderts. Sein Meisterwerk „Decamerone" porträtiert mit bis dahin unbekanntem Realismus und Witz die vielfältige Gesellschaft Italiens und machte Boccaccio zum Begründer der Novelle in Europa.

Liebe und Leidenschaft

Boccaccio, hervorgegangen aus der Liaison eines florentinischen Kaufmanns mit einer französischen Adligen, lebte zunächst in Neapel und kam im Jugendalter nach Florenz. 1332 begann er ein Rechtsstudium, das er jedoch bald zugunsten des Schreibens vernachlässigte. Ausschlaggebend war die Liebe zu einer Frau, die er als „Fiammetta" poetisch verherrlichte und verehrte. Im wahren Leben hieß die Tochter König Roberts von Neapel Donna Maria und war die Ehefrau eines vornehmen Edelmannes. Sie fand eine Zeit lang Gefallen an dem jungen Florentiner und wurde seine Geliebte. In diesen Jahren entstand „Caccia di Diana" (1334–1337), ein Gedicht, das die Revolte von Jägerinnen der Göttin Diana beschreibt. Ein Jahr später erschien der Roman „Il Filocolo", der von der gewaltsamen Trennung und Zusammenführung eines Paares berichtet. 1340 folgte das Versepos „Il Filostrato". Im selben Jahr kehrte Boccaccio nach Florenz zurück.

Nach dem Tod seines Vaters 1348 widmete sich Boccaccio ernsten Studien, lernte Griechisch und ließ auf seine Kosten das erste vollständige Manuskript des „Homer" nach Florenz kommen. Außerdem wurde er der erste Kommentator der „Göttlichen Komödie" Dantes, den er außerordentlich verehrte. Auch mit Petrarca verband ihn eine innige Freundschaft.

Die Wandlung

Sein Meisterwerk „Decamerone" verfasste Boccaccio in den Jahren von 1348 bis 1353. Das Werk wurde zum Vorbild für alle Novellensammlungen des Abendlandes und Generationen von Dramatikern und Erzählern schöpften daraus. „Decamerone" beginnt mit der Schilderung der grässlichen Pest, die 1348 in Florenz wütete. Nach einem Kirchgang beschließen sieben kluge junge Damen aus gutem Hause, sich für einige Tage aufs Land zurückzuziehen, und laden drei junge Aristokraten ein, sie zu begleiten. Sie bleiben zwei Wochen lang und erzählen sich außer freitags und samstags jeden Tag zehn Geschichten – frivole, ernste und heitere. Allerdings sind die wenigsten davon frei erfunden, denn Boccaccio griff auf klassische, orientalische und mittelalterliche Stoffe zurück. In späteren Lebensjahren widmete er sich zunehmend religiösen und philosophischen Themen. Während einer Lebenskrise ließ er sich von einem Mönch bekehren und verdammte seine besten Werke als schlimme Verirrungen. Aus Krankheitsgründen musste Boccaccio 1374 seine öffentlichen Vorlesungen über die „Göttliche Komödie" einstellen und zog sich im Herbst nach Certaldo, dem Geburtsort seines Vaters, zurück. Dort starb er im Alter von 62 Jahren.

Die Oper „Boccaccio"

Die komische Oper „Boccaccio" von Friedrich Zell und Richard Genée wurde 1879 am Carltheater in Wien uraufgeführt. Sie handelt von Giovanni Boccaccio, der hier selbst zum Helden einer Liebesgeschichte wird.

Florenz 1331: Die Novellen des Dichters entzweien die Bürger. Während die Frauen ungeduldig den neuesten erotischen Novellen entgegenfiebern, haben die Männer nur eines im Sinn – den verruchten Dichter zu fangen und einzusperren. Da sie seiner selbst nicht habhaft werden können, verbrennen sie als Zeichen ihrer tiefen Ablehnung öffentlich seine Bücher.

Boccaccio – hier ein Porträt aus dem 19. Jahrhundert, das den italienischen Dichter mit einem Lorbeerkranz zeigt – beeinflusste viele namhafte Literaten und diente ihnen als Quelle für ihr eigenes Schaffen.

Miguel de Cervantes: Der Nationaldichter Spaniens

(1547–1616)

Miguel de Cervantes, einer der größten Erzähler seiner Zeit, verfasste mit „Don Quijote" ein Meisterwerk der Weltliteratur und setzte neue Maßstäbe für den Roman. Nicht mehr die Welt der idyllischen Schäfer- oder der ritterlichen Abenteuerromane prägt den Schauplatz und die Handlung, vielmehr spielt das Geschehen im zeitgenössischen Spanien.

An einem Orte der Mancha …

Der Roman „Don Quijote" erzählt die Geschichte eines verarmten Junkers, der durch die Lektüre unzähliger Ritterromane den Verstand verliert und beschließt, nun selbst als Ritter auszuziehen. Doch sein erster Versuch scheitert kläglich: Der vermeintliche Ritter wird von Maultiertreibern zusammengeschlagen, halbtot aufgefunden und nach Hause gebracht. Aber Don Quijote lässt sich nicht entmutigen. Nach seiner Genesung kann er einen Bauern des Dorfes, Sancho Pansa, als Knappen gewinnen und bricht gemeinsam mit ihm erneut auf. Die Windmühlen, denen er und Sancho begegnen, hält Don Quijote trotz Sanchos Einwänden für Riesen und liefert sich mit ihnen seinen berühmtesten Kampf. Immer wieder führt Cervantes im „Don Quijote" auf diese Weise vor, was passiert, wenn man die Regeln der fantastischen Ritterwelt auf die profane Wirklichkeit anwendet. Am Ende des ersten Teils kehrt Don Quijote nach vielen Abenteuern, bei denen er zumeist reichlich Prügel bezieht, erschöpft in sein Dorf zurück. Im zweiten Teil bringt Cervantes die Grenzen zwischen Literatur und Realität ins Schwanken. Die nun folgende lange Kette der Abenteuer findet ihr Ende in einem großen Duell, das Don Quijote seine letzte und entscheidende Niederlage beschert: Der Sieger verlangt von ihm, dass er nach Hause zurückkehrt. In der Heimat angelangt, erkrankt Don Quijote und erwacht auf dem Sterbebett endlich aus seinem Wahn. Am Ende stirbt er zwar, aber er stirbt geheilt.

Schäferroman

Der Schäferroman blickt auf eine lange Tradition zurück, denn bereits die Antike kennt die Hirtendichtung. Allerdings ist aus dieser Zeit nur ein einziger Hirten- oder Schäferroman erhalten: „Daphnis und Chloe" von Longos. Nachdem im 14. Jahrhundert vor allem lyrische Hirtendichtung – in Italien mit Francesco Petrarca und Giovanni Boccaccio – populär war, setzte sich im spanischen Barock mit dem Schäferroman auch die Prosaform durch.

Verarmt und verkannt

Der als Sohn verarmter Adliger bei Madrid geborene Cervantes studierte in Salamanca und Madrid Theologie und ging 1569 als Kammerdiener mit dem Kardinal Giulio Acquaviva nach Rom. Im Alter von 22 Jahren verpflichtete er sich als Soldat im spanischen Heer und nahm an der Seeschlacht von Lepanto (1571) teil. Zusammen mit seinem Bruder Rodrigo wurde er 1575 auf der Rückreise nach Spanien von Piraten gefangen genommen und nach Algerien verschleppt. Fünf Jahre musste er in Gefangenschaft leben, da seine Familie das Lösegeld nicht aufbringen konnte. Endlich frei, heiratete er mit 37 Jahren eine Adlige, wurde Kaufmann und schließlich Aufkäufer und Lieferant für die spanische Kriegsflotte, die Armada. Nach misslungenen Geschäften landete Cervantes 1597/98 und 1602 in Schuldhaft. Sein Werk umfasst alle literarischen Gattungen: Lyrik, Drama, Roman, Novelle. Mit seinem Schäfer- beziehungsweise Hirtenroman „La Galatea" (1585) erzielte er einen ersten Erfolg. Seine zwölf Novellen fasste er unter dem Titel „Exemplarische Novellen" (1613) zusammen. Sie gelten nach „Don Quijote" als sein meistgelesenes Werk. Zu seiner Zeit wurde er jedoch nur wenig beachtet und starb verarmt in Madrid.

In „Don Quijote" stellt Cervantes die persönliche Tragik eines Menschen dar, der in seiner Welt der Vorstellung nicht in der Lage ist, die Wirklichkeit zu erkennen. Der Maler Honoré Daumier (1808–1879) bannte seine Vorstellung vom komischen Ritter auf Leinwand.

William Shakespeare und das Elisabethanische Theater
(1564–1616)

Der deutsche Theaterhistoriker Georg Hensel (1923–1996) hat die Zeit, in der William Shakespeare als Dramatiker, Regisseur und Theaterdirektor in London wirkte, als „zwanzig Jahre für die Ewigkeit" bezeichnet. William Shakespeare wurde 1564 als Sohn von John Shakespeare, einem angesehenen Händler, und Maty Arden in Stratford-upon-Avon geboren. Shakespeares Werk ist seit dieser Zeit niemals aus der Mode gekommen und stieß vor allem in Deutschland auf begeisterte Aufnahme. Gotthold Ephraim Lessing (1729–1781), Johann Wolfgang von Goethe (1749–1832) und Friedrich Schiller (1759–1805) galt es als Vorbild für ein künftiges deutsches Nationaldrama.

Keine Jugendsünden, kein Alterswerk

Das gesamte überlieferte Werk William Shakespeares entstand ausschließlich in London. Es gibt keine „Jugendsünden" aus der Zeit, als er in der mittelenglischen Kleinstadt Stratford-upon-Avon aufwuchs, also bevor er 1592 in der Hauptstadt auftauchte. Es gibt aber auch kein Alterswerk, das er hätte verfassen können, nachdem er sich 1612 im Alter von 46 Jahren als reicher Mann in sein Anwesen in Stratford zurückgezogen hatte.

> *Elisabethanisches Theater*
>
> *Das Elisabethanische Theater erhielt seinen Namen durch Königin Elisabeth I. von England (1533–1603), in deren Regierungszeit das Wirken von William Shakespeare im Wesentlichen fällt. Allerdings besuchte die Königin die Theater der Stadt ebenso wenig, wie die anderen Angehörigen des Hofes es taten. Das Londoner Globe Theatre, das Shakespeare ab 1579 leitete, zog ein sehr gemischtes Publikum an. Wer es sich leisten konnte, saß auf den steil aufragenden Rängen, billiger waren die Stehplätze in der Mitte des Theaters. Ein Drama galt als gelungen, wenn die stehenden Zuschauer die zweieinhalb Stunden der Aufführung durchhielten, ohne unaufmerksam zu werden. Autoren und Regisseure verstanden sich damals noch nicht als autonome Künstler. Die Produktionsbedingungen des Theaters ähnelten eher denjenigen, die sich Anfang des 20. Jahrhunderts in der amerikanischen Filmindustrie entwickelten.*

Kampf um die Gunst des Publikums

Im Gegensatz zur deutschen und französischen Klassik kannte das englische Theater der Shakespeare-Zeit keine Poetikregeln. William Shakespeare war nur ein Theaterunternehmer unter vielen, die um die Gunst des Publikums kämpften. Die ungeheuerlichen Grausamkeiten in seinem Erstling „Titus Andronicus" (1594) entsprachen dem Zeitgeschmack, den sein Hauptkonkurrent Christopher Marlowe (1564–1593) bis dahin mit großem Erfolg bedient hatte. Dessen Gegenspieler auf dem „Markt" war Ben Jonson (1572–1637), der sich als Erbe der Renaissance sah und mit antiken Stoffen ein gebildetes Publikum ansprach. Der modernste unter ihnen aber war aus Sicht der Nachwelt William Shakespeare. Seine beiden letzten Schauspiele „Ein Wintermärchen" (1623) und „Der Sturm" (1623) nahmen mit ihrer formalen Zerrissenheit Konzepte des 20. Jahrhunderts vorweg. Mit „Romeo und Julia" (1597) erfand Shakespeare das populärste Liebespaar aller Zeiten, und „Ein Sommernachtstraum" (1600) konnte als ebenso poesievolle wie psychologisch unerbittliche Analyse der Liebe an sich in den folgenden Jahrhunderten nicht übertroffen werden. Kritik am Königshaus verlegte Shakespeare weit in die Vergangenheit, etwa mit „Julius Caesar" (1623) in die römische Antike oder mit dem schottischen König „Macbeth" (1623) in das von blutigen Stammesfehden erschütterte „dunkle Zeitalter" Britanniens.

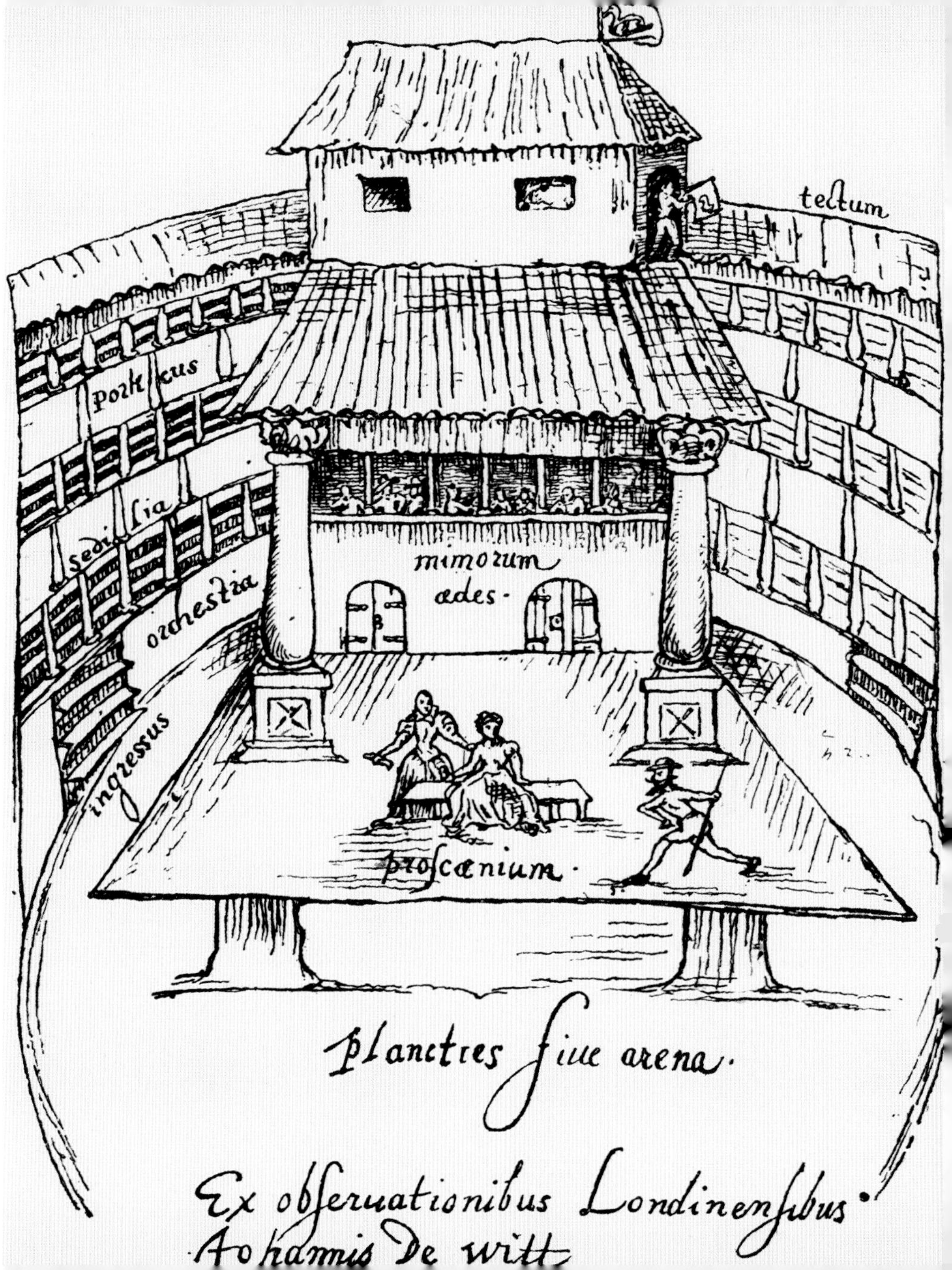

Die Zeichnung zeigt die schematische Darstellung eines Theaterbaus ohne Dach, wie er im London des 16. Jahrhunderts typisch war. Die Ränge umgaben ein Bühnenhaus und ein so genanntes Proszenium (Bühnenportal). Darauf wurde die Handlung ohne Bühnenbild und mit nur wenigen Requisiten gespielt. Seit 1995 steht am Südufer der Themse unweit des historischen Standorts eine Rekonstruktion des von Shakespeare bespielten Globe Theatres.

Pierre Corneille: Der Wegbereiter Molières

(1606–1684)

Sein Porträt lässt es erahnen: Der eigensinnige Dichter Pierre Corneille wollte Leidenschaften auf die Bühne bringen. Leider musste er feststellen, dass der französische Hof, der in Sachen Theater das Sagen hatte, seine Dichtung nicht guthieß. „Mangelnde Schicklichkeit" warf man ihm vor. Fortan wurde die Pflicht, „le devoir", zum Zentralbegriff in seinem Werk. Die Folge: Die Académie Française nahm keinen Anstoß mehr und selbst das höfische Publikum war zufrieden. Damit hatte Corneille die französische Klassik begründet.

In den „Krallen" der klassischen Doktrin

Geboren in einer Familie königlicher Beamter in Rouen, erhielt Corneille eine klassische Schulbildung in einem Jesuitenkolleg und studierte Jura. Als er 24 Jahre alt war, führte die Truppe des berühmten Pariser Théâtre du Marais sein erstes Stück, die Komödie „Mélite", auf. Nach einer Reihe eher unbedeutender Werke schaffte der Dichter um 1636 mit der Tragikomödie „Le Cid" den Durchbruch. Das Publikum nahm das Stück begeistert auf, obwohl Kritiker es als Verstoß gegen den guten Geschmack verurteilten. Sie störten sich daran, dass Corneille die Heldin Chimène Liebe für den Mörder ihres Vaters empfinden lässt.

Hatte er sich anfangs noch geweigert, der „doctrine classique" des Absoluten Königtums nachzugeben, schrieb der verschreckte Dramatiker vier Jahre später „Horace", eine Tragödie um den Konflikt von Pflicht und Staatsräson einerseits und Liebe und Menschlichkeit andererseits. Damit wurde ihm auch die Anerkennung des Hofes zuteil: Die Académie Française nahm den Dramatiker in ihre elitären Reihen auf. Ebenfalls 1640 entstand „Cinna", die Geschichte einer Verschwörung römischer Patrizier gegen Kaiser Augustus. „Polyeucte", eine Märtyrer-Tragödie, wurde zwar beim Publikum ein Erfolg, die Kirche aber tadelte Corneille für die Darstellung eines geistlichen Stoffes auf der Bühne.

Die „doctrine classique"

Als „siècle classique" wird in Frankreich das 17. Jahrhundert bezeichnet, in dem Kunst und Kultur in beeindruckender Blüte standen. Die „doctrine classique" (klassische Kunstlehre) schrieb dem Drama die berühmte Einheit von Zeit, Ort und Handlung vor. Die Handlung eines Dramas hatte dem Gesetz der „vraisemblance", der Wahrscheinlichkeit, zu folgen und die Natur nachzubilden. Auch die Sprache sollte dem „bon usage" genannten „guten Gebrauch" entsprechen. Hinter dem Gebot der „bienséance" verbarg sich die Forderung nach der Darstellung dessen, was vor allem die höfische Gesellschaft des 17. Jahrhunderts als angemessen und schicklich empfand.

Rückzug nach Rouen

Jahrelang beherrschte Corneille mit Stücken um heroische Willensmenschen, die den Konflikt zwischen Leidenschaft und Pflicht zugunsten der Letzteren entscheiden, die Pariser Bühne. Ein Erfolg jagte den anderen: 1644 die Tragödie „La Mort de Pompée", 1644 die Komödie „Le Menteur", 1644 „Rodogune" und 1651 „Nicomède". Doch dann folgte der Misserfolg mit der Tragödie „Pertharite". Corneille kehrte Paris schmollend den Rücken, zog sich nach Rouen zurück und hörte auf zu schreiben. Auf Drängen des Finanzministers Nicolas Fouquet kehrte er jedoch mit der Tragödie „Oedipe" nach Paris zurück. Sie wurde ein großer Erfolg und Corneille schien an seine alten Erfolge anknüpfen zu können. Doch bald schon verdrängten ihn seine neuen Konkurrenten. Nicht mehr er beherrschte die Pariser Theaterwelt, sondern Molière (1622–1673) und Racine (1639–1699). Corneille starb 1684 in Paris.

Der Stahlstich aus dem 19. Jahrhundert zeigt das Porträt des Dramatikers, der gesagt haben soll: „Risikolos gewinnen heißt ruhmlos siegen.“ Corneille ist der Begründer der französischen Klassik.

Jean de La Fontaine: Der Fabeldichter

(1621–1695)

Jean de La Fontaine veröffentlichte 1668 den ersten Band seiner „Ausgewählten und in Verse gesetzten Fabeln" und wurde mit einem Schlag ein berühmter Mann. Bis heute gibt es nur wenige andere Bücher in französischer Sprache, die ähnlich häufig gedruckt und übersetzt wurden wie die Fabeln La Fontaines. Die meisten der amüsanten und lebensklugen Gleichnisse, die schon bei den Lesern im Reich des „Sonnenkönigs", Ludwig des XIV. (1638–1715), so beliebt waren, gehören auch nach mehr als 300 Jahren noch zur Standardlektüre. Zwar ist der Name Jean de La Fontaine fest mit der Gattung der Fabel verbunden, doch hinterließ er neben den 250 Tiergeschichten auch rund 70 Novellen und Verserzählungen sowie eine Reihe von Schauspielen und Opernlibretti.

Dichter in der Umgebung des Sonnenkönigs

La Fontaines Karriere begann in der Umgebung des französischen Finanzministers Nicolas Fouquet (1615–1680), dem er die Erzählung „Adonis" widmete und dessen neu erbautes Schloss Vaux-le-Vicomte er mit dem Gedicht „Der Traum von Vaux" pries. Der Einweihung des Schlosses allerdings folgte ein Albtraum: Ludwig XIV., dessen Staatshaushalt sich zu dieser Zeit gerade in Schieflage befand, geriet über die verschwenderische Pracht des Festes so in Zorn, dass er Fouquet wegen Veruntreuung verhaften ließ. Erst zwei Jahre später, 1664, fand La Fontaine wieder den für Künstler jener Epoche so lebenswichtigen Anschluss an höfische Kreise: Er lebte im Pariser Palais de Luxembourg als Höfling der Witwe eines Onkels von König Ludwig XIV. Im selben Jahr erschienen seine Bearbeitungen von Novellen Boccaccios (1313–1375) und Ariostos (1474–1533). Die erotischen Geschichten brachten ihm kein Glück, denn das geistige Klima in Frankreich begann sich bald zu ändern. Die allgegenwärtige Zensur beobachtete nicht mehr nur Kritik am Königshaus, sondern zunehmend auch Verhöhnung der Geistlichkeit. Davon gab es in den schlüpfrigen Renaissance-Novellen reichlich, und die Ausgabe von 1675 wurde verboten. Kurz vor seinem Tod aber wandte sich La Fontaine selbst intensiv der Religion zu und entschuldigte sich öffentlich für die Novellen.

Fabel

Der Begriff „Fabel" leitet sich vom lateinischen Wort „fabula" ab, was so viel bedeutet wie „Sage" oder „Erzählung". Die Fabel ist eine kurze, gleichnishafte Form des literarischen Erzählens und handelt überwiegend von Tieren mit menschlichen Charaktereigenschaften. Es gibt den schlauen Fuchs oder den dummen Esel, den klugen Raben oder die listige Ratte. Zweck der Fabel ist es, auf unterhaltsame Weise zur moralischen Erziehung beizutragen. Früheste Beispiele sind aus dem Mesopotamien des zweiten vorchristlichen Jahrtausends bekannt. Der bedeutendste Fabeldichter der Antike ist Äsop, der um das Jahr 600 v. Chr. in Griechenland lebte. In Deutschland erlebte die Fabel durch Christian Fürchtegott Gellert (1715–1769) und Gotthold Ephraim Lessing (1729–1781) eine große Blüte.

Versteckte Zeitkritik

Die große Abhängigkeit von den Launen bei Hof ist einer der Gründe dafür, dass sich Jean de La Fontaine der Gattung der Fabel zuwandte. Seine Kritik an den Verhältnissen im Adel und an dessen Umgang mit dem Bürgertum kleidete er in die Geschichten von Tieren mit menschlichen Eigenschaften. Damit war er in der Lage, sich satirisch über menschliche Beziehungen zu äußern, ohne dass sich jemand persönlich angegriffen fühlen konnte. „Sagen, indem man es nicht sagt", beschrieb der Fabeldichter seine versteckte Form der Zeitkritik.

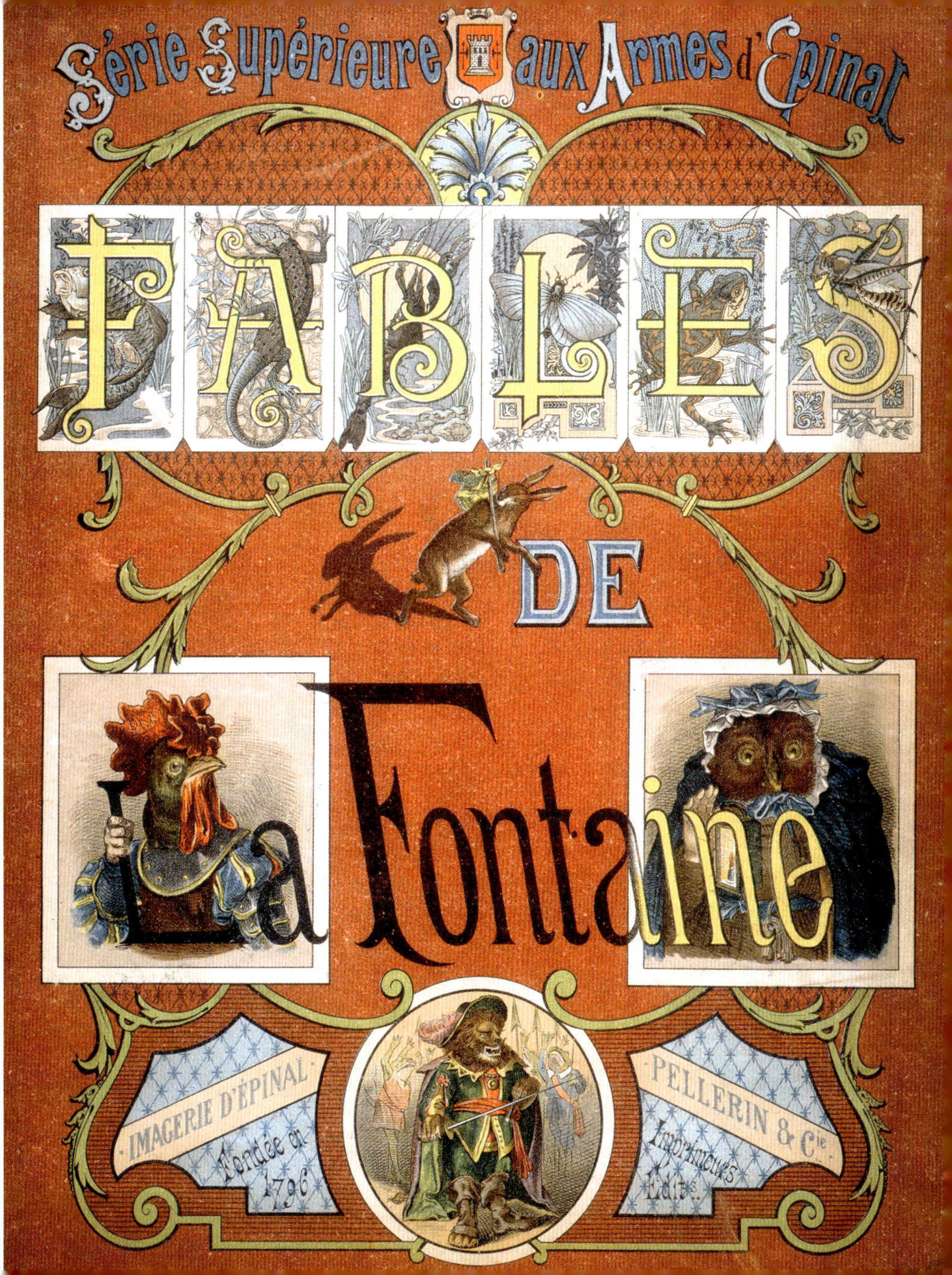

Jean de La Fontaines Fabeln in einer prachtvollen französischen Schmuckausgabe. Seinem Amt als Jagd- und Fischereiaufseher und seinem Beruf als Jurist ging er nur gelegentlich nach. Stattdessen schuf er ein Werk, das ihn zu einem Klassiker der französischen Literatur machte.

Molière und die Comédie Française

(1622–1673)

Der Vorfall ist in der Literaturgeschichte einmalig: Ein Satiriker ist auf die Protektion eines absolutistischen Herrschers angewiesen, um sein Werk vor der Zensur zu schützen. Mit seiner Komödie „Tartüff" (1664) hatte Molière die bei Hof äußerst einflussreichen Kirchenfürsten gegen sich aufgebracht. Zwar übt das Stück keine Kritik an der christlichen Religion, sehr wohl aber an Frömmlern und Heuchlern. Nach fünfjährigem Streit konnte „Tartüff" auf ausdrücklichen Wunsch von König Ludwig XIV. (1638–1715) endlich wieder gespielt werden. Seither ist die schwarze Komödie ein Stück Welttheater.

Unterhaltungschef am Königshof

Molière war zu dieser Zeit so etwas wie der Unterhaltungschef am französischen Königshof. In dieser Eigenschaft inszenierte er unter anderem ein dreitägiges Fest anlässlich der Neuanlage des Parks von Versailles und schrieb jährlich zwei neue Stücke für das Hoftheater im Palais Royal, das damals das größte Theater Europas war. Während seiner 14 Jahre am Hof entstand Molières Hauptwerk, darunter „Der Geizige" (1682), „Der Bürger als Edelmann" (1671), „Scapins Streiche" (1671) und „Der eingebildete Kranke" (1673). Die Satire über Ärzte, die sich an einem Simulanten bereichern, war schließlich Molières Schicksal: Obwohl schwer lungenkrank, spielte er die Titelrolle selbst und erlitt in der vierten Vorstellung einen Hustenkrampf. Die Aufführung wurde abgebrochen und Molière starb wenige Stunden später. Der Tod eines vom Theater Besessenen auf der Bühne, dazu in der Rolle des „eingebildeten Kranken", gehört ebenfalls zu den beispiellosen Ereignissen der Kulturgeschichte.

Comédie Française

Die Gründung der Comédie Française im Jahr 1680 erlebte Molière zwar nicht mehr, doch das Nationaltheater unweit des Louvre ging – auf Anordnung König Ludwigs XIV. – aus der Fusion von Molières Truppe und einem konkurrierenden Theaterunternehmen hervor. Immer noch wird das bis heute einzige Staatstheater Frankreichs als „Haus des Molière" bezeichnet. Im 17. Jahrhundert wurde die Bühne von Kristalllüstern und einer Rampenbeleuchtung erhellt und aufwändig gestaltete Dekorationen mit fließenden Gewässern und echten Pferden kamen der Schaulust des Publikums entgegen. Auch bei historischen Stoffen trugen die Schauspieler Kostüme ihrer Zeit, denn die Zuschauer wollten Zeitgenossen sehen und keine Gestalten aus der Geschichte. Das Jahr 2006 brachte eine Neuerung: Mit Muriel Mayette (1964) übernahm erstmals eine Frau die Leitung der Comédie Française.*

Schauspieler aus Liebe

Ursprünglich hatte der spätere Komödiant Titel und Amt des königlichen Hoftapezierers von seinem Vater übernehmen sollen. Doch der 21-Jährige verliebte sich in die Schauspielerin Madeleine Béjart (1618–1672) und zog mit ihrer Theatertruppe, deren Leitung er bald übernahm, viele Jahre durch Frankreich. 1658 hatten sie ihr erstes Gastspiel vor dem noch jungen König. Dieser amüsierte sich so gut, dass er das Ensemble engagierte und ihm den Titel „Truppe des einzigen Bruders des Königs" verlieh. Die Beförderung zur „Truppe des Königs" erfolgte 1665. Auf ihrem Spielplan standen auch die Tragödien der großen Zeitgenossen Pierre Corneille (1606–1684) und Jean Racine (1639–1699). Was Molières Werk der Nachwelt wirkungsvoller als das von Corneille und Racine erscheinen lässt, ist das überzeitliche, in allen Brüchen und Widersprüchlichkeiten ungeschönte Menschenbild, und – ähnlich wie bei William Shakespeare (1564–1616) – das unmittelbar aus der Theaterpraxis entwickelte Erzählen.

Jean Baptiste Poquelin, der sich seit den 1640er Jahren Molière nannte, auf einem zeitgenössischen Gemälde von Pierre Mignard (1612–1695). Molière war nicht nur Leiter einer Theatergruppe, sondern auch sein eigener Hausautor, Regisseur und Hauptdarsteller. Viele Stücke wurden als Ballettkomödien in Zusammenarbeit mit dem Hofkomponisten Jean Baptiste Lully (1632–1687) inszeniert.

Jean Racine und seine Tragödien

(1639–1699)

Alle Theaterstücke Jean Racines entstanden innerhalb von nur zehn Jahren. Eingerahmt ist diese Zeit als Dramatiker ausgerechnet von einem Leben in geistiger Nähe zu den Jansenisten. Diese auf Cornelius Jansen (1585–1638), einen Bischof von Ypern, zurückgehende Reformbewegung innerhalb der katholischen Kirche lehnte das Theater ab. 1666 kommt es zum Bruch zwischen Jean Racine und der Glaubensgemeinschaft, die das früh zur Waise gewordene Kind aufgezogen und ausgebildet hatte. Auf den Vorwurf eines jansenistischen Theologen, Romanautoren und Theaterdichter vergifteten die Seelen der Gläubigen, antwortete Racine in einem offenen Brief mit ironischen Angriffen auf die strenge Glaubenslehre. Bald darauf wurde seine Tragödie „Andromache" aufgeführt, die seinen Durchbruch als Dramatiker bedeutete.

Racines Tragödien

Die Tragödie ist eine der bekanntesten literarischen Gattungen und lässt sich bis ins antike Griechenland zurückverfolgen. Aristoteles (384–322 v. Chr.) legte in seiner „Poetik" fest, welchen Regeln sie zu folgen hat: In einer Tragödie geht es in der Regel um den Fall einer höher gestellten Person, den diese zumeist unabsichtlich aufgrund eines Charakterfehlers – bei Racine ist dies häufig die Eifersucht – selbst herbeiführt. Die Zuschauer sollen dabei Mitleid und Furcht erleben und am Ende von diesen Gefühlen gereinigt werden (Katharsis). Weiterhin forderte Aristoteles die Einheit von Ort, Zeit und Handlung – das heißt, das Drama spielt an einem einzigen Ort, wird chronologisch erzählt und hat keine Nebenhandlungen. Auch diese Regeln befolgte Racine mit seinen Tragödien.

Tragödien über die Macht der Eifersucht

Jean Racine wurde schnell bekannt für seine außerordentlich kunstvoll gestalteten Verse, mit denen er die französische Klassik vollendete und gleichzeitig ihr einschränkendes Regelwerk ausreizte. Er machte den am Hof bereits etablierten Theaterkünstlern Pierre Corneille (1606–1684) und Molière (1622–1673) erfolgreich Konkurrenz, als es darum ging, die Gunst sowohl des Königs Ludwig XIV. (1638–1715) als auch des Publikums zu erringen. 1673 wurde Racine mit der Mitgliedschaft in der Académie Française geehrt. Er schrieb vor allem Tragödien, in denen eine große Liebe in eine schließlich alles zerstörende Eifersucht umschlägt. Das Schicksal, das dabei erbarmungslos und scheinbar willkürlich eingreift, kann als Reflex auf Racines religiöse Erziehung verstanden werden: Der Jansenismus lehrt, dass der Mensch dem göttlichen Willen ohnmächtig ausgeliefert ist. Diese Erfahrung entspricht aber auch dem Lebensgefühl unter der absoluten Herrschaft Ludwigs XIV.

Karriere am Hof des „Sonnenkönigs"

1677 fiel das der griechischen Mythologie entnommene Eifersuchtsdrama „Phädra" durch. Der Dichter war darüber so verärgert, dass er sich vom Theaterbetrieb zurückzog. Von nun an wurde er Höfling und arbeitete als Geschichtsschreiber für König Ludwig XIV. In dieser Funktion protokollierte er auch die Feldzüge des „Sonnenkönigs". Mit zunehmendem Alter und unter dem Einfluss von Ludwigs frommer Ehefrau näherte er sich wieder dem Jansenismus an. Er verfasste geistliche Lieder sowie eine Geschichte von Port Royal, des Klosters, in dem er seine Jugend verbracht hatte. Allerdings hatte Ludwig XIV. die Jansenisten stets bekämpft, weshalb Racine nun in Ungnade fiel und den Hof 1694 verlassen musste. Wenige Jahre später, am 21. April 1699, starb Jean Racine in Paris und im Kreise seiner großen Familie als wohlhabender, aber verbitterter Mann.

Jean Racine auf einem Stahlstich des 19. Jahrhunderts nach einem Gemälde aus dem 17. Jahrhundert. Racine ist der Hauptvertreter der klassischen französischen Tragödiendichtung. Einige seiner Dramen – wie „Andromache" oder „Phädra" – werden bis heute immer wieder neu interpretiert und auf Bühnen der ganzen Welt inszeniert.

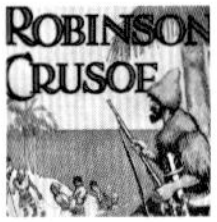

Daniel Defoe: Später Ruhm

(1660–1731)

Defoes heutige weltliterarische Bedeutung beruht in erster Linie auf seinem Spätwerk, den Romanen, mit denen er zum Begründer dieser Gattung in England wurde. Er war bereits 60 Jahre alt, als er, angeregt durch Berichte über den schottischen Abenteurer Alexander Selkirk (1676–1723), das Leben eines auf einer einsamen Insel Gestrandeten erzählte. Der Roman „Robinson Crusoe" wurde zum „Verkaufsschlager" und Defoe mit einem Schlag weltberühmt.

Von Beruf zu Beruf

Der Sohn eines Fleischers sollte eigentlich presbyterianischer Geistlicher werden, entschied sich dann aber für die kaufmännische Laufbahn, an der er allerdings bald scheiterte. 1692 musste er Konkurs anmelden und kam in Schuldhaft. Danach versuchte er sich in mehreren Berufen und stieg sogar zum Steuereinnehmer und Aufseher über die staatliche Lotterie auf. Schon vorher hatte er allerdings damit begonnen, mit Pamphleten und Flugschriften in das politische, wirtschaftliche und religiöse Leben seiner Zeit einzugreifen. Sein Angriff auf die anglikanische Kirche „Kurzer Prozess mit den Nonkonformisten" brachte ihm 1702 sogar eine Gefängnisstrafe ein. Bis 1714 war Defoe als Agent im Dienst des gemäßigt konservativen Premierministers Robert Harley (1661–1724) tätig und verfasste in der von ihm gegründeten Zeitschrift „The Review" – einem Vorläufer der moralischen Wochenschriften – regierungsfreundliche Artikel. Erst spät wandte sich Defoe dem Schreiben von Romanen zu.

Der erste englische Roman

Der Roman „Das Leben und die seltsamen Abenteuer des Robinson Crusoe, eines Seemanns aus York" (1719) begründete Defoes Ruhm. Er erzählt darin die Geschichte des Seemanns Robinson Crusoe, der 28 Jahre als Schiffbrüchiger auf einer Insel verbringt. Dort versucht Crusoe, die europäische Zivilisation nachzugestalten, auch den Eingeborenen Freitag zwingt er, sich entsprechend zu verhalten. Noch heute ist dieser erste englische Roman, der Reisebericht, Abenteuerroman und Utopie in einem ist, ein beliebtes Jugendbuch. Er erzeugte eine Flut von Nachahmungen und Bearbeitungen. Doch aus der Feder Defoes stammen noch weitere spannende Romane, deren Hauptfiguren meist zwielichtige Charaktere sind: „Kapitän Singleton" (1720), „Moll Flanders" (1722), „Obrist Jack" (1722) und „Roxana" (1724). Sie alle zeigen, wohin der Mensch gerät, wenn er vom Pfad der Tugend abweicht. Allerdings wurde nur eines dieser Werke ein Erfolg – und zwar einer der größten Bucherfolge, den die Welt je erlebte: „Robinson Crusoe". Daniel Defoe starb am 26. April 1731 in einer Pension im Londoner Stadtteil Moorgate. Er schied in Not und Bitterkeit aus dem Leben, denn er hatte sein Vermögen schon zu Lebzeiten seinem Sohn überlassen.

Robinson Crusoe

„Wir hatten nach meiner Berechnung den 30. September, als ich den Fuß zuerst auf das fürchterliche Eiland setzte, es war also die Jahreszeit, in welcher bei uns die Sonne in der herbstlichen Tag- und Nachtgleiche steht. [...] Nach etwa zwölf Tagen fiel mir ein, dass, wenn ich keine Vorkehrungen träfe, ich aus Mangel an Büchern, Feder und Tinte in der Zeitrechnung irre werden müsse und bald sogar den Sonntag nicht mehr von den Wochentagen würde unterscheiden können. Um dies zu verhindern, erfand ich folgendes Auskunftsmittel: Ich schnitt mit meinem Messer auf eine große Tafel, die ich kreuzförmig an einem Pfahl befestigte, den ich da, wo ich gelandet war, in die Erde getrieben hatte, die Worte ein: Hier bin ich am 30. September 1659 gelandet."

Die Wirkung des Romans „Robinson Crusoe" war ungeheuer: Vier Auflagen waren bereits im ersten Erscheinungsjahr 1719 vergriffen, das Buch wurde in viele Sprachen übersetzt. Der farbenprächtige Innentitel von „Robinson Crusoe" stammt aus dem Sammelwerk „Young Folk's Mammoth Story Book".

Denis Diderot: Wegbereiter der Aufklärung

(1713–1784)

Der Ruhm des französischen Schriftstellers und Philosophen Denis Diderot gründet sich vor allem auf seine Autoren- und Mitherausgeberschaft bei dem Sammelwerk „Enzyklopädie oder Methodisches Sachwörterbuch der Wissenschaften, Künste und Berufe" (1751–1781). Wegen seiner kritischen Grundhaltung stieß dieses auf großen Widerstand bei Kirche und Monarchie. Heute gilt Diderot als einer der bedeutendsten Köpfe der französischen Aufklärung.

Im Konflikt mit der Kirche

Als ältester Sohn eines wohlhabenden Messerschmiedemeisters in der Bischofsstadt Langres geboren, studierte Diderot nach dem Besuch der Jesuitenschule nicht – wie sein Vater es wünschte – Theologie, sondern zog nach Paris, wo er sich mit humanistischen, juristischen, literarischen, mathematischen und philosophischen Fragen beschäftigte. Diderot arbeitete als Übersetzer, las viel, fand Anschluss an andere junge Intellektuelle, heiratete gegen den Willen seines Vaters eine Wäscheverkäuferin und schrieb.

Sein undogmatisches Denken stieß bei der katholischen Kirche auf erheblichen Widerstand. 1746 veröffentlichte Diderot sein erstes eigenständiges Werk, „Philosophische Gedanken", Bekanntheit erlangte „Briefe über die Blinden" (1749), das ihn in Konflikt mit der Zensur brachte. Doch das sollte Diderot nicht davon abhalten, weiter zu schreiben und philosophische Traktate, kunstkritische Essays, Denkschriften, Romane, Erzählungen und Theaterstücke zu verfassen. Zu seinen bekanntesten Romanen gehören „Die Nonne" (1796) und „Jakob und sein Herr" (1796); an bedeutenden bürgerlichen Trauerspielen schrieb er unter anderem „Der natürliche Sohn" (1757) und „Der Hausvater" (1758).

> ### *Aufklärung*
> *Die Aufklärung kann als Geburtsstunde unserer modernen Welt angesehen werden. Wie eine riesige Welle erfasste die philosophisch-gesellschaftliche Bewegung das Europa des 17. und 18. Jahrhunderts. Sie veränderte das Bewusstsein des Einzelnen ebenso wie die politischen Strukturen. Mit ihr wurde ein von religiösen Vorstellungen bestimmtes Weltbild durch ein neues, naturwissenschaftlich geprägtes abgelöst.*

Die Enzyklopädie

1746 begann Diderot das große Projekt der Enzyklopädie. Zwischen 1751 und 1765 gab er zusammen mit Jean Baptiste le Rond, genannt D'Alembert (1717–1783), die 17 Bände dieses Monumentalwerks heraus. Unter Mithilfe von Voltaire (1694–1778), Rousseau (1712–1778) und Montesquieu (1689–1755) konnte Diderot die „Encyclopédie" als wirksames Mittel gegen die kirchliche Obrigkeit, den Aberglauben und Konservatismus sowie den die Gesellschaft noch stark prägenden Feudalismus einsetzen.

Die Enzyklopädie, das größte verlegerische Unternehmen des 18. Jahrhunderts, wurde ein Verkaufserfolg, doch die Jesuiten erwirkten beim königlichen Kronrat ein Verbot.

Da aber Madame de Pompadour (1721–1764), die Geliebte des Königs Ludwig XV. (1710–1774), sowie einige Minister auf der Seite der Enzyklopädisten standen, konnten dennoch weitere Bände erscheinen. Trotz päpstlichen Verbotes brachte Diderot die letzten zehn Bände und fünf Abbildungsbände heraus, zog sich dann aber – nach 20 Jahren Arbeit – zurück.

Diderot führte ein reges gesellschaftliches Leben im Kreise Intellektueller und Freimaurer. Enge Kontakte verbanden den Philosophen mit der aufgeklärten Zarin Katharina II., die er 1773 einige Monate in St. Petersburg besuchte. Er wurde in der Kirche Saint-Roch in Paris bestattet.

Wegen ihrer Brisanz wurden nur die wenigsten Schriften und Werke des Aufklärers Diderot – hier zu sehen auf einem von Jean Honoré Fragonard (1732–1806) im Jahr 1769 gemalten Porträt – zu seinen Lebzeiten veröffentlicht.

Gotthold Ephraim Lessing und das bürgerliche Theater
(1729–1781)

Die Uraufführung seines letzten Stückes erlebte Gotthold Ephraim Lessing nicht mehr. Sie fand zwei Jahre nach seinem Tod am 14. April 1783 in Berlin statt. Schauplatz von „Nathan der Weise" (1779) ist Jerusalem zur Zeit der Kreuzzüge. Die zentrale Stelle des Stücks ist die „Ringparabel", eine berühmt gewordene Aufforderung zur Toleranz.

Plädoyer für religiöse Toleranz

In der Ringparabel antwortet der weise Jude Nathan auf die Frage des Sultans Aladin, welche der drei Religionen – Judentum, Christentum oder Islam – die wahre sei, mit einer Geschichte: Ein Vater von drei Söhnen besitzt einen Ring mit der magischen Kraft, seinen Träger „vor Gott und den Menschen angenehm" zu machen. Der Vater lässt Duplikate des Rings anfertigen, um jedem Sohn einen zu vererben. Nach seinem Tod wollen die Söhne vor Gericht klären, welcher Ring der echte ist. Das Urteil des Richters: Jeder der drei soll so handeln, als sei seiner der wahre Ring.
Mit diesem dem Werk „Decamerone" von Giovanni Boccaccio (1313–1375) entnommenen Gleichnis hinterließ Lessing ein unsterbliches Plädoyer für die gegenseitige Toleranz aller gläubigen Menschen. In seiner letzten Lebensphase war die Bühnendichtung Lessings einzige Möglichkeit, seinen Auffassungen zur Religion Ausdruck zu verleihen, denn nach seinen Auseinandersetzungen mit dem Hamburger Hauptpastor Johann Melchior Goeze (1717–1786), in denen Lessing die Grundlagen der lutherischen Lehre diskutierte, war ein Schreibverbot für theologische Schriften über ihn verhängt worden.

Begründer des bürgerlichen Theaters

Der Kampf um die Freiheit des Geistes prägte Lessings gesamtes Leben. Er war einer der Ersten, die den Beruf des freischaffenden Schriftstellers ausübten. In dieser Zeit hatte er nur kurz währende Festanstellungen: als Sekretär in Breslau, als Dramaturg in Hamburg und als Bibliothekar in Wolfenbüttel. Seine Freiheit bezahlte er mit lebenslanger materieller Not, und das, obwohl er ein Denker war, den schon seine Zeitgenossen verehrten – schuf er doch ein völlig neuartiges Theater, das dem Bürgertum in Deutschland erstmals Treffpunkte bot, um unabhängig von den Fürstenhöfen Formen der Repräsentation und des geistigen Lebens zu entwickeln.
Im Privatleben hatte Lessing wenig Glück. Mit 47 Jahren heiratete er Eva König (1736–1778) und das erste Ehejahr war eines seiner wenigen glücklichen Jahre. Der gemeinsame Sohn starb 1777, nur einen Tag nach seiner Geburt, seine Mutter folgte ihm zwei Wochen später. In einem Brief schrieb Lessing: „Ich wollte es auch einmal so gut haben wie andere Menschen. Aber es ist mir schlecht bekommen."

Hamburgische Dramaturgie

Die „Hamburgische Dramaturgie" ist eine Sammlung von Theaterkritiken und dramentheoretischen Aufsätzen, die Gotthold Ephraim Lessing während seiner Zeit als Dramaturg am Nationaltheater in Hamburg schrieb. Sie begründete eine eigenständige deutschsprachige Dramatik, auf der die Weimarer Klassik mit ihren Hauptvertretern Johann Wolfgang von Goethe (1749–1832) und Friedrich Schiller (1759–1805) aufbauen konnte. Lessing verwarf die damals vorherrschende Französische Klassik mit ihrem strengen Regelwerk und dem für ein bürgerliches Theater ungeeigneten „höfischen Wortgepränge".

Der Stich zeigt eine Szene aus „Nathan der Weise". Das „Dramatische Gedicht", Lessings einziges Bühnenwerk in Versform, ist eine Diskussion über Religion und Toleranz. Goethe urteilte bewundernd: „Möge das darin ausgesprochene Duldungs- und Schonungsgefühl der Nation heilig und wert bleiben."

Johann Wolfgang von Goethe: Meister der deutschen Klassik

(1749–1832)

Johann Wolfgang von Goethe verkörpert durch seine Werke so sehr die Weimarer Klassik, dass man diese Literaturepoche auch „Goethezeit" nennt. Werden die ersten Werke noch dem Sturm und Drang zugeordnet, so begann spätestens nach Goethes italienischer Reise die klassische Periode.

Leidenschaft und Idealismus

Goethe war ein Mensch mit vielen Gaben und lebenslang vom Glück begünstigt. Als Kind einer Frankfurter Patrizierfamilie wuchs er in wohlhabenden Verhältnissen auf. Nach Abschluss seines Studiums war er Rechtsanwalt in Frankfurt, jedoch bereitete ihm seine Arbeit nicht viel Vergnügen. 1771 läutete er mit dem leidenschaftlichen Schauspiel „Götz von Berlichingen" die Phase des Sturm und Drang ein, eine literarische Bewegung, die gegen starre Dichtungsregeln aufbegehrte. Einige Jahre später folgte „Egmont". Aus Goethes unglücklicher Liebe zur Verlobten eines Freundes heraus entstand der Briefroman „Die Leiden des jungen Werthers", der Goethe weltberühmt machte.

1775 berief der junge Herzog Karl-August von Weimar den Dichter als Minister an seine Residenz. In dieser Zeit entstanden Erzählgedichte wie „Der Erlkönig" und „Der Fischer", doch erst die spätere Freundschaft mit dem Dichter Friedrich Schiller (1759–1805) regte Goethes dichterische Schaffenskraft wieder neu an. Mit seiner Reise nach Italien (1786–1788) begann seine „klassische" Periode. Die Dramen dieser Jahre wie „Iphigenie" betonen nicht mehr allein das Gefühl, sondern sind vom Idealismus geprägt, der das Sein als Idee und Vernunft betrachtet. Die Dichtung der Klassik zielte auf eine geschlossene Form, auf Vollendung und Humanität, auf Sittlichkeit und Harmonie.

„Italienische Reise"

„Rom, den 7. November.

Nun bin ich sieben Tage hier, und nach und nach tritt in meiner Seele der allgemeine Begriff dieser Stadt hervor. Wir gehn fleißig hin und wider, ich mache mir die Plane des alten und neuen Roms bekannt, betrachte die Ruinen, die Gebäude, besuche ein und die andere Villa, (...) ich tue nur die Augen auf und seh und geh und komme wieder, denn man kann sich nur in Rom auf Rom vorbereiten. Gestehen wir jedoch, es ist ein saures und trauriges Geschäft, das alte Rom aus dem neuen herauszuklauben, aber man muss es denn doch tun und zuletzt eine unschätzbare Befriedigung hoffen."

Meisterwerke

In Italien schrieb Goethe auch einen Teil seines Lebensprojektes „Faust". 1788 kehrte der mittlerweile berühmte Dichter nach Weimar zurück und verfasste den Roman „Wilhelm Meisters Lehrjahre" (1795/96) und die „Wahlverwandtschaften" (1809). Zu seinem Spätwerk gehören die Autobiografie „Aus meinem Leben. Dichtung und Wahrheit" (1811-1833), der Gedichtzyklus „West-östlicher Diwan" (1819) und die „Italienische Reise" (1816/17). Als sich in Deutschland und Europa die Völker gegen Napoleons Fremdherrschaft erhoben, verbot Goethe seinem Sohn August (1789–1830), sich an dem Freiheitskampf zu beteiligen. Goethe verehrte Napoleon als großen Menschen, verabscheute jedoch zugleich Krieg und Blutvergießen. Den neu aufkommenden nationalen und demokratischen Ideen stand er ablehnend gegenüber.

Johann Heinrich Wilhelm Tischbein, den eine Freundschaft mit Goethe verband, verewigte den Dichter 1787 in dem Bild „Goethe in der Campagna". Die Trümmer, auf denen Goethe sitzt, umfassen die ganze Antike. Das Relief zeigt Orestes und Pylades vor Iphigenie – ein Hinweis auf das Drama, an dem Goethe damals gerade arbeitete.

Friedrich Schiller und die Weimarer Klassik

(1759–1805)

„Die Räuber" des jungen Friedrich Schiller waren bereits vor der Uraufführung Gesprächsthema. Deshalb war das Mannheimer Hof- und Nationaltheater am 13. Januar 1782 bis auf den letzten der rund 1200 Plätze ausverkauft. Der Autor, der eigentlich als Militärarzt in Diensten des Herzogs Karl Eugen von Württemberg (1728–1793) stand, entfernte sich ohne Urlaubsgenehmigung seines Vorgesetzten von der Truppe und reiste von Stuttgart nach Mannheim, um die Uraufführung mitzuerleben. Ihm wurde zwar anschließend von seinem Dienstherrn zur Strafe ein Schreibverbot auferlegt, doch über Nacht war der 23-Jährige ein berühmter Dramatiker.

„Das Theater glich einem Irrenhause"

Was an diesem Abend geschah, das schilderte ein Augenzeuge so: „Das Theater glich einem Irrenhause, rollende Augen, geballte Fäuste, heisere Aufschreie im Zuschauerraum. Fremde Menschen fielen einander schluchzend in die Arme, Frauen wankten, einer Ohnmacht nahe, zur Tür. Es war eine Auflösung wie ein Chaos, aus dessen Nebeln eine neue Schöpfung hervorbricht." Vor allem die Jugend wusste diesen völlig neuen Ton auf der Bühne zu schätzen, denn er brachte das Aufbegehren einer ganzen Generation und ihre Forderung nach bürgerlichen Freiheiten zum Ausdruck.

Goethe und Schiller dichten um die Wette

Schiller gelang es, sich dem herzoglichen Schreibverbot durch eine Flucht zur Schriftstellerin Karoline von Wolzogen (1763–1847) in Sachsen zu entziehen. Die folgenden Jahre waren gekennzeichnet von wechselhaftem Erfolg, materiellen Schwierigkeiten und unglücklichen Liebschaften. Ein erster Versuch, Kontakt zu seinem hochverehrten Kollegen Johann Wolfgang von Goethe (1749–1832) aufzunehmen, scheiterte 1787. Der Dichterfürst erschien Schiller wie eine „stolze Prüde, der man ein Kind machen muss". 1794 gelang es jedoch, Goethe zur Mitarbeit an der Literaturzeitschrift „Die Horen" zu gewinnen, die Schiller zusammen mit zeitgenössischen Schriftstellern und Wissenschaftlern wie Johann Gottlieb Fichte (1762–1814), Friedrich Hölderlin (1770–1843) oder Wilhelm von Humboldt (1767–1835) herausgab. Bald darauf entstand eine rege Korrespondenz, die ihren Höhepunkt in einem regelrechten Wettdichten fand. Aus diesem sind die meisten der berühmten Schiller-Balladen wie „Das Lied von der Glocke", „Die Bürgschaft" oder „Die Kraniche des Ibykus" hervorgegangen. Bis 1805 entstanden in rascher Folge einige seiner wichtigsten Schauspiele wie die „Wallenstein"-Trilogie (1800), „Maria Stuart" (1801) und „Wilhelm Tell" (1804). Im Alter von nur 45 Jahren erlag Schiller einer Lungenentzündung, die er sich bereits 14 Jahre zuvor zugezogen und nie völlig auskuriert hatte.

Weimarer Klassik

Die Weimarer Klassik umfasst ungeachtet ihrer nachhaltigen Wirkung auf das Geistesleben des deutschsprachigen Raums nur die wenigen Jahre von 1786, als Johann Wolfgang von Goethe seine Italienreise antritt, bis zu Friedrich Schillers Tod 1805. Am „Musenhof", den die Herzogin Anna Amalia von Sachsen-Weimar-Eisenach (1739–1807) in der kleinen Residenzstadt Weimar gegründet hatte, fanden beide beste Arbeitsbedingungen für ihre Arbeit als Autoren, Regisseure und Wissenschaftler. Die deutsche Klassik war ein Reflex auf die kalte Rationalität der Aufklärung, der sie die Ideale des „Wahren, Schönen und Guten" und die „reine Menschlichkeit" entgegensetzte. Ihren philosophischen Hintergrund schuf Immanuel Kant (1724–1804) mit seinem „kategorischen Imperativ".

Die

Räuber.

Ein Schauspiel

von fünf Akten,

herausgegeben

von

Friderich Schiller.

Zwote verbesserte Auflage.

Frankfurt und Leipzig.

bei Tobias Löffler.

1782.

Titelblatt der zweiten Auflage des Schauspiels „Die Räuber" aus dem Jahr 1782. Das abenteuerliche und aktionsreiche Drama um die ungleichen adeligen Brüder Franz und Karl, der als Mitglied einer Räuberbande gegen die väterliche Herrschaft rebelliert, wurde sofort nach seiner tumulthaften Uraufführung ein Stück Welttheater. Bühnen in New York, London, Paris und Moskau spielten es erfolgreich nach.

E.T.A. Hoffmann – Dichter der deutschen Romantik
(1776–1822)

E.T.A. (Ernst Theodor Amadeus) Hoffmann, einer der wichtigsten Dichter und Erzähler der deutschen Romantik, blickte wie kaum ein anderer hinter die Fassade des Menschen. Er liebte das Skurrile, Dämonische und Fantastische. Seine Erzählungen leben von Gegensätzen: Grauenerregendes vermischt sich mit Komik, Fantasie mit Realem.

Ein Doppelleben

Der aus einer Juristenfamilie stammende Hoffmann studierte in Königsberg Jura, wurde 1800 Assessor in Posen und kam über Polen nach Berlin. Doch der Jurist, der seit seinem 13. Lebensjahr selbst musizierte, fühlte sich zum Komponisten berufen und nahm 1808 in Bamberg das Amt eines Direktionsgehilfen am Theater an. Auch als Musikkritiker war er tätig. Schließlich wurde Hoffmann 1816 doch Regierungsrat am Berliner Kammergericht. Er führte ein Doppelleben: Einerseits Beamter, war er zugleich Künstler, Musiker, Zeichner, Schriftsteller und – Alkoholiker: Er trank bis zur Halluzination, um seine Fantasie anzuregen.
1815/16 entstand sein erster Roman, „Die Elixiere des Teufels" – ein Schauerroman, die Aufzeichnungen eines Mönches, der in zahlreiche Abenteuer verwickelt wird. Hoffmann gelang es, das Abgründige, Dämonische im Menschen darzustellen. Der Roman wurde – wie schon sein Märchen „Der goldene Topf" – ein voller Erfolg. Auch die Oper „Undine" (1816), die er nach der Vorlage des gleichnamigen Märchens von Friedrich de la Motte Fouqué (1777–1843) komponierte, wurde begeistert aufgenommen und in Berlin am Nationaltheater uraufgeführt.

> ### *Romantik*
> *Die Romantik formierte sich Ende des 18. Jahrhunderts in Europa als kulturelle Bewegung, die eine neue Kunst, ein neues Leben und Denken anstrebte, abgehoben von der als banal empfundenen Alltagswelt. Das Fremde und Unbekannte suchte man vor allem im Geheimnisvollen, Fantastischen, Skurrilen sowie in den „nächtlichen" Seiten des Lebens. Der Rückgriff auf die eigene nationale Vergangenheit führte zur Wiederentdeckung der Volksdichtung, die in zahlreichen Märchen-, Sagen- und Liedsammlungen niedergeschrieben wurde.*

Anerkannt und erfolgreich

Die Folgejahre waren ebenfalls von literarischen Erfolgen geprägt. 1819 erschien „Klein Zaches, genannt Zinnober", ein Märchenroman mit satirischen Zügen – die reale Vorlage bildete der Ministerialbeamte Kamptz. Es geht um einen missgestalteten Dümmling, dem die Gabe einer Fee zu einer raschen Karriere am Hof verhilft. „Die Serapions-Brüder" (1819–1821), eine Sammlung von Märchen und Erzählungen, wurde ebenso bekannt wie „Lebens-Ansichten des Katers Murr" (1819), Hoffmanns zweiter Roman. In diesem verbindet sich die Autobiografie des Katers Murr mit der Biografie des Kapellmeisters Kreisler. Bis zu seinem Tod verließ der Schriftsteller Berlin nicht mehr. Hier fühlte er sich heimisch und fand Anregung, Freunde und Zeit für seine künstlerische Arbeit, denn er musste nur drei Tage in der Woche am Kammergericht verbringen. 1822 entstand sein „Meister Floh". Wieder bildete Carl Albert von Kamptz die reale Vorlage. Hoffmann mochte den Beamten nicht, der sich selbstverliebt in den Mittelpunkt rückte und eigene Fehlentscheidungen als solche nicht wahrnehmen wollte.
E.T.A. Hoffmann starb am 25. Juni 1822 im Alter von 46 Jahren in Berlin, wenige Tage nach Vollendung des Werks „Des Vetters Eckfenster", in dem es um den Dialog eines gelähmten Schriftstellers mit seinem Vetter geht. Hoffmanns Grab befindet sich auf dem Friedhof vor dem Halleschen Tor in Berlin.

E.T.A. Hoffmann, hier in einem Porträt nach einem Gemälde Haberers, wurde vor allem durch die Schriftstellerkollegen Novalis (1772–1801) und Tieck (1773–1853) geprägt. Er gilt als einer der bedeutendsten Autoren der deutschen Romantik.

Heinrich von Kleist: Der Außenseiter

(1777–1811)

Seine Werke berichten von Identitätskrisen und zeigen zerbrechende familiäre und gesellschaftliche Ordnungen: Heinrich von Kleist stand mit der Verarbeitung dieser Motivkomplexe außerhalb der literarischen Strömungen seiner Zeit. Auch in seinem Privatleben war der große deutsche Dichter ein Außenseiter.

Gegen Zwänge und Normen

Der Sohn einer preußischen Offiziersfamilie aus Frankfurt an der Oder verlor schon früh seine Eltern. Nach einigen Jahren als Soldat entwickelte Kleist eine zunehmende Abneigung gegen das Militär und nahm bald seinen Abschied. Eine bürgerliche Existenz aufbauen konnte er sich allerdings nicht, da er sein Studium abbrach und einen Posten in der Berliner und Königsberger Finanzverwaltung ebenfalls bald wieder aufgab. Auch als Schriftsteller wartete er vergeblich auf Anerkennung. Wurden seine Novellen noch positiv aufgenommen, stießen seine Dramen auf Ablehnung, denn man hielt sie für zu radikal.

1808 wurde das Drama „Der zerbrochene Krug" von Kleist uraufgeführt. Die Geschichte kreist um den Richter Adam, der sich in einem Gerichtsprozess um einen zerbrochenen Krug selbst überführen muss. Es folgte das Theaterstück „Käthchen von Heilbronn" (1808), das zeigt, dass alle äußeren Anfechtungen wirkungslos bleiben, wenn sie auf bedingungslose Liebe treffen. Das Drama „Prinz Friedrich von Homburg" (1821) zählt zu den besten Werken Kleists. Hier widersetzt sich der Prinz von Homburg in einer Schlacht den Befehlen seines Vorgesetzten und wird zum Tode verurteilt.

Michael Kohlhaas

„An den Ufern der Havel lebte, um die Mitte des 16. Jahrhunderts, ein Rosshändler, namens Michael Kohlhaas, Sohn eines Schulmeisters, einer der rechtschaffensten und zugleich entsetzlichsten Menschen seiner Zeit. [...] Er besaß in einem Dorfe, das noch von ihm den Namen führt, einen Meierhof, auf welchem er sich durch sein Gewerbe ruhig ernährte; die Kinder, die ihm sein Weib schenkte, erzog er, in der Furcht Gottes, zur Arbeitsamkeit und Treue; nicht einer war unter seinen Nachbarn, der sich nicht seiner Wohltätigkeit, oder seiner Gerechtigkeit erfreut hätte; kurz, die Welt würde sein Andenken haben segnen müssen, wenn er in einer Tugend nicht ausgeschweift hätte. Das Rechtgefühl aber machte ihn zum Räuber und Mörder."

Kleist war jedoch auch ein Meister der Erzählung. 1810 wurde seine wohl bedeutendste Novelle veröffentlicht: „Michael Kohlhaas" ist die Geschichte eines Pferdehändlers, der aus einem gesteigerten Rechtsgefühl heraus um sein Recht und damit um seine verletzte Menschenwürde kämpft.

Bereits zwei Jahre zuvor hatte Kleist mit „Die Marquise von O." einen Skandal ausgelöst. Am Schicksal einer jungen Witwe, die unwissentlich schwanger wird, wagte es der Dichter, traditionelle Werte und Konventionen zu hinterfragen. Heute gilt die Novelle als frühes Beispiel weiblicher Emanzipation.

Armut und Selbstmord

Mit seiner schriftstellerischen Arbeit gelang es Kleist nicht, seinen Lebensunterhalt zu bestreiten. Auch die Herausgabe der „Berliner Abendblätter" scheiterte, nachdem Zensurmaßnahmen ihn zum Aufgeben zwangen. Fortan lebte Kleist in düsterer Melancholie, sein Lebensmut war gebrochen. Am 21. November 1811 beging Kleist zusammen mit der unheilbar kranken Henriette Vogel Selbstmord. Das gemeinsame Grab der beiden am Wannsee zieht immer noch viele Besucher an. Am 21. November werden dem Paar regelmäßig Gedichte auf das Grab gelegt.

Heinrich von Kleist, hier ein Druck nach einer Miniatur von 1801, war ein bedeutender Dramatiker und Erzähler, der sich weder der Klassik noch der Romantik zuordnen lässt. Im Zentrum seiner Dichtung steht der Konflikt zwischen dem Individuum und dessen Pflicht, sich in die Konventionen der Gesellschaft einzugliedern.

Stendhal und das Stendhal-Syndrom

(1783–1842)

Was Henri Beyle dazu bewegte, seine Schriften unter dem Namen „M. de Stendhal" herauszugeben, ist umstritten. Es gilt als wahrscheinlich, dass sich das Pseudonym auf die ostdeutsche Stadt Stendal im heutigen Bundesland Sachsen-Anhalt bezieht. Dort sollen Familienangehörige ein Gut besessen haben. Andere meinen, Beyle habe mit dem Namen seine Verehrung für den in Stendal geborenen Kunsthistoriker und Schriftsteller Johann Joachim Winkelmann (1717–1768) ausdrücken wollen. Stendhal war selbst stark an Bildender Kunst interessiert. Seine Karriere als Autor begann mit kunsthistorischen Reisebüchern wie „Geschichte der Malerei in Italien" oder „Rom, Neapel und Florenz" (beide 1817).

Im Sog von Napoleons Untergang

Bis Stendhal zum Romancier wurde, geriet er in den politischen Strudel, der zum Ende der Herrschaft von Kaiser Napoleon I. (1769–1821) führte. Als hochrangiger Beamter nahm er an den napoleonischen Militäraktionen teil. Beim Italien-Feldzug von 1800 lernte er Mailand kennen und lieben. Auch den für Frankreich katastrophal endenden Russlandfeldzug von 1812 überlebte er. Doch unter der neuen Regierung König Ludwigs XVIII. (1755–1824), die eine vorrevolutionäre Ständegesellschaft zu restaurieren versuchte, geriet er ins politische Abseits. Erst nach der Julirevolution von 1830 bekam er wieder einen Posten im Staatsdienst. Seinem ersten Roman „Armance" (1827), folgte 1830 „Rot und Schwarz". Stendhal berichtet darin vom Aufstieg und Fall eines aus der französischen Provinz stammenden Kleinbürgers, dessen gesellschaftliches Emporkommen Adel und Klerus brutal beenden. Durch die Ausrufung einer bürgerlichen Republik im selben Jahr gehörte der Roman gleichsam über Nacht zu einer vergangenen Epoche. Doch er ist, zusammen mit „Die Kartause von Parma" (1839), einer abenteuerlichen Liebesgeschichte in der napoleonischen Zeit, einer der größten Erfolge Stendhals.

Stendhal-Syndrom

Das so genannte Stendhal-Syndrom ist ein Krankheitsbild, das sich durch Reizüberflutung beim Betrachten von Kunstwerken einstellt. Symptome sind Schweißausbruch, Verwirrtheit, aber auch Veränderungen in der Wahrnehmung von Farben und Geräuschen sowie Euphorie und Delirien bis hin zu Halluzinationen.
Die Bezeichnung „Stendhal-Syndrom" geht auf eine Tagebuchnotiz des französischen Schriftstellers aus dem Jahr 1817 zurück. Er besuchte damals die Kirche Santa Croce in Florenz. Er beschrieb „himmlische Gefühle, die uns die Kunst einflößt" und die sich „mit den menschlichen Leidenschaften vereinen. Als ich Santa Croce verließ, hatte ich starkes Herzklopfen".

Psychologisch präzise Prosa

Unter den Intellektuellen in Deutschland erregte Stendhal mit seiner knappen und psychologisch präzisen Prosa, die in melodramatisch zugespitzten Situationen nicht in Sentimentalität abgleitet, einiges Aufsehen. Der Philosoph Friedrich Nietzsche (1844–1900) beschrieb sich in „Ecce homo" (1908) als einen Geistesverwandten: „Vielleicht bin ich selbst auf Stendhal neidisch? Er hat mir meinen besten Atheisten-Witz weggenommen, den gerade ich hätte machen können: Die einzige Entschuldigung Gottes ist, dass er nicht existiert."

Henri Beyle, hier in einem Gemälde von Johan Olaf Soedermark aus dem Jahr 1840, veröffentlichte unter dem Künstlernamen Stendhal. Er verarbeitete in seinen Romanen viele Elemente seines eigenen Lebens. So ist der Held in „Rot und Schwarz" ein literarisches Selbstporträt.

Alessandro Manzoni: Romancier des Risorgimento

(1785–1873)

Nach dem grandiosen Erfolg seines Werks „Die Verlobten" veröffentlichte Alessandro Manzoni nie wieder einen Roman. Vielmehr beschäftigte er sich in einer Vielzahl von Essays und Briefen vor allem mit der Einführung einer allgemeinen Nationalsprache für Italien. Der berühmte Roman und die sprachwissenschaftlichen Arbeiten ergeben ein Werk, das für Italien nicht nur den Anschluss an die europäische Literatur des 19. Jahrhunderts bedeutete. Manzoni war eine der angesehensten Persönlichkeiten seiner Zeit. Der Komponist Giuseppe Verdi (1813–1901) verehrte den Schriftsteller so sehr, dass er ihm 1874 ein Requiem widmete.

> ### *Risorgimento*
> *Das Risorgimento (italienisch für „Wiedererstehung") bezeichnet einen Abschnitt in der italienischen Geschichte des 19. Jahrhunderts. Die französische Besetzung bis 1814 und die anschließende Wiedereinsetzung der österreichischen Herrschaft über eine Reihe nord- und mittelitalienischer Fürstentümer förderten nationalistische Bestrebungen mit dem Ziel politischer Einheit und staatlicher Souveränität. Doch erst die Bündnispolitik des Regierungschefs von Piemont-Sardinien, Graf Camillo Cavour, ermöglichte es einem gesamtitalienischen Parlament 1861, Victor Emanuel II. zum König von Italien zu erklären. Provisorischer Regierungssitz war Florenz. 1871 wurde dann Rom Hauptstadt des neuen Italien und das Risorgimento war vollendet.*

Der Geist der Freiheit

Schon als Jugendlicher dichtete Manzoni Oden und Hymnen. Mit der noch stark an klassizistische Vorbilder angelehnten Lyrik feierte er den von der Französischen Revolution ausgehenden Geist der Freiheit. Das Thema der Befreiung von Fremdbestimmung beherrschte von da an Leben und Werk Manzonis. 1808 heiratete er die erst 16-jährige Henriette Blondel, die Tochter eines Bankiers aus Genf. Neun Kinder gingen aus dieser Verbindung hervor. Zwar war es eine glückliche Ehe, doch musste Manzoni den Tod sowohl seiner Frau, die 1833 starb, als auch sieben seiner Kinder miterleben.

Mehr als eine Liebesgeschichte

Als Manzoni Kollegen seine 1821 begonnene erste Fassung der „Verlobten" vorlegte, empfahlen diese höflich, er möge das Buch noch einmal überarbeiten. Die zweite Fassung ging 1827 in Druck und wurde sofort ein Bestseller. In den folgenden Jahren allerdings gestaltete Manzoni den Roman sprachlich völlig neu. Er brachte den Text in einen gemäßigten toskanischen Dialekt. Für das aus einem Flickenteppich regionaler Sprachen und Dialekte bestehende Land schuf Alessandro Manzoni damit als Erster eine einheitliche Hochsprache. Gleichzeitig bildete diese dritte Fassung von 1842 den Ursprung der bürgerlichen italienischen Literatur und wurde in viele weitere Sprachen übersetzt.

„Die Verlobten" (in anderen deutschen Übersetzungen auch „Die Brautleute") ist nur vordergründig eine Liebesgeschichte. Das von der Handlung her im frühen 17. Jahrhundert angesiedelte Buch ist vielmehr ein Schlüsselroman für die Lage Italiens im 19. Jahrhundert: Die Willkür zweier Adeliger und der Kleinmut eines Priesters verhindern die Hochzeit von Renzo und Lucia, deren Lebenswege sich für Jahrzehnte trennen. Erst nach einer Odyssee durch die Stadtrepubliken und Kleinstfürstentümer Italiens finden sie sich mit Gottes Fügung wieder. Im Schlusskapitel kaufen die Liebenden eine Seidenspinnerei, die Wohlstand einbringt, und gründen eine Familie. Manzoni entwickelte mit diesem Ende eine Utopie von der gewaltfreien Revolution, die sich mit freiem Unternehmertum versöhnt.

Alessandro Manzoni erlebte die nationale Einigung Italiens, die er mit seinem literarischen Lebenswerk gefordert und gefördert hatte, noch mit.

Jacob und Wilhelm Grimm: Märchen werden salonfähig

(1785–1863, 1786–1859)

Wer kennt sie nicht: „Die Bremer Stadtmusikanten", „Frau Holle", „Schneewittchen", „Die sieben Raben" und viele mehr! Zu verdanken haben wir diese Märchen den Brüdern Grimm, die die berühmte deutsche Sammlung „Kinder- und Hausmärchen", besser noch bekannt als „Grimms Märchen", ab 1812 herausgaben. Die Kasseler Exemplare der „Kinder- und Hausmärchen" wurden 2005 von der UNESCO zum Weltdokumentenerbe erklärt.

Märchen und Sagen

Nach dem frühen Tod des Vaters wuchsen die Brüder Grimm in eher bescheidenen Verhältnissen auf; eine Tante ermöglichte es ihnen, in Marburg Jura zu studieren. Einer ihrer Lehrer, Friedrich Carl von Savigny (1779–1861), öffnete den wissbegierigen Studenten seine Privatbibliothek und regte sie zum Studium der altdeutschen Literatur an.

Die Anregung zu einer Märchensammlung erhielten die Brüder im Jahr 1803 von den Romantikern Clemens Brentano und Achim von Arnim, die sie an der Marburger Universität kennen gelernt hatten. Die Brüder Grimm sammelten die Märchen in verschiedenen Bibliotheken und ließen sich mündlich überlieferte Märchen von märchenkundigen Frauen, darunter vor allem der Märchenerzählerin Dorothea Viehmann, aufschreiben. Um sich ganz ihren Forschungen und dem Sammeln von Märchen widmen zu können, nahmen die Brüder nach dem Studium Stellen als Bibliothekare in Kassel an. Zwischen 1812 und 1815 schrieben sie wesentliche Teile ihrer weltberühmten Märchensammlung auf, die inzwischen in mehr als 160 Sprachen übersetzt ist. Neben der Bibel Martin Luthers sind die „Kinder- und Hausmärchen" das weltweit am weitesten verbreitete Buch deutscher Kulturgeschichte. Die Sammlung ist zugleich die erste systematische Zusammenfassung und Dokumentation der gesamten europäischen und orientalischen Märchentradition. 1816–1818 publizierten die Gebrüder Grimm zudem in zwei Bänden die „Deutschen Sagen".

Die Göttinger Sieben

1837 wandten sich die sieben Professoren Wilhelm Eduard Albrecht (1800–1876), Friedrich Christoph Dahlmann (1785–1860), Heinrich Georg August Ewald (1803–1875), Georg Gottfried Gervinus (1805–1871), die Gebrüder Jacob und Wilhelm Grimm und Wilhelm Weber (1804–1891) gegen den hannoverschen König Ernst August II. und beschuldigten ihn wegen der Aufhebung der Verfassung von 1833 des Verfassungsbruchs. Die Professoren wurden ihrer Ämter enthoben und teilweise des Landes verwiesen. Der Schritt der Göttinger Sieben war Zeichen dafür, dass die liberale Bewegung in weiten Teilen Deutschlands wieder lebendig wurde.

Politisches Engagement

Jacob und Wilhelm Grimm waren nicht nur Herausgeber von Märchen und Sagen, sondern gelten auch als Begründer der germanistischen Philologie. Sie begannen die Arbeiten zum „Deutschen Wörterbuch", und insbesondere Jacob Grimm schuf mit der „Deutschen Grammatik", der „Deutschen Mythologie" und den „Deutschen Rechtsaltertümern" bahnbrechende Werke.

Die späteren Jahre verbrachten die Brüder in Göttingen. Als Mitglieder der Göttinger Sieben (Professoren) protestierten sie 1837 gegen die Aufhebung der Verfassung von 1833 und wurden daraufhin entlassen und des Landes verwiesen.

Drei Jahre lang lebten die Grimms ohne Anstellung in Kassel im Exil, bis der neue preußische König Friedrich Wilhelm IV. (1795–1861) sie unmittelbar nach seiner Amtsübernahme nach Berlin holte. Wilhelm Grimm verstarb 1859, sein Bruder Jacob 1863.

Die Brüder Jacob (im Profil) und Wilhelm Grimm 1855. Das Ölgemälde von Elisabeth Jerichau-Baumann (1819–1881) hängt in der Berliner Nationalgalerie. In ihren überwiegend aus mündlicher Überlieferung stammenden Texten der „Kinder- und Hausmärchen" verknüpften die Grimms Übernatürliches mit Alltäglichem. Sie formen ein Weltbild, in dem das Gute das Böse beherrscht und soziale Schranken keine Rolle spielen.

Heinrich Heine: Der Weltbürger

(1797–1856)

Heinrich Heine war ein Querulant, ein Revolutionär und ein Spötter, aber er verfasste auch feinsinnige Liebeslyrik. Neben seiner Dichtung erhob Heine das Feuilleton und den Reisebericht zu Kunstformen und wurde als Journalist, Essayist, Satiriker und Polemiker ebenso bewundert wie gefürchtet. Der Maler Gottlieb Gassen porträtierte den jungen Dichter 1828, kurz bevor er ins Exil ging.

> *Aus dem „Weberlied"*
>
> *„Im düstern Auge keine Träne,*
> *sie sitzen am Webstuhl und fletschen die Zähne;*
> *Alt-Deutschland, wir weben dein Leichentuch.*
> *Wir weben hinein den dreifachen Fluch.*
> *Wir weben! Wir weben!"*

Vom Romantiker zum Kritiker

Der Sohn eines jüdischen Tuchhändlers machte erst eine kaufmännische Ausbildung, bevor er Jura studierte. Um der gesellschaftlichen Ächtung zu entgehen, ließ er sich protestantisch taufen; er selbst bezeichnete den Schritt als „Entreebillet zur europäischen Kultur".

Seinen Ruhm als romantischer Lyriker begründete das „Buch der Lieder" (1827) – bis heute die erfolgreichste Gedicht- und Liedersammlung der Weltliteratur. Besonders seine Ballade von der Loreley ist weithin bekannt. Das Ungleichgewicht zwischen Adel und einfachem Volk und das Verbot seiner Schriften in Deutschland veranlassten Heine 1831, nach Paris zu ziehen. In Deutschland verfemt, war der junge Heine in den Künstler- und Literatenkreisen der Seine-Metropole bald ein gern gesehener Gast. 25 Jahre lebte der Schriftsteller in Paris. In Schriften wie „Französische Zustände" (1832) versuchte er den Deutschen Frankreich und den Franzosen Deutschland näher zu bringen. Weitere wichtige Werke jener Jahre waren „Die romantische Schule" (1833), das Romanfragment „Der Rabbi von Bacherach" (1840) und „Ludwig Börne. Eine Denkschrift" (1840). In ihr reagierte Heine auf den Vorwurf seines früheren Freundes, Ziele der Revolution zur Verbreitung der Demokratie in Deutschland verraten zu haben.

Begeisterter Revolutionär

1843 entstand das viel zitierte Gedicht „Nachtgedanken": „Denk ich an Deutschland in der Nacht, dann bin ich um den Schlaf gebracht." Aus Sorge um seine verwitwete, allein lebende Mutter reiste Heine noch im selben Jahr nach Deutschland. Nach seiner Rückkehr nach Paris entstand eines seiner populärsten Werke, das Versepos „Deutschland. Ein Wintermärchen". Heine übt darin beißende Kritik an den politischen und gesellschaftlichen Zuständen seiner Heimat – ein Grund dafür, dass dort das Epos bereits im Erscheinungsjahr verboten wurde. Unmittelbar danach folgte „Atta Troll". Heines Ton wurde schärfer. Er gehörte zu den ersten deutschen Dichtern, die das Elend der neu entstandenen Arbeiterklasse aufgriffen, so in seinem Gedicht „Die schlesischen Weber" (auch „Weberlied" genannt) vom Juni 1844.

Seit Beginn seiner Pariser Zeit pflegte der Dichter Kontakte zu den Sozialisten und begrüßte als überzeugter Demokrat 1848 die Revolutionen in ganz Europa. Im Februar 1848, gerade als die Revolution in Paris ausbrach, erlitt Heine einen Zusammenbruch. Ein Nervenleiden, das sich seit 1845 zusehends verschlimmert hatte, warf ihn endgültig aufs Krankenlager. Seine letzten Lebensjahre waren qualvoll: Er lag in seiner „Matratzengruft", konnte sich kaum bewegen, war fast blind und gepeinigt von Kopfschmerzen. Da er nicht mehr selbst schreiben konnte, diktierte er seine Verse und Schriften einem Sekretär. So veröffentlichte er im Oktober 1851 den Gedichtband „Romanzero" und 1854 sein politisches Vermächtnis „Lutetia". Heine wurde auf dem Friedhof Montmartre beigesetzt.

Heine als junger Mann: hübsch, ein wenig verträumt, mit leichter Melancholie im Blick. Das Porträt des Malers Gottlieb Gassen (1805–1878) von 1828 befindet sich heute im Heinrich-Heine-Institut in Düsseldorf.

Honoré de Balzac: Sittenmaler seiner Zeit

(1799–1850)

Die 130 Romane und Erzählungen Honoré de Balzacs vermitteln ein realistisches Bild der Gesellschaft des frühen 19. Jahrhunderts und zeichnen sich vor allem durch die genaue Beobachtung und analytische Darstellung der Menschen aus. Charaktere, Milieu und menschliches Verhalten der Figuren stehen im Mittelpunkt des literarischen Werkes, mit dem der bedeutende französische Romancier über die Grenzen Frankreichs hinaus bekannt und zum Begründer des Realismus wurde.

Manisch produktiv

1799 als Sohn eines Rechtsanwalts in Tours geboren, kam Balzac im Alter von 15 Jahren nach Paris, wo er bis 1819 Jura studierte. Dann brach er das Studium jedoch ab und wendete sich der Literatur zu. Zunächst verdiente er seinen Lebensunterhalt mit Kolportageromanen, die er unter einem Pseudonym veröffentlichte und die in Einzellieferungen durch Hausierer vertrieben wurden. Seine Misserfolge als Verleger und Betreiber einer Druckerei sowie seine luxuriöse Lebensführung verursachten einen gewaltigen Schuldenberg, der ihn ein Leben lang belastete und dazu zwang, pausenlos zu schreiben und zu veröffentlichen. Seit etwa 1830 entstand so eine wahre Flut von Meisterwerken, unter anderem „Vater Goriot" (1834/35), „Verlorene Illusionen" (1837–1844), „Glanz und Elend der Kurtisanen" (1838) und „Der Landpfarrer" (1841). Wenn Balzac an einem seiner großen Romane schrieb, soll er sich eine Mönchskutte angezogen und nur noch wenige Stunden täglich geschlafen haben. Seine körperliche Erschöpfung bekämpfte er mit starkem Kaffee. In seinem 91 Romane und Erzählungen umfassenden Zyklus „Menschliche Komödie" (1829–1854) schildert er das gesamte Spektrum der Gesellschaft zur Zeit der Französischen Revolution, des napoleonischen Kaiserreichs und der Ära der Restauration.

„Glanz und Elend der Kurtisanen"

In der Fortsetzung des Romans „Verlorene Illusionen" übte Balzac scharfe Kritik am aufstrebenden Bürgertum. Fast 13 Jahre lang arbeitete der Romancier an seinem Werk, das den Verfall der Gesellschaft eingehend porträtiert und eine detaillierte Studie der Pariser Unterwelt ist. Im Mittelpunkt steht Lucien de Rubenpré, der in der französischen Metropole in höchsten Kreisen Einfluss gewinnt. Am Ende muss er bitter bezahlen und begeht in seiner Gefängniszelle Selbstmord.

Menschliche Leidenschaften

Balzac machte genau das zum Gegenstand eindringlicher Analyse, was sein eigenes Leben bestimmte – die menschlichen Leidenschaften. Seine Gestalten sind beherrscht von Habgier, Geiz, Spielsucht, sozialem Geltungsdrang oder der alles verzehrenden sexuellen Obsession. Die Menschen Balzacs sind Typen, Sozialcharaktere der französischen Gesellschaft. Die verschiedenen gesellschaftlichen Schichten und deren Vertreter – Adel, Klerus, Bürgertum, Bauern, kleine Leute, Emporkömmlinge – porträtierte der Autor minutiös. Nicht umsonst gilt der französische Romancier als bedeutender Vertreter des Realismus, wenn seine Romane bei den Zeitgenossen auch zunächst im Ruf standen, die Sitten zu verderben. Als Balzac im März 1850 die reiche russische Gräfin Evelina Hanska heiratete, war er bereits todkrank. Fünf Monate später starb er, gerade 51 Jahre alt, in Paris an den Folgen einer Herzerweiterung.

Balzac gilt als Vorreiter des französischen Naturalismus und prägte viele, nicht nur französische, Schriftsteller. Im Haus Honoré de Balzacs, gelegen zwischen der Rue Raynouard und der Rue Berton, befindet sich heute ein Museum, das sich dem Leben und Schaffen des Schriftstellers widmet.

Das Bronzedenkmal von Auguste Rodin (1840–1917) zeigt die ungebändigte Kraft des weltberühmten Autors. Zeit seines Lebens nahm Balzac keinerlei Rücksicht auf seine Gesundheit. Die Skulptur steht seit 1939 an der Kreuzung des Boulevard Montparnasse und des Boulevard Raspail in Paris.

Alexandre Dumas, der Ältere, und seine Abenteuerromane

(1802–1870)

Alexandre Dumas gilt als wichtiger Vertreter der französischen Romantik. Bekannt wurde er durch seinen historischen Abenteuerroman „Die drei Musketiere" (1844), in dem er Stoffe der französischen Geschichte aufgreift, und durch den Gesellschaftsroman „Der Graf von Monte Christo" (1845/46). In den 1830er Jahren war Dumas einer der produktivsten unter denjenigen, die die Zeitungen mit Fortsetzungsromanen versorgten. Um die große Nachfrage bewältigen zu können, stellte er sogar anonyme Lohnschreiber an.

Literarische „Flausen" im Kopf

Schon früh entwickelte Dumas ein großes Interesse an der Literatur, besonders den Abenteuerromanen des 16. und 17. Jahrhunderts, und am Theater. Er schrieb bereits als Jugendlicher Stücke und inszenierte sie in einer kleinen Scheune in der Nähe seines Elternhauses. Eine gute Schulbildung genoss Dumas nicht: Nach dem frühen Tod seines Vaters musste er mit 14 Jahren die Stelle eines Schreibers annehmen. Nebenbei verbrachte er viel Zeit damit, seine Handschrift zu verbessern und sich im Tanzen, Fechten und Schießen zu üben. 1822 verließ Dumas die Provinz und ging nach Paris. Bereits drei Jahre später verdiente er sein erstes Honorar als Co-Autor eines Stückes. Zu Beginn seiner Schriftstellerkarriere schrieb er hauptsächlich Dramen, von denen die meisten in Vergessenheit geraten sind. Dazu gehören die seinerzeit recht erfolgreichen Stücke „Henri III et sa cour" („Heinrich III. und sein Hof", 1829), „Christine" (1830) und „Antony" (1831). 1830 war Dumas an der Julirevolution beteiligt. Zusammen mit einem Freund stürmte er einen Pulverturm vor Paris.

Publikumswirksame Abenteuerromane

Später begann Dumas dann damit, Romane zu schreiben und diese kapitelweise in den großen Pariser Zeitungen zu veröffentlichen. Dies brachte ihm nicht nur eine große Leserschaft, sondern auch Ruhm und Geld ein. Gemeinsam mit anderen Autoren – wie zum Beispiel Auguste Maquet (1813–1888) – verfasste er über 300 Abenteuerromane, alle lebendig und spannend geschrieben. „Die drei Musketiere", die Geschichte von den vier unzertrennlichen Kameraden, die dem Kardinal, dem mächtigsten Mann Frankreichs, trotzen, um die Ehre ihrer Königin zu retten, bescherte dem jungen Schriftsteller Welterfolg. Die Darstellung der Abenteuer, Liebesaffären und Intrigen begeisterte die Leser. Es folgten in rascher Folge „20 Jahre später" (1845), „Königin Margot" (1845), „Der Graf von Monte Christo" (1845/46) und „Das Halsband der Königin" (1848–1850). Das reichlich verdiente Geld gab Dumas mit vollen Händen wieder aus; er war sehr großzügig und veranstaltete oft riesige Feste für seine Freunde. Seine zahlreichen Mätressen ließ er nicht fallen, sondern versorgte jede mit einer kleinen Wohnung und einer Pension. Auf die Dauer konnte er sich diesen luxuriösen und ausschweifenden Lebensstil allerdings nicht leisten; die letzten Jahre vor seinem Tod war er bankrott und lebte bei seinem Sohn. Dumas verstarb am 5. Dezember 1870.

„Der Graf von Monte Christo"

Die Handlung basiert auf einer Vorlage des Pariser Polizeiarchivars Jacques Peuchet („Der Diamant und die Rache", 1837), die wiederum auf historisches Polizeimaterial zurückgeht. Hauptfigur ist Edmond Dantès, ein junger Marineoffizier aus Marseille, der als geheimnisvoller Graf von Monte Christo nach Paris geht, um sich systematisch an seinen alten Rivalen zu rächen. Einige zeitgenössische Kritiker warfen dem Verfasser vor, die Charaktere und Episoden zu kühn und bar jeder psychologischen Wahrscheinlichkeit entworfen zu haben.

Dumas, der Sohn eines Mulatten, war zu Lebzeiten oft Ausgrenzung und Diskriminierung ausgesetzt. 2002, zur 200. Wiederkehr seines Geburtsjahres, wurden die Gebeine Dumas' ins Pariser Pantheon überführt. Ein großer Erfolg des Literaten waren „Die drei Musketiere", hier in der legendären Verfilmung von George Sidney aus dem Jahr 1948, mit den Schauspielern Van Heflin, Gene Kelly, Gig Young und Robert Coote in den Hauptrollen.

Victor Hugo: Vergöttert und geliebt

(1802–1885)

Vielen Franzosen gilt Victor Hugo als ihr größter Autor überhaupt. Bereits zu seinen Lebzeiten erlangte der Romancier und Dramatiker Prominenz, Respekt und Reichtum. Als der französische Dichter im Mai 1885 starb, ordnete die Regierung ein Staatsbegräbnis im Pantheon an. Zwei Millionen Menschen säumten die Straßen, die Bewohner der Armenviertel veranstalteten zu seinen Ehren ein Volksfest.

Dichter und Volksschriftsteller

Das Leben Hugos ist eng mit der Geschichte Frankreichs verknüpft. Der Sohn eines napoleonischen Generals begann bereits mit 14 Jahren Gedichte zu schreiben. Mit 17 gründete er die literarische Zeitschrift „Le Conservateur littéraire" und erhielt eine Auszeichnung in einem Dichterwettbewerb. Sein erster Gedichtband (1822) offenbarte ihn als einen Anhänger des Königtums und brachte Hugo eine königliche Pension von 1000 Francs jährlich ein. Die von ihm gegründete Zeitschrift „La Muse française" wurde bald zum Organ der französischen Romantiker. Dank seines unermüdlichen Arbeitseifers ließen die Erfolge nicht lange auf sich warten, aber seine politischen Einstellungen veränderten sich: Hugo wurde zum Liberalen.

Die Uraufführung des Dramas „Hernani" im Revolutionsjahr 1830 machte ihn zum Kopf der französischen Romantik, deren Mittelalterbegeisterung in dem Roman „Der Glöckner von Notre Dame" (1831) zur vollen Entfaltung kam. Die Geschichte von Quasimodo und seiner Liebe zur Zigeunerin Esmeralda ist heute weltweit bekannt, nicht zuletzt aufgrund der Verfilmung mit Anthony Quinn in der Rolle des missgebildeten Quasimodo (1956). Das Kolorit des späten Mittelalters wird in der Schilderung von Massenszenen, aber auch in der Zeichnung historischer Persönlichkeiten wie der des dämonischen Ludwigs XI. (1423–1483) lebendig. Hugo gelang es, den Leser in eine andere Zeit zu entführen, die er möglichst umfassend darzustellen versuchte.

Ein Manifest

Fast sein ganzes Leben, rund 65 Jahre lang, kämpfte Victor Hugo vehement gegen die Todesstrafe. „Der letzte Tag eines Verurteilten" (1829), ein leidenschaftliches Manifest, erzählt von den letzten Tagen eines Mannes, der zum Tode verurteilt wurde und der in der Zeit, in der er auf seine Hinrichtung wartet, seine Gedanken, Erinnerungen und Ängste niederschreibt.

Jahre im Exil

In seiner zweiten Lebenshälfte nahm Hugo aktiv am politischen Leben teil. Doch seine politische Laufbahn fand 1851 nach dem erfolglosen Staatsstreich gegen Präsident Louis Napoleon, dem späteren Kaiser Napoleon III. (1808–1873), ein jähes Ende. Hugo floh zunächst nach Belgien und lebte bis 1870 im Exil auf der Insel Guernsey. Dort beendete Hugo auch sein berühmtestes Werk, den fünfteiligen Roman „Les Misérables" („Die Elenden", 1862), an dem der Dichter insgesamt 17 Jahre arbeitete. Die Geschichte: Jean Valjean verbringt wegen eines unbedeutenden Vergehens 20 Jahre im Gefängnis. Mit Hilfe des gütigen Bischofs Myriel gelingt dem gebrochenen Mann der Neuanfang. Sein ganzes Leben stellt er in den Dienst der Elenden und Ausgestoßenen, doch seine Vergangenheit holt ihn in Gestalt des eiskalten Kommissars Javert unerbittlich ein. In viele Sprachen übersetzt, mehrfach verfilmt und dramatisiert, eroberte „Die Elenden" zuletzt auch als Musical die Bühnen. Nach dem Deutsch-Französischen Krieg, der mit Frankreichs Niederlage und der Abdankung Napoleons III. endete, konnte Hugo nach Frankreich zurückkehren. Der „Prix Victor Hugo" ist heute einer der renommiertesten französischen Literaturpreise.

Victor Hugo begründete die französische Romantik und gehört zu den bedeutendsten und populärsten Schriftstellern Frankreichs. Ab 1841 war er Mitglied der Académie française.

Hans Christian Andersen: Vom Zauber der Märchen

(1805–1875)

Hans Christian Andersen haben die Märchen nie losgelassen. Der auf der Insel Fünen geborene Däne ist der meistgelesene Märchendichter weltweit.
Fast jeder kennt „Die Prinzessin auf der Erbse", „Die kleine Meerjungfrau", „Des Kaisers neue Kleider" oder „Das Mädchen mit den Schwefelhölzern" – nur einige seiner insgesamt 168 Märchen. Weniger bekannt ist, dass der Sohn eines armen Schusters auch erfolgreich Gedichte, Romane und Dramen veröffentlichte.

Ein Weltbürger mit Ambitionen

Eigentlich wollte Andersen, der nur unregelmäßig zur Schule ging, eine Ausbildung zum Sänger und Schauspieler absolvieren. Er genoss es, im Rampenlicht zu stehen. Mit 14 Jahren verließ er sein Elternhaus und ging an das Königliche Theater nach Kopenhagen. Dort beeindruckte er auch König Friedrich IV., der ihm Schulbesuch, Studium und Reisen finanzierte. Es gibt kein Land Europas, in dem Andersen nicht war, auch Nordafrika und der Orient beflügelten seine Phantasie. Dabei soll der Dichter sehr ängstlich gewesen sein: Wenn er reiste, hatte er immer ein Seil dabei, um sich im Fall eines Hotelbrands abseilen zu können. Einen ersten Namen machte Andersen sich mit „Jugendleben und Träume eines italienischen Dichters" (1835), für das er ein staatliches Dichtergehalt erhielt. Auch sein Roman „Der Improvisator" (1835) über ein armes Kind, das es mit etwas Glück zum Erfolg bringt, sowie der Künstlerroman „Nur ein Geiger" (1837) über einen scheiternden Musiker bescherten dem Dänen Anerkennung und Ruhm. Lange Zeit unbeachtet blieben dagegen seine 168 für Kinder erzählten Märchen.

Volks- und Kunstmärchen

Die Unterscheidung zwischen Volks- und Kunstmärchen erfolgt nach ihrer Entstehung. Die so genannten Volksmärchen wurden über sehr lange Zeiträume hinweg weitergegeben, ihre Ursprünge und ihre Verfasser sind daher unbekannt. Oft kursieren sie in verschiedenen Versionen in unterschiedlichen Ländern. Kunstmärchen dagegen sind neueren Datums, schriftlich fixiert und von bekannten Autoren verfasst. Häufig haben sich diese Dichter jedoch inhaltlich an der Erzählstruktur und der Naivität der Volksmärchen orientiert. Bekannte Märchendichter waren Ludwig Tieck (1773–1853), Clemens von Brentano (1778–1842), E.T.A. Hoffmann (1776–1822) – und natürlich Hans Christian Andersen.

Erst der dänische Naturphilosoph und Physiker Hans Christian Ørsted (1777–1851) erkannte ihre Bedeutung.

Beliebt bei Kindern und Erwachsenen

Andersens Märchen wurden zwischen 1835 und 1848 in acht Bänden publiziert. Dabei bearbeitete der Schriftsteller Volksmärchen so, dass sie auch von Kindern verstanden werden konnten. Zugleich achtete er darauf, dass seine romantischen Kunstmärchen wie gesprochen klangen. Den Stoff entnahm der Dichter dänischen, deutschen und griechischen Quellen, schöpfte aber auch aus historischen Sagen. Andersen schuf Märchen mit philosophischem Hintergrund – so etwa „Die Schneekönigin" –, in denen er seine Weltanschauung zum Ausdruck zu bringen suchte, aber auch Dingmärchen, bei denen die Gegenstände lebendig werden. Hierzu zählen „Der standhafte Zinnsoldat" und „Die Stopfnadel". Die Märchen zeichnen sich durch Selbstironie und Vielschichtigkeit aus und haben bis heute nichts von ihrer Beliebtheit eingebüßt.
Der wohl berühmteste Dichter Dänemarks starb kurz nach seinem 70. Geburtstag in Kopenhagen. In seiner Geburtsstadt Odense erinnert heute ein Museum an sein Leben und Schaffen.

Seine Autobiografie nannte Andersen „Min Lyvs Eventyr" – „Das Märchen meines Lebens". Der Märchenerzähler schrieb sich aus ärmlichen Verhältnissen zum bedeutendsten Dichter Dänemarks empor. Die Bücher wurden in 120 Sprachen übersetzt. Andersens Märchen handeln von der Suche danach, was es heißt, ein Mensch zu sein.

Edgar Allan Poe und die Kurzgeschichte

(1809–1849)

Edgar Allan Poe gehört zu jenen Dichtern, denen im Leben wenig Glück vergönnt war, deren Schaffen aber der Literaturgeschichte eine neue Wende gab. Allerdings war er in den USA bereits zu Lebzeiten ein geschätzter Autor: Ein Schulbuchverlag kaufte für eine ordentliche Summe den Namen Edgar Allan Poe, um damit ein Einführungswerk in die Biologie der Weichtiere zu schmücken. Es wurde während Poes kurzem Leben sein meistverkauftes Buch.

Der Schrecken lauert im Unterbewussten

Poes Laufbahn als Journalist und Autor begann 1832 in Baltimore. Eine örtliche Zeitung hatte einen Literaturwettbewerb ausgeschrieben, und Edgar Allan Poe ging mit seiner Erzählung „Die Flaschenpost" als Sieger daraus hervor. Es folgte „Das verräterische Herz" (1834) – eine Erzählung, in der bereits all das angelegt ist, was Poes Nachruhm ausmacht. Sein Name steht für düstere, todesnahe Geschichten mit hoch sensiblen, vom Wahnsinn umflorten Akteuren. Zu den populärsten dieser schwarz-romantischen Geschichten gehören „Der Untergang des Hauses Usher" (1839), „Die Grube und das Pendel" (1843) und „Das Fass Amontillado" (1846). Zwar scheinen Motive wie Burgruinen im Nebel, vom Mondlicht beschienene Gruften und wiedergängerische Gestalten der deutschen Romantik entlehnt, doch um es mit Poe zu sagen: „Der Schrecken in meinen Geschichten kommt nicht aus Deutschland, sondern aus der Seele." Bei ihm taucht das Grauen aus den Abgründen des eigenen Unterbewussten auf, und genau das machte seine Horrorgeschichten zu bahnbrechender Literatur. Es ist nicht verwunderlich, dass beispielsweise Sigmund Freud (1856–1939), der mit der Erfindung der Psychoanalyse das Unterbewusste erstmals zum Gegenstand wissenschaftlicher Forschung machte, ein begeisterter Poe-Leser war.

Die Kurzgeschichte

Edgar Allan Poe gilt nicht nur als Erfinder der Kriminalgeschichte, auch auf dem Gebiet der Kurzgeschichte leistete er einen wesentlichen Beitrag zur Literaturtheorie. In der Rezension einer Sammlung von Geschichten des Amerikaners Nathaniel Hawthorne von 1842 definierte Poe die Kurzgeschichte als eine Erzählung, die man in weniger als zwei Stunden lesen könne und in deren Mittelpunkt ein einziges entscheidendes Ereignis stehe. Diese Merkmale setzte Poe – zusammen mit anderen typischen Elementen der Kurzgeschichte wie zum Beispiel der Konzentration auf wenige Charaktere und der Einsträngigkeit der Handlung – auch in seinen eigenen Erzählungen um.

Pionierleistungen der Literaturgeschichte

Doch das ist nur eine der Pionierleistungen Edgar Allan Poes. 1846 veröffentlichte er eine Art Kompositionslehre für die Schriftstellerei, die gewissermaßen die Geburtsurkunde der modernen amerikanischen Literaturtheorie darstellt. Und der Kriminalroman „Der Doppelmord in der Rue Morgue" (1841) ist mit seiner Figur des Monsieur Dupin der Urahn aller Detektivromane bis hin zum heutigen Kriminalfilm in Kino und Fernsehen. Arthur Conan Doyle (1859–1930), Autor der Sherlock-Holmes-Krimis, äußerte sich 1909 anerkennend: „Wenn jeder Autor, der ein Honorar für eine Geschichte erhält, die ihr Entstehen Poe verdankt, zehn Prozent für ein Monument des Meisters abgäbe, es erhöbe sich eine Pyramide wie die von Cheops." Stattdessen starb Edgar Allan Poe am 7. Oktober 1849 völlig verarmt in einem Krankenhaus in Baltimore, nachdem man ihn einige Tage zuvor bewusstlos auf der Straße aufgefunden hatte.

Edgar Allan Poe wuchs als Waisenkind bei Pflegeeltern auf. Sein zweiter Vorname ist der Familienname seines Ziehvaters, eines Tabakhändlers aus Baltimore. Dieser suchte in Edgar einen Geschäftsnachfolger, doch Poe zog ein Leben als Journalist und Schriftsteller vor. 1836 heiratete er seine 13-jährige Cousine Virginia Clemm, die 1847 starb. Daraufhin steigerte sich sein Konsum von Alkohol und anderen Drogen so exzessiv, dass er innerhalb kurzer Zeit körperlich und geistig verfiel.

Charles Dickens und der soziale Roman
(1812–1870)

Der britische Schriftsteller Dickens begründete mit seinem Werk den sozialen Roman. Seine liebevollen Schilderungen menschlicher Schwächen, seine skurrilen und schrulligen „Originale" und die satirische Anprangerung sozialer Missstände machten ihn bereits zu Lebzeiten zu einem der beliebtesten Romanciers. Seine Bücher wurden nicht nur in zahlreiche Sprachen übersetzt, sie lieferten auch den Stoff für diverse Film- und Bühnenbearbeitungen.

Ein scharfer Beobachter

Der Sohn eines Marinezahlmeisters verlebte eine glückliche Kindheit, bis sein Vater die Familie nicht mehr ernähren konnte und ins Londoner Schuldgefängnis gebracht wurde. Dickens verließ die Schule und verdiente Geld in einer Fabrik. Auch das schwere Leben, das die Arbeiter im Hafenviertel von London führten, erlebte er hautnah mit. Seine spätere Lehre als Rechtsanwaltsgehilfe brach er ab, um sich dem Journalismus zuzuwenden. Zunächst verdiente er sein Geld als Gerichtsreporter des „Morning Chronicle", doch schon bald erschienen in Zeitungsfeuilletons seine ersten Schilderungen des Londoner Lebens, die 1836 in „Sketches by Boz" zusammengefasst wurden. In seinem ersten Roman „Die Pickwickier" (1837) – eine Don-Quijote-Geschichte – dreht sich alles um den skurrilen Mr. Pickwick und seinen Diener Sam.

Im Mittelpunkt: Die kleinen Leute

Seine frühen Romane wie „Nicholas Nickleby" (1839) und „Der Raritätenladen" (1841) machten Dickens zu einem der meistgefeierten Schriftsteller seiner Zeit. Die Welt der kleinen und armen Leute zeichnete er liebevoll nach. So auch in seinem Roman „Oliver Twist" (1838), der Geschichte des Findelkindes und Waisenjungen Oliver Twist, der im Armenhaus aufwächst.

1848 verfasst Dickens „Ein Weihnachtslied in Prosa", die die Geschichte des alten Geizhalses Ebenezer Scrooge erzählt, der am Weihnachtsabend von drei Geistern heimgesucht wird und danach sein zuvor von Geld regiertes Leben seiner Familie und seinen Mitmenschen widmet. In „Dombey und Sohn" (1848) kritisierte der Schriftsteller mit aller Schärfe die elenden Lebens- und Arbeitsbedingungen der unteren Schichten und auch in seinen späteren Romanen klagte er verstärkt soziale Missstände an. So attackierte Dickens in „Bleak House" (1852) das Gerichtswesen, in „Harte Zeiten" (1854) die Industriewelt. Autobiografisches verarbeitete er in seinem Roman „David Copperfield" (1850).

Sowohl in Amerika als auch in England las er regelmäßig vor einer begeisterten Menge aus seinen Werken. Doch nicht nur seine Geschichten beschäftigten ihn. So war er der erste Herausgeber der noch heute bestehenden großen liberalen Tageszeitung „Daily News". Als er gesundheitlich immer labiler wurde, erwarb Dickens 1868 einen Landsitz bei Rochester. Dort starb er am 9. Juni 1870 im Alter von 58 Jahren an einem Schlaganfall. Er wurde in der Westminster Abbey beigesetzt.

David Copperfield

Den Roman „David Copperfield" bezeichnete Dickens selbst als sein Lieblingskind: „Ich bin ein guter Vater gegen jedes Kind meiner Phantasie, aber im Innersten meines Herzens hege ich ein Lieblingskind, und sein Name ist David Copperfield." Bis heute zählt der Roman zu den bedeutendsten Kindheitsromanen der Weltliteratur. Aus der Perspektive des Ich-Erzählers stellt Dickens die Stadien des jugendlichen Heranwachsens dar. Mit der Kritik an der Missachtung des Kindes appellierte der Autor an das Gewissen seiner Leser und wollte den Weg für soziale Reformen ebnen.

Dickens' erste Romane entstanden als Fortsetzungsgeschichten in Zeitungen. Es ging dem engagierten Schriftsteller und Journalisten nicht nur um den literarischen Erfolg, er war vielmehr bestrebt, soziale Reformen in Gang zu setzen. Seine Stoffe sind bis in die heutige Zeit aktuell und wurden immer wieder auch filmisch umgesetzt, so 2005 das Drama „Oliver Twist" vom Regisseur Roman Polanski.

Georg Büchner: Sozialkritiker und Revolutionär (1813–1837)

Als erstes soziales Drama zeigte „Woyzeck" die Tragödie eines Menschen aus der untersten sozialen Schicht. Büchners sozialkritisches Werk gehört zu den am meisten gelesenen und am häufigsten gespielten Texten der Weltliteratur. 1979 verfilmte Werner Herzog die Geschichte des zutiefst verzweifelten und in die Enge getriebenen Woyzeck: eine Paraderolle für den Schauspieler Klaus Kinski.

Gegen die Unterdrückung des Volkes

Schon als Schüler entwickelte Büchner ein politisches Bewusstsein. Nach Beendigung der Schulzeit am humanistischen Gymnasium in Darmstadt begann er, in Straßburg Medizin zu studieren. In Frankreich wurde er mit Programmen und organisierten Gruppen der radikalen und frühkommunistischen Opposition bekannt. Sein Blick schärfte sich für die Tatsache, dass die Wurzeln des Übels in erster Linie in der Unterdrückung des Volkes lagen. 1833 rief ihn sein strenger Vater nach Gießen zurück, doch die kleinstädtische Enge bedrückte Büchner. In vielen seiner Briefe, vor allem an seine Braut Minna Jaeglé (1810–1880), brachte er dies zum Ausdruck. Dieser Zustand änderte sich erst, als er begann, sich gegen die reaktionären Verhältnisse im Großherzogtum Hessen zu engagieren. Büchner gründete die „Gesellschaft der Menschenrechte", einen Geheimbund von Studenten und Handwerkern, der Kontakte mit den Oppositionsgruppen um den Butzbacher Pfarrer Ludwig Weidig (1791–1837) aufnahm. Zusammen mit Weidig veröffentlichte Büchner den „Hessischen Landboten", eine Flugschrift, die sich vor allem an die Bauern wandte. Das Unternehmen blieb nicht unentdeckt: 1835 floh Büchner vor einer drohenden Verhaftung nach Straßburg. Wenig später starb er an Typhus.

Der „Hessische Landbote"

Der „Hessische Landbote" war eine politische Flugschrift, die zum Widerstand gegen die herrschenden Verhältnisse aufrief. Darin heißt es unter anderem:

„Friede den Hütten! Krieg den Palästen!
Im Jahr 1834 sieht es aus, als würde die Bibel Lügen gestraft. Es sieht aus, als hätte Gott die Bauern und Handwerker am fünften Tage, und die Fürsten und Vornehmen am sechsten gemacht, und als hätte der Herr zu diesen gesagt: Herrschet über alles Getier, das auf Erden kriecht, und hätte die Bauern und Bürger zum Gewürm gezählt. Das Leben der Vornehmen ist ein langer Sonntag, sie wohnen in schönen Häusern, sie tragen zierliche Kleider, sie haben feiste Gesichter und reden eine eigne Sprache; das Volk aber liegt vor ihnen wie Dünger auf dem Acker."

Soziale und politische Dramen

„Dramatische Bilder aus Frankreichs Schreckensherrschaft" lautete der Untertitel zu Büchners einzigem zu Lebzeiten gedruckten literarischen Werk „Dantons Tod" (1835), in dem er seine Enttäuschung über den Ausgang der Französischen Revolution zum Ausdruck brachte. Die eindrucksvolle Leidensgeschichte seines Dramenfragments „Woyzeck" war bahnbrechend für das deutsche Drama, denn einen Helden wie Woyzeck – einen in die Verzweiflung und zum Mord getriebenen Menschen aus der untersten Gesellschaftsschicht – hatte es bis dahin noch nicht gegeben. „Leonce und Lena", eine unter dem Deckmantel der Fröhlichkeit verpackte Satire, schrieb Büchner 1836. Die Komödie über einen spätpubertären Wohlstandsjüngling ist nicht so harmlos, wie sie auf den ersten Blick erscheint: Hinter der Maske von zuweilen melancholischer Ironie lauerte die beißende Kritik an deutschen Zuständen des frühen 19. Jahrhunderts, wie zum Beispiel der Kleinstaaterei.

Das Plakat zur Verfilmung von Büchners Drama „Woyzeck" von Werner Herzog aus dem Jahr 1979. Alfred Döblin sagte später über Büchner: „Dieser Büchner war ein toller Hund. Nach 23 oder 24 Jahren verzichtete er auf weitere Existenz und starb. Es scheint, die Sache war ihm zu dumm."

Gottfried Keller: Ein Schweizer Patriot

(1819–1890)

Der Schweizer Schriftsteller Gottfried Keller, der sich eher beiläufig als Lyriker versuchte, wurde in der Schweiz schon zu Lebzeiten als Patriot und Liederdichter verehrt. Doch erst mit der Veröffentlichung der „Sieben Legenden" in den 1870er Jahren wurde Keller über die Grenzen der Schweiz hinaus bekannt.

Rückzug ins Private

Kellers Kindheit und Jugend waren vom frühen Tod des Vaters überschattet. Als der Versuch einer künstlerischen Ausbildung in München scheiterte, kehrte er 1842 nach Zürich zurück. Mehr aus Langeweile denn aus Passion begann Keller, politische Gedichte sowie Tageslyrik in der Nachfolge Georg Herweghs (1817–1875) und Ferdinand Freiligraths (1810–1876) zu verfassen, beteiligte sich aber auch an den Freischarenzügen gegen Luzern (Oktober 1844 und März 1845), wo es zu offenen Kämpfen zwischen der konservativen Regierung und der radikalen Opposition gekommen war.

1845 erschienen seine ersten Gedichte, 1846 kam in Heidelberg sein Band „Gedichte" heraus. Keller entschied sich endgültig gegen die Malerei als Beruf und zog nach Berlin, wo sein erstes Hauptwerk, der autobiografische Roman „Der grüne Heinrich" (1854/55) entstand. Der bedeutende Bildungsroman des 19. Jahrhunderts wurde trotz positiver Kritiken kein Erfolg – ein Grund, weshalb Keller das Werk von 1879 bis 1880 überarbeitete.

Ordnung im Leben

In Berlin verkehrte Keller in den literarischen Salons von Fanny Lewald (1811–1889) und Rahel Varnhagen (1771–1833), ansonsten aber war er geradezu manisch produktiv: Er schrieb die erste Fassung von „Apotheker von Chamounix" und den ersten Band der „Leute von Seldwyla" – eine Novellensammlung, deren populärste Erzählung „Kleider machen Leute" wurde.

Zurück in Zürich folgte eine eher unproduktive Phase. Der Schriftsteller lebte bei seiner Mutter und hatte mit Depressionen zu kämpfen. 1861 wurde er – völlig überraschend – zum ersten Staatsschreiber des Kantons Zürich gewählt. Das Amt verhalf ihm zur materiellen Sicherung seiner Existenz. Er nahm nun seine literarische Tätigkeit wieder auf und vollendete im nächsten Jahrzehnt die „Sieben Legenden" (1872), gleichzeitig arbeitete er an den „Züricher Novellen", die schließlich 1878 erschienen. Die teils heiter-ironischen, teils tragischen Novellen haben Motive der eidgenössischen Dorf- und Stadtgeschichte und der zeitgenössischen Politik zum Gegenstand, daneben aber auch mittelalterliche Stoffe. Der Novellenzyklus enthält die Erzählung „Das Fähnlein der sieben Aufrechten", die als Kellers politisches Glaubensbekenntnis gilt. In seinem letzten Werk „Martin Salander" (1886) zeichnet Keller das Scheitern bürgerlich-sittlicher Ideale nach. Keller starb am 15. Juli 1890 in Zürich.

Bildungsroman

Bis zum 18. Jahrhundert galt der Roman noch als oberflächliches Genre, das einem mehr oder weniger anspruchslosen, ungebildeten Publikum simple Liebesgeschichten offerierte. Das änderte sich mit der Aufklärung, als der Bildungs- und Entwicklungsroman entstand. Sein zentrales Thema ist der Entwicklungsprozess eines meist jungen Helden, der im günstigsten Fall das damalige Ideal eines gebildeten Menschen erreicht. Erstes bedeutendes Beispiel für einen Bildungsroman war Goethes „Wilhelm Meisters Lehrjahre" (1795/96). Mitte des 19. Jahrhunderts entstand dann die „negative Variante" des Bildungsromans, der so genannte Desillusionsroman. Typisches Beispiel dafür ist Kellers „Der grüne Heinrich".

Dieses Keller-Porträt eines Schweizer Malers entstand um 1880. Der Schweizer Dichter gehört mit seinen Romanen und Novellen zu den großen Erzählern des bürgerlichen Realismus.

Herman Melville und „Moby Dick"
(1819–1891)

Die rund 100 Jahre nach Veröffentlichung des Buches erschienene Verfilmung (1956) des Romans „Moby Dick oder Der Wal" (1851) von Herman Melville teilte das Schicksal ihrer literarischen Vorlage: Trotz der Absicht, einen Meilenstein zu schaffen, fielen die ersten Reaktionen der Zeitgenossen kühl aus. Herman Melville verkaufte von seinem Roman, den er selbst in einer Reihe mit den Werken Homers und Shakespeares sah, nur 3000 Exemplare. Auch die Zuschauerzahlen des von John Huston (1906–1987) aufwändig inszenierten gleichnamigen Films blieben weit hinter den Erwartungen zurück. Der Verfilmung des Stoffes wurde ein Besetzungsfehler angekreidet: Das Publikum nahm Gregory Peck (1916–2003), der bis dahin vor allem elegante Herzensbrecher gespielt hatte, die Rolle des verstümmelten und entstellten Kapitäns Ahab – eines bis zum Wahnsinn von der Jagd auf den weißen Wal besessenen Menschenschinders – einfach nicht ab.

Seiner Zeit voraus

Die Leser um die Mitte des 19. Jahrhunderts störten sich zum einen an dem Spott, mit dem Melville die traditionelle Religion in dem Roman bedenkt, zum anderen waren Stil und Aufbau des „Moby Dick" neuartig und fremd, in gewisser Weise zu „modern" – mit den vielen philosophischen und mythologischen Abschweifungen den Werken der klassischen Moderne des 20. Jahrhunderts näher als dem 19. Jahrhundert. Vor allem aber die Botschaft von der Natur, die mit geradezu alttestamentarischer Wucht Rache nimmt am Beutezug des Menschen, beunruhigte. Der weiße Wal, der nach jahrzehntelanger Jagd seine Verfolger mit in den Tod reißt, wurde auch als Bild verstanden für den unschuldigen Kontinent Amerika, der nach einer brutalen, gierigen Landnahme ums Überleben rang.

Mocha Dick

Der weiße Wal, der von Walfängern aller Weltmeere gefürchtet wird, ist keine rein literarische Erfindung. Im Mai 1839 erschien in einem New Yorker Magazin ein Bericht über einen ungewöhnlich aggressiven Wal. Sein bevorzugtes Revier lag in der Nähe der Insel Mocha vor der Küste Chiles, weshalb ihn die Seeleute Mocha Dick nannten. Zwischen 1810 und 1859 sorgte der 22 Meter lange Pottwal für viel Seemannsgarn: So soll er 1842 ein Transportschiff gerammt haben, um Walfänger anzulocken. Erst acht Jahre, nachdem ihn Herman Melville als Moby Dick unsterblich gemacht hatte, gelang es, den Wal zu töten. In seinem Fleisch steckten noch 19 Harpunen.

Vom Abenteurer zum Zollinspektor

Die große Intensität, mit der Melville das Leben der Seeleute schildert, ist seinen eigenen Reisen zu verdanken. Als junger Mann heuerte er mehrfach auf Transportschiffen und Walfängern an und lebte zeitweilig unter südpazifischen Eingeborenen. Mit Bezügen zum eigenen Leben schuf Melville neben „Moby Dick" ein umfangreiches erzählerisches Werk, das in seiner Entstehungszeit kaum wahrgenommen wurde. Erst die Literaturwissenschaft an der Wende vom 19. zum 20. Jahrhundert entdeckte Melville als einen der Mitbegründer der amerikanischen Literatur. Der Autor selbst hatte von seinem Nachruhm freilich nichts mehr.

Nachdem die Veröffentlichung und Vermarktung von „Moby Dick" sein Vermögen verschlungen hatten, verdiente Melville seinen Lebensunterhalt als Zollinspektor. Zukunftsweisende Werke wie „Bartleby der Schreiber" (1853) oder „Billy Budd" (1924), eine unvollendete Erzählung aus dem Nachlass, die Benjamin Britten als Vorlage für eine Oper diente, entstanden in einem bescheidenen Zimmer.

Werbung für einen der teuersten Filme seiner Zeit – mit einem Budget von fünf Millionen Dollar. Zwei Jahre lang wurde in Gewässern vor Wales, Irland und den Kanarischen Inseln an den spektakulären Szenen auf hoher See gedreht.

Theodor Fontane und der bürgerliche Realismus (1819–1898)

Fontane gilt heute als der bedeutendste Vertreter des bürgerlichen Realismus – einer literarischen Strömung, die sich bemühte, die gesellschaftliche Wirklichkeit mit all ihren Interessen und Konflikten literarisch abzubilden. In seinem wohl berühmtesten Roman „Effi Briest", der gleich im ersten Jahr fünfmal aufgelegt wurde, verknüpfte er das Motiv einer schuldig-unschuldigen Ehebrecherin mit beißender Gesellschaftskritik.

Vom Apotheker zum Schriftsteller

Die Vorfahren Fontanes entstammten einer Hugenottenfamilie aus Südfrankreich. Nach einer Apothekerausbildung und wenigen Jahren in diesem Beruf arbeitete Fontane als Journalist – unter anderem als Korrespondent in England – und als Theaterkritiker. An die professionelle Schriftstellerei dachte er zu dieser Zeit noch nicht; seine literarische Produktion beschränkte sich auf wenige Gedichte und Aufsätze über historische Themen. Einen Namen machte sich Fontane zunächst als Balladendichter und Reiseschriftsteller. Unter anderem schrieb er über die „Wanderungen durch die Mark Brandenburg" (1862–1882).
Fast 60 Jahre sollte Fontane alt werden, bevor er seinen ersten Roman, „Vor dem Sturm" (1878), schrieb. Die kritische Betrachtung der Zeit der Befreiungskriege gegen Napoleon war allerdings nicht sehr erfolgreich, die meisten Leser empfanden den Roman als zu langatmig und allzu reich mit Anekdoten ausgeschmückt. Das nächste Werk, die historische Erzählung „Grete Minde", fiel erheblich kürzer aus. Mit „L'Adultera" („Die Ehebrecherin") erschien 1880 Fontanes erster Eheroman, der sogleich einen Skandal auslöste. Nach dem Vorabdruck von 1880 dauerte es zwei Jahre, bis Fontane einen Verleger für die Buchausgabe gefunden hatte.

> *„Meine Kinderjahre"*
>
> *In seinem autobiografischen Roman „Meine Kinderjahre", der 1892/93 entstand, setzt Fontane der Landschaft seiner Kindheit, der pommerschen Ostseeküste, ein literarisches Denkmal: „Es war ein wunderbar schönes Leben in dieser kleinen Stadt, dessen ich noch jetzt, wie meiner ganzen bunt bewegten Kinderzeit, unter lebhafter Herzensbewegung gedenke."*

Der literarische Durchbruch

Fontane durchlebte nun eine sehr intensive Schaffensphase; ein Roman reihte sich an den anderen. Erfolgreich wurde „Frau Jenny Treibel" (1892) – ein Werk, in dem Fontane dem Gesellschaftsmodell des neureichen Bürgers mit unverhohlener Kritik und beißender Ironie begegnet. Auch in seinem Meisterwerk „Effi Briest" übt Fontane Kritik am Diktat der Gesellschaft – und am Duell als gesellschaftlicher Institution. Der Roman wurde sein großer Durchbruch. Beinahe fünf Jahre arbeitete er daran und diese Anstrengung dürfte nicht unwesentlich zu seinem gesundheitlichen Zusammenbruch von 1892 beigetragen haben. Doch die Strapazen wurden belohnt: „Effi Briest" (1895) wurde in kürzester Zeit Fontanes meistgelesenes Buch. Neben „Effi" gibt es noch einen zweiten Roman, der als eine Art Markenzeichen Fontanes zu betrachten ist: „Der Stechlin" (1897). Zwar konnte Fontane mit dieser Geschichte, in der er noch einmal den Geist des märkischen Junkertums beschwor, nicht an den internationalen Erfolg von „Effi Briest" anknüpfen, doch heute zählt sie zu den bedeutendsten Werken der deutschen Literatur. Vordergründig betrachtet sind zahlreiche Romane Fontanes Geschichten über verhinderte Ehen und Liebesbeziehungen. Auf einer tieferen Ebene schärfen sie den Blick für eine Gesellschaft, deren starre Wertvorstellungen und Lebenslügen sich gegenüber dem Individuum und seinem Verlangen nach Glück und Liebe durchsetzen.

Seine großen Romane schrieb Fontane in den letzten beiden Lebensjahrzehnten, nachdem 40 Jahre lang der Journalismus seine „Tretmühle" gewesen war. In dem Roman „Effi Briest" griff er eine Ehetragödie auf, die in den 1880er Jahren Aufsehen erregt hatte.

Charles Baudelaire: Der Wegbereiter der Moderne

(1821–1867)

Charles Baudelaire, der große französische Poet des 19. Jahrhunderts, ebnete mit seinem lyrischen Werk den Weg in die Moderne. Darin grenzte er sich deutlich von der emotionalen Bekenntnislyrik im Stile der Romantik ab. Für ihn war Dichtung ein intellektueller Prozess. Als einer der Ersten verlieh er in seinen Gedichten dem modernen Großstadtmenschen eine Stimme.

Vom Dandy zum Kunstkritiker

Baudelaire verlebte eine unglückliche Kindheit und Jugend, die seine literarische Laufbahn ebenso prägten wie die Beziehung zu der Schauspielerin Jeanne Duval, die Eingang in seine frühe Novelle „La Fanfarlo" (1847) fand.

Nach einem abgebrochenen Jurastudium machte ihn 1842 eine Erbschaft finanziell unabhängig. Von nun an führte Baudelaire das ausschweifende Leben eines Dandys mit dem Ziel, seine bürgerliche Umwelt zu schockieren. Doch das exzentrische Leben überstieg bei weitem seine finanziellen Möglichkeiten: Baudelaire verschuldete sich, und seine Familie stellte ihn wegen Verschwendung seines Erbes unter Vormundschaft. Nun war er gezwungen, seinen Lebensunterhalt mit journalistischen Arbeiten zu verdienen. Er arbeitete als Kunstkritiker und übersetzte Edgar Allen Poe (1809–1849) ins Französische. 1845/46 erschienen die kunsttheoretisch bedeutenden Abhandlungen „Les Salons", mit denen der Autor zeitgenössische Künstler wie Honoré Daumier (1808–1879), Édouard Manet (1832–1883) und vor allem Eugène Delacroix (1798–1863) bekannt machte.

Dandytum

Das Dandytum war ein Ausdruck des Protestes einer überkommenen adligen Schicht, die mehr und mehr ihre tragende gesellschaftliche Rolle an das Bürgertum und an die industrielle Massengesellschaft verlor. Äußerlich zeichnete sich der Dandy durch distinguierte Kleidung, betont vornehme Umgangsformen und teilweise auch Marotten aus. Das Dandytum ist ein typisches Phänomen des „fin de siècle", der Epoche des ausgehenden 19. Jahrhunderts. Der Lebensphilosophie das Dandys liegt die Annahme zugrunde, dass die Welt in ihrer Ordnung schlecht und zum Untergang bestimmt ist. Politisches oder soziales Engagement, selbst die Einhaltung der bürgerlichen Normen sind daher nicht nur sinnlos, sondern geradezu Ausdruck kleinbürgerlicher Verblendetheit.

Eine Welt voller Symbole

Baudelaires Lyrik wurde zum Wegbereiter des literarischen Symbolismus. In dieser literarischen Strömung wurde die Welt zu einem „Wald von Symbolen", die es zu zerlegen und überraschend wieder zu verknüpfen galt. Liebe und Tod bildeten dabei zentrale Themen. Auch mit seiner Ästhetik des Hässlichen prägte Baudelaire die Lyrik nachfolgender Generationen.

Im Jahr 1857 erschien sein Hauptwerk, der Gedichtzyklus „Les Fleurs du Mal" („Blumen des Bösen"), zu dessen Mittelpunkt er die Stadt Paris machte. Der Band erregte Aufsehen: Wegen sechs angeblich obszöner und gotteslästerlicher Gedichte in dieser Sammlung wurden Autor, Verleger und Drucker angeklagt und der „Beleidigung der öffentlichen Moral und der guten Sitten" für schuldig befunden. Dieses Urteil wurde erst nach dem Zweiten Weltkrieg aufgehoben. Besonderen Erfolg hatte der Gedichtband zu Lebzeiten Baudelaires allerdings nicht. Erst spätere Dichter wie Stéphane Mallarmé (1842–1898) oder Georg Trakl (1887–1914) ließen sich von seiner Sprachmagie beeinflussen. Entmündigt und verarmt starb Baudelaire am 31. August 1867 in einer Anstalt in Paris an den Spätfolgen einer Syphilis.

Bei Ausbruch der Februarrevolution in Paris agitierte Baudelaire, hier in einer Zeichnung von E. Deroy, als begeisterter Revolutionär in den Straßen von Paris, später beteiligte er sich am Widerstand gegen den rechtsgerichteten Staatsstreich Louis Napoléon Bonapartes, bis er sich schließlich frustriert aus der Politik zurückzog.

Gustave Flaubert: Der Realist

(1821–1880)

Gustave Flaubert, der schon in jungen Jahren in die Rolle des Kranken flüchtete und sehr zurückgezogen lebte, gilt als einer der führenden Vertreter des französischen Realismus. Die Anhänger dieser literarischen Richtung vereinte der Wille, die Wirklichkeit mit all ihren Interessen und Konflikten literarisch abzubilden. Flaubert studierte die menschliche Natur „wie einen Müllhaufen" – so das Urteil des Schriftstellers William Somerset Maugham (1874–1965) aus dem Jahr 1954.

Ein Jahrhundertwerk

Flauberts Familie wohnte in einem Seitenflügel des Krankenhauses von Rouen, sodass Flaubert schon früh mit Krankheit und Tod konfrontiert wurde. Das Jurastudium – vom Vater, der Chefarzt der Klinik war, aufgenötigt – brach er aufgrund eines Nervenleidens frühzeitig ab. Sein Leben lang sollte der französische Schriftsteller an epileptischen Anfällen zu leiden haben.

Im Landhaus der Familie in Croisset widmete sich Flaubert nun ganz dem Schreiben. Trotz seines sehr eigenbrötlerischen Lebens bereiste er von 1849 bis 1851 zusammen mit seinem Freund Maxime du Camp (1822–1894) Griechenland, den Nahen Osten und Ägypten.

„Madame Bovary"

Die junge Dorfarztgattin Emma Bovary träumt von der Welt, die Romane und Frauenzeitschriften versprechen – der Welt der Leidenschaften und des Luxus. Doch ihre Realität in der Ehe mit einem lieben, aber biederen Mann sieht vollkommen anders aus. Sie ist unzufrieden, geht zwei Liebesverhältnisse ein und genießt einen gewissen Luxuskonsum. Unglücklicherweise wird sie stets wieder von der Enge ihrer realen Verhältnisse eingeholt, bis sie schließlich von Schulden erdrückt, Selbstmord begeht.

Nach einigen frühen historischen Dramen und Erzählungen in der Tradition romantischer „Schauergeschichten" gelang dem Franzosen mit dem Ehebruchroman „Madame Bovary" (1856), der zuerst in der „Revue de Paris" als Fortsetzungsroman veröffentlicht wurde, ein Jahrhundertwerk und literarischer Klassiker. Der brachte ihm allerdings eine Anklage wegen „Verstoßes gegen die öffentliche Moral und Religion" ein; doch Flaubert wurde freigesprochen. In „Madame Bovary" lässt er seine Heldin zugrunde gehen, weil sie Wunschwelt und Wirklichkeit nicht unterscheiden kann. Schon der Untertitel, „Ein Sittenbild aus der Provinz", deutet darauf hin, dass ihm an einer realitätsnahen Darstellung gelegen ist. Mit der betont unpersönlichen, leidenschaftslosen und dabei möglichst exakten Darstellung der Wirklichkeit ebnete er dem Roman den Weg in die Moderne.

Die Menschen hinter der Fassade

Seine Reise nach Tunesien inspirierte den literarischen Einsiedler Flaubert zu dem historischen Roman „Salammbô" (1863), der mit exotischen Bildern und drastischen Schlachtbeschreibungen einen Söldneraufstand in Karthago nach dem ersten Punischen Krieg schildert.

Weniger erfolgreich war Flaubert mit dem Roman „L'Éducation sentimentale" („Lehrjahre des Gefühls", 1869). Darin verband er die Geschehnisse der Februarrevolution von 1848 mit der Geschichte des Versagens seiner Generation. Im Mittelpunkt steht der junge Provinzler Frédéric Moreau, der nach Paris geht. Nachdem seine kurze Begeisterung für die Ideale und Ziele der Revolution verpufft ist, versinkt er in völliger Mittelmäßigkeit. Flaubert, der seinen letzten monumentalen Roman „Bouvard und Pécuchet" (1881) nicht mehr vollenden konnte, starb 58-jährig an den Folgen einer Syphilis in Croisset.

Das Porträt Flauberts stammt aller Wahrscheinlichkeit nach von Nadar (1820–1910). Gaspar-Félix Tournachon – so der bürgerliche Name – war Fotograf, Schriftsteller, Zeichner und Luftschiffer.

Fjodor Michailowitsch Dostojewski: Das russische Genie
(1821–1881)

Dostojewski, einer der bedeutendsten russischen Literaten, versetzte sich tief in die diffizilen Probleme und peinigenden Ängste seiner widersprüchlichen Figuren. Wie durch eine Lupe beobachtete er subtile psychische Vorgänge und stellte immer wieder alles in Frage. Der deutsche Philosoph Friedrich Nietzsche (1844–1900) hielt Dostojewski für den einzigen „Psychologen", von dem er etwas lernen konnte.

Erste Werke und Verbannung

Nach dem Tod der Mutter siedelte die Familie Dostojewski von Moskau nach St. Petersburg über, wo Dostojewski bis 1843 an der Militärakademie studierte. Fünf Jahre nach der Ermordung seines Vaters durch leibeigene Bauern wandte er sich der Schriftstellerei zu. Er begann mit dem Roman „Arme Leute" (1846), der von der hoffnungslosen Liebe eines kleinen Beamten zu einem Mädchen handelt, das schließlich einen reichen Mann heiraten muss. Deutlich ist hier der Einfluss Nikolai Gogols (1809–1852) zu spüren. Als Mitglied des geheimen Zirkels um den sozialistischen Revolutionär Michail Petraschewskij (1821–1866) wurde Dostojewski 1849 wegen staatsfeindlicher Aktionen denunziert, verhaftet und zum Tode verurteilt, 1850 jedoch auf dem Richtplatz noch begnadigt – zu vier Jahren Zuchthaus in Sibirien. In seinen „Aufzeichnungen aus einem Totenhaus" (1860–1862) verarbeitete Dostojewski die Erlebnisse im sibirischen Arbeitslager. Das Buch machte ihn mit einem Schlag berühmt.

Die philosophischen Romane

Zu Dostojewskis großen Romanen gehört „Schuld und Sühne" (1866). Die Geschichte eines armen Studenten, der eine alte Pfandleiherin und deren Schwester ermordet und sich, von seinem Gewissen geplagt, durchringt, seine Strafe auf sich zu nehmen, fand in ganz Europa Widerhall. Der Roman „Der Spieler" von 1867 hingegen entwirft, stark autobiografisch gefärbt, das Psychogramm eines Spielsüchtigen – in den Jahren 1862 und 1863 hatte Dostojewski auf zwei größeren Auslandsreisen seine Spielleidenschaft entdeckt. Weitere späte Romane wie „Der Idiot" (1868/69), „Die Dämonen" (1871/72) und „Der Jüngling" (1875) bestehen aus einem komplizierten Geflecht von Intrigen, in dem die äußere Umwelt, die gespannte Großstadtatmosphäre und der überspannte Zustand der Figuren ineinander übergehen.
Der letzte große Roman „Die Brüder Karamasow" (1879/80) übertraf in seiner Komplexität alle vorausgegangenen Bücher. Die geplante Fortsetzung der Geschichte um drei Brüder konnte der russische Autor nicht mehr in Angriff nehmen: Er starb 1881 nach einem Blutsturz infolge eines Lungenemphysems. An der Trauerfeier nahmen rund 60 000 Trauergäste teil.

„Der Idiot"

„Der Idiot" zählt zu den fünf großen Romanen Dostojewskis und erschien von Januar 1868 bis Februar 1869 in der Zeitschrift „Russkij Vestnik". Er schildert die tragisch-komische Geschichte des Fürsten Myschkin, der, nach einem Aufenthalt in einem Schweizer Sanatorium von seiner Epilepsie fast geheilt, nach Russland zurückkehrt, in der Petersburger Gesellschaft aber scheitert, weil er sich in seiner Naivität, Ehrlichkeit und Tugendhaftigkeit nicht gegen die Intrigen seiner Umgebung zur Wehr zu setzen vermag.

Yul Brynner und Maria Schell in der Verfilmung des Romans „Die Brüder Karamasow" von 1957. Regie führte Richard Brooks. Psychologische Tiefe und die intensive Thematisierung der menschlichen Grundfragen verbinden sich in dem höchst komplexen Roman mit einer spannenden Kriminalhandlung.

Jules Verne, der Visionär
(1828–1905)

Er schrieb über 90 Bücher, doch sein größter Erfolg war „In 80 Tagen um die Welt" (1873). So amüsant und packend wie Jules Verne beschrieb sonst kein Schriftsteller die unaufhaltsame Beschleunigung des Lebens durch die fortschreitende Technologie. Die Reise des britischen Gentleman Phileas Fogg, der gegen die Mitglieder seines Herrenclubs gewettet hat, er werde die Welt in 80 Tagen umrunden, führt durch Ägypten, Indien, Hongkong, Japan, die USA und Irland. Eine solche Reisegeschwindigkeit war im 19. Jahrhundert ebenso unvorstellbar wie „Von der Erde zum Mond" (1865) zu fliegen oder „20 000 Meilen unter dem Meer" (1870) zurückzulegen.

Tipps vom Verleger

Anteil am beispiellosen Erfolg Jules Vernes hatte auch der Verleger Pierre-Jules Hetzel (1814–1886). Er publizierte 1863 Vernes Roman „Fünf Wochen im Ballon" und verpflichtete ihn, weitere Bücher für seine Jugendbuchsparte zu liefern. Außerdem gab er ihm Tipps, wie er dem Geschmack des Publikums entgegenkommen könne. Von großer Bedeutung waren auch die weitreichenden Beziehungen Hetzels zu Forschern und Wissenschaftlern, die für Jules Verne zu wichtigen Gesprächspartnern und Inspirationsquellen wurden. Das meiste, was der Schriftsteller in seinen Romanen an Zukunftstechnik darstellte, war zu jener Zeit zumindest schon angedacht. Die Leistung Vernes bestand vor allem darin, diese Denkansätze konsequent weiterzuentwickeln und auch ihre Auswirkungen zu bedenken. Seine Absicht sei „nie das Prophetisieren gewesen", erklärte Verne, „sondern geographisches Wissen unter der Jugend zu verbreiten, indem ich es auf größtmögliche Weise anziehend gestalte".

Jules Vernes Visionen

Die Visionen des Jules Verne sind zum großen Teil Wirklichkeit geworden: Bereits 1969 fand die erste Mondlandung statt, und Unterseeboote gehörten sogar schon bald nach Vernes Tod zur Standardausrüstung einer jeden Kriegsmarine. Allerdings sind diese U-Boote weniger komfortabel ausgestattet als die „Nautilus" aus „20 000 Meilen unter dem Meer": Für die niveauvolle Zerstreuung des kulturbeflissenen Kapitäns Nemo sind dort nämlich eine Bibliothek mit 12 000 Bänden und eine Gemäldesammlung an Bord. Auch an die kleinen Helfer im Alltag hat Jules Verne bereits gedacht: Der Fernautograph ist eine Art Telefaxgerät, und eine Apparatur, mit der ein amerikanischer Verleger seine in Paris weilende Ehefrau kontaktiert, erinnert stark an die heutige Videokonferenztechnik.

Pionier des wissenschaftlichen Romans

Jules Verne leistete Pionierarbeit: Er entdeckte die Themen Wissenschaft und Technik als literarische Gegenstände. Damit war er einem Trend auf der Spur, denn nie war der Glaube an Fortschritt durch Technik so stark wie zur Zeit der Jahrhundertwende. Verne, der sich in Amiens auch ganz bodenständig mit Kommunalpolitik beschäftigte, entwickelte nach 1880 selbst allerdings eine gewisse Skepsis gegenüber der technologischen Entwicklung – auch damit war er seiner Zeit um fast ein Jahrhundert voraus. Sein Werk hingegen löste bei den – vor allem jungen – Lesern Technik-Begeisterung aus. Viele Raumfahrtpioniere wie Konstantin Ziolkowski (1857–1935) oder Hermann Oberth (1894–1989) bekannten, dass die Lektüre von Jules-Verne-Romanen überhaupt erst ihr Interesse an Raketentechnik geweckt hatte. Für den Zukunftsforscher Robert Jungk (1913–1994) war Verne ein Vorbild mit dem Mut „auszubrechen aus dem bereits Belegbaren".

Das Plakat zur Verfilmung von „In 80 Tagen um die Welt“ von 1956. Produzent Michael Todd (1909–1958) ließ eigens für diesen Film eine neue Breitwandtechnik, das nach ihm benannte Todd-AO-Verfahren, entwickeln. Die bis in Kleinstauftritte mit Stars besetzte Abenteuerkomödie war ein überwältigender Erfolg bei Publikum und Presse. 1957 erhielt der Film fünf Oscars in den Kategorien bester Film, Drehbuch, Kamera, Schnitt und Musik. Die Hauptrolle des Phileas Fogg spielt David Niven (1909–1983), die indische Prinzessin verkörpert Shirley MacLaine (1934).*

Leo Tolstoi und „Krieg und Frieden"

(1828–1910)

Als Mittzwanziger notierte Leo Tolstoi in seinem Tagebuch: „Es gibt etwas, das ich mehr als das Gute liebe: Ruhm." Etwa 20 Jahre später war er der berühmteste und meistbewunderte Autor seiner Epoche. Schon seinen Zeitgenossen in Russland und im europäischen Ausland war bewusst, dass die Romane „Krieg und Frieden" (1868/69) und „Anna Karenina" (1877) Jahrhundertwerke sein würden. Die beiden Bücher entstanden in einer ruhigeren Phase des an Brüchen und Wandlungen reichen Lebens von Leo Tolstoi: Zwischen 1862 und 1877 lebte er auf dem Landgut seiner Familie in Zentralrussland, wo er als Verwalter arbeitete.

Offizier und Dandy

Als wohlhabender Sprössling einer alteingesessenen Adelsfamilie lebte Tolstoi zunächst als Dandy. Begeistert vom Leben als Offizier schloss er sich der Armee an. In dieser Zeit reifte sein Entschluss, Schriftsteller zu werden. Er brachte eine autobiographische Romantrilogie heraus, die sogleich große Beachtung fand. Seine Teilnahme am Krimkrieg (1853–1856) führte zur ersten grundlegenden inneren Wandlung Tolstois: Er wurde ein scharfer Kriegskritiker. Seine Erfahrungen als Offizier verarbeitete er in „Sewastopoler Erzählungen" (1855/56) und „Die Kosaken" (1863).

Kämpfer für soziale Reformen

Gleichzeitig begann er die in Russland noch immer übliche Leibeigenschaft und die erbärmlichen Lebensumstände der Arbeiter zu bekämpfen. Auf Studienreisen in Westeuropa eignete er sich die aktuellen pädagogischen Ideen an. Nach seiner Rückkehr gründete er eigene Dorfschulen und entwickelte ein Konzept für Erziehung und Bildung, das das antiautoritäre Erziehungsprinzip vorwegnahm und seinerseits Modell für reformpädagogische Bestrebungen in Deutschland, Frankreich und Großbritannien wurde. Mit dem Ruhm als Schriftsteller wuchsen jedoch seine Zweifel am Sinn seines Daseins, die ihn in eine tiefe Krise stürzten.

Ende der 1870er Jahre machte Tolstoi seine zweite große Wandlung durch: Er begann ein asketisches Leben als einfacher Bauer und verfasste religiöse und theologische Schriften. Seine Erkenntnisse in religiösen Fragen führten dazu, dass er aus der Kirche austrat. Die Veröffentlichung von „Auferstehung" (1899) veranlasste den Klerus sogar, Tolstoi zu exkommunizieren.

Zunehmend geriet der Schriftsteller auch in Konflikte mit der staatlichen Gewalt. Er wurde zeitweilig unter polizeiliche Aufsicht gestellt, seine theologischen Veröffentlichungen wurden mit einem Verbot belegt. Im Alter von 82 Jahren machte er sich mit seiner ältesten Tochter und einem Arzt auf, um eine Pilgerreise in den Nahen Osten zu unternehmen. Er kam jedoch nur bis in den russischen Ort Astapovo (Tambow). Im Bahnhofsgebäude der abgelegenen Stadt erlag Leo Tolstoi einer Lungenentzündung.

„Krieg und Frieden"

„Krieg und Frieden" ist ein monumentales Geschichtsepos in vier Bänden, das ein Panorama der russischen Gesellschaft in der Zeit zwischen 1805 und 1812 zeigt. Im Zentrum stehen drei Adelsfamilien, deren Schicksale vor dem historischen Hintergrund des französischen Russlandfeldzugs unter Kaiser Napoleon I. (1769–1821) miteinander verknüpft werden. Neben der klaren, für die russische Literatur jener Zeit untypisch pathosfreien Sprachgestaltung ist Tolstois Geschichtsbild bemerkenswert: Geschichte betrachtet er nicht als Abfolge vereinzelter Heldentaten, sondern als Summe der Anstrengungen vieler. Der Roman wurde zweimal extrem aufwändig verfilmt: 1956 von King Vidor (1894–1982) in den USA und 1967 von Sergej Bondartschuk (1920–1994) in der Sowjetunion.

Leo Tolstoi auf einer Zeichnung des bedeutenden russischen Malers Ilja Repin (1844–1930). Das Bild entstand im Jahr 1871 während einer der glücklicheren Phasen seines Lebens. Zusammen mit seiner deutschstämmigen Frau Sofia Bers (1844–1919) und sechs Kindern lebte Tolstoi auf seinem Gut Jasnaja Poljana, in dem bereits kurz nach seinem Tod eine Gedenkstätte und ein Museum eingerichtet wurden. Leo Tolstoi ist einer der berühmtesten russischen Schriftsteller.

Mark Twain und „Die Abenteuer des Huckleberry Finn"

(1835–1910)

Am Ende seines Lebens war Mark Twain ein gefeierter Schriftsteller, dessen Werke im fernen Europa ebenso gelesen wurden wie in den USA. 1901 hatte ihm die renommierte Yale-Universität sogar die Ehrendoktorwürde verliehen. Sind seine weltweit bekanntesten Werke – die Bücher über die Abenteuer von Tom Sawyer und Huckleberry Finn – zunächst einfach beliebte humoristische Jugendliteratur, so gelten sie nicht nur Schriftstellern wie George Bernard Shaw (1856–1950) oder Ernest Hemingway (1899–1961) zugleich als Ursprung der modernen amerikanischen Literatur.

Ein Jugendtraum erfüllt sich

Das wechselvolle Leben des Samuel Langhorne Clemens, so der bürgerliche Name Mark Twains, begann in ärmlichen Verhältnissen. Nach dem frühen Tod des Vaters verließ der 12-jährige Samuel die Schule und lernte den Beruf des Schriftsetzers. Erste journalistische Veröffentlichungen erfolgten im „Hannibal Journal", einer Lokalzeitung in Hannibal/ Missouri, die seinem Bruder Orion gehörte. 1859 erfüllte sich Twain seinen wahren Jugendtraum: Er wurde Lotse auf dem Mississippi. Aus dieser Zeit erklärt sich auch sein Pseudonym: „Mark Twain" bedeutet „zwei Faden" (= 3,69 Meter), was im Jargon der Mississippischiffer die Mindesttiefe für die freie Fahrt der großen Dampfer ausdrückt.

Satirische Gesellschaftskritik auf Seiten der Schwachen

1861 floh der überzeugte Pazifist Twain vor dem amerikanischen Bürgerkrieg (1861–1865) in die Goldgräber-Camps von Nevada. In jener Lebensepoche der Reisen, die ihn bis nach Europa führten, entstand eine Vielzahl von Romanen, Erzählungen und Zeitungsreportagen. Doch erst die Ehe mit der wohlhabenden Olivia Langdon bot ihm die Möglichkeit, sich ausschließlich der Schriftstellerei zu widmen. In seiner Villa in Hartford entstanden seine Hauptwerke, darunter „Im Gold- und Silberland" (1872), „Tom Sawyers Abenteuer" (1876), „Bummel durch Europa" (1880), „Huckleberry Finns Abenteuer" (1884) und „Leben auf dem Mississippi" (1883).

Neu an Mark Twains Erzählweise war die lakonische, journalistisch knappe Sprache und die ironische, oft auch satirische Konfrontation verschiedener Gesellschaftsschichten oder -formen. Außerdem kritisierte Twain sowohl in seinen literarischen Werken als auch in seinen journalistischen Arbeiten die Korruption der Staatsbediensteten, die religiöse Heuchelei, die Geldgier und den Rassismus. Dabei ergriff er eindeutig Partei für diejenigen, die im Leben zu kurz gekommen waren. Jugendliche Rebellen wie Huckleberry Finn, die am Rande der Gesellschaft leben, repräsentieren das junge, noch ungestüme Amerika, das neben dem in Konventionen erstarrten Europa seinen eigenen Platz finden muss.

Regionalismus und Local Color

Der literarische Stil des Regionalismus und die Local-Color-Literatur hatten in der zweiten Hälfte des 19. Jahrhunderts ihre Blütezeit. Es handelt sich dabei um Spielarten des Realismus: die Schauplätze werden sehr genau beschrieben, und die Figuren sprechen einen lokalen Dialekt. Im Süden der USA wurde auf diese Weise oft der feudale Lebensstil nostalgisch beschworen. Die Schriftstellerin Harriet Beecher Stowe (1811–1896), in Hartford viele Jahre Twains Nachbarin, nutzte diesen Erzählstil jedoch auch für ihren berühmten Roman „Onkel Toms Hütte" (1852), der mit der Forderung nach Abschaffung der Sklaverei das geistige Klima im Vorfeld des Bürgerkriegs (1861–1865) anheizte. Sie beeinflusste nicht nur die Ansichten Twains, sondern auch die sprachliche Gestaltung seiner Werke.

Frontispiz der Erstausgabe von „Huckleberry Finns Abenteuer" aus dem Jahre 1884. Seinen Namen ließ sich Twain in späteren Jahren sogar als Markenzeichen eintragen, das nicht nur seine Bücher trugen, sondern auch Bonbons und Zigarren.

Émile Zola und der Naturalismus

(1840–1902)

Der 27-jährige Journalist hatte zwar schon Romane veröffentlicht, doch erst nach Erscheinen von „Thérèse Raquin" (1867) wurde Émile Zola von einer breiteren Öffentlichkeit als Romanschriftsteller wahrgenommen. Die Geschichte einer Ehebrecherin und Mörderin erschütterte die Leser vor allem durch Zolas detailgetreue Darstellung des Milieus. Für die Erforschung der Lebensumstände aller Schichten der französischen Gesellschaft recherchierte der Schriftsteller auch in seinem persönlichen Umfeld. Einer seiner Jugendfreunde, der Maler Paul Cézanne (1839–1906), brach später mit Zola, weil er sein eigenes Leben als Vorlage für literarische Texte ausgebeutet sah.

Dreyfus-Affäre

Die Dreyfus-Affäre zwischen 1898 und 1906 war eine der größten innenpolitischen Krisen Frankreichs. Der jüdische Offizier Alfred Dreyfus wurde verdächtigt, im Auftrag Deutschlands spioniert zu haben, und zur Verbannung auf die Teufelsinseln verurteilt. Émile Zola betrachtete den Fall zunächst als idealen Stoff für einen Roman, fand aber im Laufe seiner Nachforschungen hinreichende Indizien für die Unschuld von Dreyfus. In seinem berühmt gewordenen Zeitungsartikel „Ich klage an!" beschuldigte er eine antisemitisch motivierte Verschwörung von Kirche, Militär und konservativer Presse der Rechtsbeugung. Zunächst musste Zola zwar vor einer Haftstrafe wegen Beleidigung der Armee nach Großbritannien fliehen, doch 1906 trugen seine Argumente schließlich zur Rehabilitierung von Alfred Dreyfus bei.

Wissenschaftliche Methoden

Die zweite Hälfte des 19. Jahrhunderts war eine Epoche der rasanten technologischen Entwicklungen und des Aufstiegs der Naturwissenschaften. Neue Erkenntnisse in der Medizin und revolutionäre wissenschaftliche Theorien wie etwa die der natürlichen Auslese von Charles Darwin (1809–1882) beeinflussten auch die Künste.

Zola versuchte, die Arbeitsweisen und das Wissen der naturwissenschaftlichen Forschung auf das Schreiben anzuwenden. Das literarische Ergebnis dieses Versuchs ist die „Natur- und Sozialgeschichte einer Familie im Zweiten Kaiserreich". Zwischen 1871 und 1893 schuf Zola dieses gewaltige Gesellschaftspanorama in 20 Bänden, von denen die populärsten „Der Bauch von Paris" (1873), „Der Totschläger" (1877), „Nana" (1880), „Germinal" (1885) und „Die Bestie im Menschen" (1890) sind.

Veränderung durch Erkenntnis

Mit dem Romanzyklus ist Émile Zola der bedeutendste Schriftsteller des französischen Naturalismus. Dessen Anhänger haben ein deterministisches Weltbild, gehen also davon aus, dass jeder Mensch von seinen Erbanlagen und den Lebensumständen, in die er hineingeboren wird, unausweichlich geformt wird. Deshalb legte Zola auch größten Wert auf die detailgenaue Milieuschilderung – sei es bei der Beschreibung der Nachtseiten großbürgerlicher Prachtentfaltung in Paris oder der Darstellung des Bergarbeiterelends. Er wollte die Mitverantwortung des wohlhabenden Bürgertums für das mittellose Industrieproletariat darstellen. Mit dem Erkennen der Zustände sollte gleichzeitig deren Veränderung in Gang gesetzt werden.

Zur präzisen journalistischen Beobachtungsgabe und wissenschaftlichen Methodik tritt bei Émile Zola eine pittoreske Neigung zur mythischen Überhöhung der Realität: Lokomotiven werden Feuer speiende Drachen, die Hallen von Paris werden als alles fressende Ungeheuer bezeichnet, ein großes Mietshaus erscheint wie der Turm von Babel und der Einsturz einer Kohlengrube ist angelehnt an die alttestamentarische Beschreibung des Jüngsten Gerichts.

Émile Zola 1868 auf einem Gemälde von Edouard Manet (1832–1883). Der Journalist und Romancier spaltete die französische Nation: Die einen feierten ihn wegen seiner 20 Romane umfassenden Familienchronik der bourgeoisen Rougons und der proletarischen Macquarts als „Homer der Moderne", seine Gegner beschimpften ihn unter Bezug auf die Herkunft seines Vaters als „italienisches Dreckschwein".

August Strindberg und der skandinavische Naturalismus

(1849–1912)

Der Aufruhr, den Strindbergs Drama „Fräulein Julie" auslöste, ist in einer Gesellschaft ohne ständische Hierarchie kaum noch nachzuvollziehen. Die Schilderung der von der Sinnlichkeit der Mittsommernacht beflügelten erotischen Laune einer jungen adeligen Frau, die schließlich zur sexuellen Unterwerfung unter ihren Diener führt, war Ende des 19. Jahrhunderts ein Skandal ersten Ranges. Die Uraufführung im Frühjahr 1889 in Kopenhagen konnte nur in einer geschlossenen Vorstellung stattfinden. 1892 wurde der Einakter in Berlin aufgeführt, doch das Publikum reagierte so ablehnend, dass keine weitere Vorstellung mehr gegeben werden konnte. Erst 1904 wurde das Stück in Schweden, dem Heimatland des Autors, gespielt.

Schlechter Ruf als „Frauenhasser"

Auch privat war die Uraufführung in der dänischen Hauptstadt für August Strindberg nicht ohne Brisanz: Die Titelrolle des koketten Mädchens spielte seine Frau Siri von Essen (1850–1912), doch die Ehe war zu diesem Zeitpunkt praktisch zerrüttet. Strindberg war fortwährend von Eifersucht geplagt und litt unter dem Wahn, man wolle ihn für verrückt erklären. Diese Ängste und seine Erfahrungen in der Ehe waren bereits in die Tragödie „Der Vater" (1887) eingeflossen, die Strindberg den Ruf eines „Frauenhassers" einbrachte. Im Gegensatz zu seinem norwegischen Zeitgenossen Henrik Ibsen (1828–1906), der eindeutig für die Rechte der Frau Stellung bezog, wirken Strindbergs Frauengestalten häufig böse und zerstörerisch.

Skandinavischer Naturalismus

Der Naturalismus ist eine Strömung, die zwischen 1880 und 1900 die Literatur in ganz Westeuropa erfasste. Wichtigster Vertreter dieser Stilrichtung ist in Frankreich Émile Zola (1840–1902) und in Deutschland Gerhart Hauptmann (1862–1946). Der Naturalismus verstand sich mit der Verwendung der Umgangssprache, alltagsnahen Schauplätzen und der Benennung sozialer Missstände als revolutionäre Gegenposition zu Romantik und Klassik. Eine besondere Ausprägung fand dieser Stil bei den Skandinaviern Henrik Ibsen und August Strindberg, bei denen die Paarbeziehung, die Triebhaftigkeit sowie eine oft nur vermeintliche Schuld und ihre Verdrängung im Vordergrund stehen. Die naturalistische Zeichnung der Menschen und ihrer Beziehungen ist häufig verknüpft mit der Mystik der skandinavischen Landschaften, die nach dem Volksglauben von allerlei guten wie bösen Geistern, Feen und Trollen bevölkert sind.

Wegbereiter des modernen Dramas

Das unglückliche Liebesleben des viermal verheirateten Dramatikers ist ein Motiv für seine Darstellung der Frauen. Ein anderes ist seine unerbittliche Analyse des Zusammenwirkens von äußeren Bedingungen und psychologischer Verfassung: So lange die sozialen Verhältnisse so sind, wie sie sind, werden sich auch die Menschen nicht bessern können. In seinem späteren Werk erweiterte er diesen Aspekt noch um die Dimension des Unbewussten. So führte er in „Ein Traumspiel" (1902) und „Wetterleuchten" (1907) die Logik des Träumens in sein Erzählen ein. Zusammen mit der genauen Milieuschilderung und psychologischen Feinzeichnung machte ihn dies zu einem der Begründer des modernen Dramas. Sein Einfluss reichte über Deutschland und Frankreich bis in die USA, wo Autoren wie Tennessee Williams (1911–1983) oder Edward Albee (* 1928) seine Elemente dramatischer Gestaltung für die Erneuerung des amerikanischen Dramas nutzten. Strindbergs herausragende Bedeutung für die nationale und internationale Literatur wurde, wenn auch spät, noch zu seinen Lebzeiten anerkannt.

August Strindberg, hier in einem Porträt um 1900, forderte seine Zeitgenossen nicht nur mit seiner bissigen Zeitkritik, er galt auch als schwierige Persönlichkeit. Nach einer Begegnung mit Strindberg in Paris beschrieb der norwegische Schriftsteller Knut Hamsun (1859–1952) einem Freund seine zwiespältigen Gefühle: „Es ist fast überhaupt unmöglich, mit ihm auszukommen. Aber das übergehe ich. Er ist nun einmal, trotz allem, August Strindberg."

Guy de Maupassant: Der Meister der Novelle

(1850–1893)

Obwohl er nur 42 Jahre alt wurde, hinterließ Guy de Maupassant ein umfangreiches Werk: Rund 300 Novellen, sechs Romane, dazu Lyrik und einige Theaterstücke. Er gehört zu den großen französischen Erzählern des 19. Jahrhunderts und findet mit der Genauigkeit seiner Beobachtung und der ausgefeilten Eleganz seiner Sprache bis heute eine große Leserschaft. Unter den Romanen sind es „Ein Leben" (1883) und „Bel Ami" (1885), die Maupassant über Generationen hinweg unsterblich gemacht haben.

Die kleinen Leute als wahre Helden

Die gesellschaftlichen Milieus, die Maupassant mit großer Präzision und scheinbar leidenschaftsloser Objektivität in seinem Werk abbildete, kannte er zumeist aus seinem eigenen Leben: Das Modell für den heruntergewirtschafteten und doch verschwenderischen Adel lieferte ihm der eigene Vater, die Welt der Bauern und Fischer lernte er während seiner Jugend in der Normandie kennen, in den Pariser Bordellen erlebte er die Doppelbödigkeit bürgerlicher Moral. Die Helden seiner in ihren psychologischen Skizzen schonungslosen und zeitkritischen Erzählungen sind häufig einfache Leute aus der Provinz und Menschen, die am Rande der großstädtischen Gesellschaft stehen. Maupassants Hass auf alles Militärische entstand während seiner kurzen Zeit als Soldat im Französisch-Preußischen Krieg (1870–1871), die Abscheu vor Mittelmaß und Banalität wurde durch die von ihm ungeliebte Arbeit als Ministerialbeamter nach dem Krieg genährt.

Die Novelle

Guy de Maupassant gilt als der bedeutendste Novellist Frankreichs. Die Novelle ist eine kürzere Erzählform und liegt im Umfang zwischen Roman und Kurzgeschichte. Anders als der Roman ist sie sehr klar und streng im Aufbau, beschränkt sich auf wenige zentrale Ereignisse, folgt meist nur einem Erzählstrang und schildert den Zeitablauf kontinuierlich. Der Begriff „Novelle" geht zurück auf das „Decamerone" von Giovanni Boccaccio (1313–1375): Hier werden innerhalb einer Rahmenhandlung einzelne in sich geschlossene Geschichten erzählt, die „novelle" (italienisch für „Neuigkeiten"). Wichtige Vertreter dieser Gattung waren im deutschen Sprachraum beispielsweise Ludwig Tieck (1773–1753), Heinrich von Kleist (1777–1811), Theodor Fontane (1819–1898), Conrad Ferdinand Mayer (1825–1898) und Thomas Mann (1875- 1955).

In Flauberts Schreibschule

1873 veröffentlichte Maupassant – unter der Betreuung des bereits populären Schriftstellers Gustave Flaubert (1821–1880) – erste kleine Erzählungen. Flaubert war für seinen Schüler sowohl väterlicher Freund als auch strenger Lehrmeister. Vor allem Zeitungen und Zeitschriften druckten Maupassants Arbeiten. Ersten schriftstellerischen Ruhm brachte ihm der Roman „Fettklößchen" von 1880. Sein bekanntestes Werk trägt leicht autobiographische Züge: In „Bel Ami" schildert Guy de Maupassant die Karriere eines jungen Mannes vom Lande, der mit viel Glück bei den Frauen, aber auch unter Ausnutzung der allgegenwärtigen Skrupellosigkeit in Paris seinen Weg zum Zeitungsverleger und Politiker macht.
Maupassant war eine eher pessimistische Grundhaltung eigen, die sich im Lauf der Jahre noch verstärkte: einerseits durch eine Syphiliserkrankung, die 1877 erstmals ausbrach, andererseits durch die Lektüre der Werke des deutschen Philosophen Arthur Schopenhauer (1788–1860), die ihn in der Gewissheit bestärkte, dass das Sein auf Irrationalität beruhe. Anfang 1892 unternahm Maupassant einen Selbstmordversuch und wurde in eine Pariser Klinik eingeliefert. Dort starb er in geistiger Umnachtung im Juli 1893.

Schwermut kennzeichnet das Werk Guy de Maupassants. Um jedoch nicht an der Vorstellung, dass das Leben „ein allmächtiger Unsinn" sei, zu verzweifeln, empfahl er die Flucht ins Vergnügen: „Man soll sich beeilen, über die Dinge zu lachen, um nicht zum Weinen gezwungen zu sein."

Oscar Wilde, der Aphoristiker

(1854–1900)

Noch bevor er als einer der besten englischsprachigen Schriftsteller berühmt wurde, galt Oscar Wilde bei seinen Zeitgenossen in den vornehmen Clubs und Salons Londons selbst als Kunstwerk. Allein das Auftreten des großen Iren mit der sonoren Stimme und der exzentrischen Kleidung war ein Ereignis. Niemand beherrschte die Kunst der Konversation wie er, kein anderer war so schlagfertig und witzig. Sein Ruf als vollendeter Dandy genügte, damit er zu einer ausgedehnten Vortragsreise in die USA eingeladen wurde. Das legendäre Operetten-Duo William Gilbert (1836–1911) und Arthur Sullivan (1842–1900) machte „den dicken Dichter, der mit einer Lilie in seiner mittelalterlichen Hand herumspaziert", zu einer Figur in einem seiner Werke.

Londons meistgefeierter Dramatiker

Die Anfänge Wildes als Dichter waren weniger glanzvoll: Der Dramenerstling „Vera oder Die Nihilisten" (1880) war ein glatter Reinfall, und die Proben zum Einakter „Salomé" (1893) mit der französischen Starschauspielerin Sarah Bernhardt (1844–1923) wurden nach einem Aufführungsverbot abgebrochen. Umso stürmischer wurde jedoch die Komödie „Lady Windermeres Fächer" (1893) gefeiert. In den folgenden drei Jahren brachten die Londoner Theater fünf Stücke von Oscar Wilde zur Aufführung, die ihn zum meistgefeierten Autor dieser Zeit machten. „Ein idealer Gatte" (1899) brachte es in kurzer Zeit auf 111 Vorstellungen. Sein letzter Triumph war „Ernst sein ist alles" (1899) – eine elegante und geistreiche Posse über den turbulenten Müßiggang in den besseren Kreisen der viktorianischen Gesellschaft. Als bekennendem Ästhetizisten war Wilde die Schönheit der Form wichtiger als eine „Botschaft". Dennoch verbirgt sich hinter den geschmeidig auskomponierten Dialogen bissige Zeitkritik.

Oscar Wildes Aphorismen

Ein Aphorismus besteht aus einem oder mehreren Sätzen und gibt schlaglichtartig und ironisch eine Erkenntnis oder einen überraschenden Gedanken wieder. Oscar Wilde war ein Meister dieser literarischen Miniaturgattung. Einige Beispiele:

„Allem kann ich widerstehen, nur der Versuchung nicht."

„Als ich klein war, glaubte ich, Geld sei das Wichtigste im Leben. Heute, da ich alt bin, weiß ich: Es stimmt."

„Wer eine gute, verständige und schöne Frau sucht, sucht nicht eine, sondern drei."

„Die Anzahl unserer Neider bestätigt unsere Fähigkeiten."

„Ich habe einen ganz einfachen Geschmack: Ich bin immer mit dem Besten zufrieden."

Zwei Jahre Zwangsarbeit

Seine Bosheiten gegen die Enge der Etikette und die daraus hervorgehende Heuchelei verschafften Wilde nicht nur Verehrer. Und mit dem Beginn eines Prozesses wegen „Unzucht" 1895 begann sein Stern schlagartig zu sinken. Seine Stücke wurden von den Spielplänen genommen, seine Bücher aus den Buchläden entfernt und sogar eine Gedenktafel, die an seinen hervorragenden Studienabschluss an der Universität in Oxford erinnerte, wurde übermalt. Vorgeworfen wurde ihm Homosexualität, die seinerzeit noch strafbar war. Tatsächlich hatte der verheiratete Vater von zwei Kindern Affären mit jungen Männern. Glühende Liebesbriefe an Lord Alfred Douglas, genannt Bosie, dessen Vater den Prozess ins Rollen gebracht hatte, sowie Aussagen aus dem Strichermilieu besiegelten das Schicksal des Schriftstellers: Er wurde zu zwei Jahren Zwangsarbeit verurteilt. Die Haft überlebte er nur um drei Jahre und starb 46-jährig in Paris an einer Hirnhautentzündung.

Oscar Wilde schuf nicht nur literarische Kunstwerke, sondern stilisierte sich selbst zu einem künstlerischen Ereignis. Er war ein Vertreter des Prinzips „l'art pour l'art", Kunst um der Kunst willen, wobei Kunst und Leben zu trennen seien. Als er die Intentionen seines Romans „Das Bildnis des Dorian Gray" (1890) vor Gericht darlegen sollte, erklärte Wilde: „Kein Kunstwerk vertritt jemals eine Absicht. Absichten haben nur Leute, die keine Künstler sind."

George Bernard Shaw und „Pygmalion"
(1856–1950)

Seinem Durchbruch ging ein Zusammenbruch voraus: 1904 soll König Eduard VII. (1841–1910) in einer Vorstellung von Shaws Komödie „John Bulls andere Insel" im Londoner Royal Court Theatre so heftig gelacht haben, dass sein Stuhl unter ihm zusammenbrach. Danach wurde fast jedes der zahlreichen Stücke von George Bernard Shaw ein Erfolg. Seine mit Abstand bekannteste Komödie ist „Pygmalion" (1913) – die Geschichte eines Sprachwissenschaftlers, der die zynische Wette eingeht, aus einer beliebig ausgewählten Londoner Straßengöre eine feine Dame der besseren Gesellschaft zu machen, und sich schließlich in sein Geschöpf verliebt. Die Komödie diente dem Komponisten Frederick Loewe (1904–1988) und dem Songtexter Alan Jay Lerner (1918–1986) als Vorlage für das Musical „My Fair Lady" (1956), das zu den populärsten Werken seiner Gattung gehört.

Gefürchteter Musikkritiker

Der in Dublin geborene George Bernard Shaw folgte als 20-Jähriger seiner Mutter, die sich von ihrem Mann getrennt hatte, nach London. Im Lesesaal des British Museums beschäftigte er sich intensiv mit dem Werk von Karl Marx (1818–1883), der an gleicher Stelle seine Recherchen betrieben hatte. „Das Kapital", erklärte Shaw später, „habe ich wirklich gelesen, nur um zu entdecken, dass dieses Buch sonst niemand gelesen hat." Er engagierte sich politisch in der sozialistischen Fabian Society und zeitweilig auch als Stadtrat. Der Lebensgefährte seiner Mutter, ein Musiker, vermittelte ihm umfassende Kenntnisse der Musik, sodass er nach einigen Jahren als Musikkritiker bei verschiedenen Londoner Zeitungen Karriere machte und für seine Polemik gefürchtet wurde.

„Pygmalion"

Pygmalion ist eine Gestalt aus der griechischen Mythologie: ein Bildhauer, dem eine lebensechte Statue einer Frau gelingt. Er verliebt sich in das Abbild und teilt sein Leben mit ihm. Bei einem Opferfest für Venus, die Göttin der Liebe, bittet er darum, dass sein Werk lebendig werden soll. Venus bewirkte das Wunder: Als Pygmalion nach Hause kommt, verwandelt sich das tote Elfenbein in lebendiges Fleisch und Blut. Der Künstler führt fortan ein glückliches Leben mit seinem Geschöpf.

Shaw setzte bei der Verlegung des Motivs in das London des frühen 20. Jahrhunderts vor das Happyend noch einen Konflikt: Mit der Umerziehung des einfachen Blumenmädchens zur charmanten und gebildeten Salonlöwin wächst auch ihr Selbstbewusstsein, sodass sie die Ungeheuerlichkeit der Manipulation erkennt und ihren „Schöpfer" zunächst verlässt.

Shaw statt Shakespeare

Seine ersten fünf Romane wurden dagegen kaum zur Kenntnis genommen. Die Komödien „Helden" und „Candida" (beide 1898) waren erste Erfolge im eigenen Land. Nach 1901 wurde er vor allem vom Publikum im deutschsprachigen Raum sowie in den USA entdeckt und geschätzt.

Shaw war bereits über 50, als er endlich zu Weltruhm gelangte. 1925 erhielt er den Literaturnobelpreis „für sein dichterisches Werk, das sich durch Idealismus und Menschlichkeit auszeichnet, besonders für seine kräftige Satire, in die häufig eine eigenartige dichterische Schönheit eingeflossen ist." Zeitweilig standen Shaws Stücke fast so häufig auf den Spielplänen wie die von William Shakespeare (1564–1616). Mit dem für ihn charakteristischen ironischen Unterton setzte er sich in einer künstlerischen Bilanz mit dem unerreichbar scheinenden Vorgänger in Beziehung: „Ich wünschte ein Shakespeare zu werden und wurde ein Shaw."

Audrey Hepburn (1929–1993) und Rex Harrison (1908–1990) als Eliza Dolittle und Professor Higgins in der Verfilmung des Musicals „My Fair Lady" aus dem Jahr 1964, für das George Bernard Shaw mit „Pygmalion" die Vorlage lieferte. Die Produktion des Regisseurs George Cukor (1899–1983) war ebenso erfolgreich wie die Bühnenfassung. Die seinerzeit immensen Produktionskosten von 17 Millionen Dollar waren wenige Tage nach der Premiere in doppelter Höhe eingespielt.

Knut Hamsun: Im Dienst der Wörter

(1859–1952)

Knut Hamsun gehört zu den bedeutendsten norwegischen Schriftstellern. Er schuf ein umfangreiches literarisches Werk, das bis heute fortwirkt. 1920, auf der Höhe seines Erfolges, findet sich in der Satire-Zeitschrift „Simplicissimus" ein „Porträt" von ihm.

Schreiben – eine Berufung

Knut Hamsun (eigentlich Knut Pedersen) ging in Nordamerika und Norwegen verschiedenen Gelegenheitsarbeiten nach, bis er 1890 mit dem autobiografischen Roman „Hunger" seinen ersten literarischen Erfolg verzeichnen konnte. Das zentrale Thema ist der Überlebenskampf eines namenlosen Journalisten: Der Hunger treibt den Erzähler an die Grenzen seiner Existenz, während er täglich auf der Suche nach Arbeit, Essen oder einer Bleibe durch die Straßen von Kristiania schleicht.

> *„Hunger"*
>
> *„Ich schob mich hinaus, krank vor Hunger und heiß vor Scham. Nein, nun sollte es ein Ende haben! Es war wirklich zu weit mit mir gekommen. Ich hatte mich so viele Jahre oben gehalten, war in so harten Stunden aufrecht gestanden, und nun war ich mit einem Mal bis zur brutalen Bettelei herabgesunken. Dieser eine Tag hatte mein ganzes Denken verroht, mein Gemüt mit Schamlosigkeit beschmutzt."*

In dichter Folge veröffentlichte Hamsun zahlreiche Schriften und Romane, unter anderem den Roman „Mysterien" (1892), der das Leben eines Außenseiters in einer norwegischen Kleinstadt schildert, „Kinder ihrer Zeit" (1913) und „Die Stadt Segelfoß" (1915), einen Doppelroman, der Aufstieg und Verfall einer norwegischen Großfamilie zum Thema hat. Hamsun war ein ruheloser Zeitgenosse. Marie, über 40 Jahre Ehefrau des Dichters, erzählt in ihren Lebenserinnerungen „Der Regenbogen" (1953), was die restliche Familie aushalten musste, wenn Hamsun mit seinen Büchern „schwanger ging". Er war tief deprimiert und unglücklich, solange die „Geburtswehen" anhielten. Für seinen Roman „Segen der Erde", eine Hymne auf das bäuerliche Leben im norwegischen Ödland, erhielt der Autor 1920 den Literaturnobelpreis.

Tiefer Fall

In den 1920er und 1930er Jahren erreichte Hamsuns Beliebtheit ihren Höhepunkt. Eine Reihe von Werken erschien in hohen Auflagen. Zu den beliebtesten gehörten die Bücher über den Abenteurer August: „Landstreicher" (1927), „August Weltumsegler" (1930) und „Nach Jahr und Tag" (1933).

Zu einem Bruch in der Verehrung der Norweger für ihren „Starautor" kam es im Jahr 1940, als Hamsun die Besetzung des Landes durch die Nationalsozialisten guthieß. Seine ideologische Nähe zum Nationalsozialismus stieß allerorts auf Unverständnis. 1945, nach der Befreiung Norwegens, wurde Hamsun unter Hausarrest gestellt, man wies ihn zuerst in ein Altenheim, später – obwohl er geistig vollkommen gesund war – in das psychiatrische Klinikum Oslo ein. 1947 verurteilte man ihn zu einer Geldbuße von 325 000 Kronen, was seinen finanziellen Ruin bedeutete.

1948 beendete Hamsun sein Werk „Auf überwachsenen Pfaden". Den Tagebuch-Roman hatte er während seiner Inhaftierung begonnen. In ihm schildert der wegen Landesverrats verurteilte Autor seine problematische Haltung während der Besetzung Norwegens. Seine letzten Jahre verlebte Hamsun in zunehmender Taub- und Blindheit auf seinem Gut in Nørholm. Knut Hamsuns Einfluss auf die europäische und amerikanische Literatur unseres Jahrhunderts ist enorm. Das Revolutionäre an Büchern wie „Hunger" und „Mysterien" war in erster Linie ihr Beitrag zum Verständnis des Menschen.

Olav Gulbransson (1873–1958), der als Zeichner des „Simplicissimus" bekannt wurde, „porträtierte" den norwegischen Autor Knut Hamsun für die Ausgabe vom 25. August 1920.

Anton Tschechow und das Moskauer Künstlertheater

(1860–1904)

Seine Theaterstücke sind es, für die er heute berühmt ist, die noch in allen Theatern der Welt gespielt werden, doch zunächst machte sich Anton Tschechow in den 1880er Jahren einen Namen als Autor von Novellen und Kurzgeschichten. Mit den Erlösen aus dem Verkauf seiner Bücher und den Honoraren für seine Humoresken, die er für Zeitschriften schrieb, besserte er sein knapp bemessenes Stipendium auf und unterstützte seine verarmte Familie. Aufsehen erregte der Bericht seiner Reise auf die sibirische Gefangeneninsel Sachalin im Jahr 1890, mit dem Tschechow die mörderischen Lebensumstände der dort inhaftierten Zwangsarbeiter öffentlich machte. 1892 erwarb er das Gut Melichowo in der Nähe von Moskau, wo seine ersten großen Dramen entstanden: „Die Möwe" (1896) und „Onkel Vanja" (1897).

Erster Triumph mit „Die Möwe"

„Die Möwe" fiel bei der Uraufführung in Sankt Petersburg zunächst einmal durch. Zwei Jahre später brachte eine Produktion des Moskauer Künstlertheaters dann triumphalen Erfolg: „Alle küssten sich", erinnerte sich der Regisseur Konstantin Stanislawski (1863–1938), sogar „die Fremden, die die Bühne stürmten". Auf ärztliches Anraten begab sich Tschechow, der seit seiner Jugend an Tuberkulose litt, in südliches Klima und lebte überwiegend in Jalta an der russischen Schwarzmeerküste. Hier verfasste er „Drei Schwestern" (1901) und „Der Kirschgarten". Die Premiere des Letzteren im Januar 1904 fiel auf seinen 44. Geburtstag. Wenige Monate später starb Tschechow – der Legende nach mit einem Glas Champagner in der Hand – bei einem Kuraufenthalt in Badenweiler.

Moskauer Künstlertheater

Das Moskauer Künstlertheater wurde 1898 vom Regisseur und Theatertheoretiker Konstantin Stanislawski gegründet. Nach dem großen Erfolg seiner Inszenierung von Tschechows „Die Möwe" wurden im selben Jahr alle weiteren Dramen des Autors auch im Künstlertheater uraufgeführt. Es besteht noch heute als Spielstätte für zeitgenössisches Theater. Außerdem hat man sich der Pflege der Tschechow-Tradition verschrieben.

Großen Einfluss auf Theater und Film hatte Stanislawskis Theorie vom Schauspieler, der völlig eins wird mit seiner Rolle. Seine in mehreren Büchern niedergelegte Schauspielschule war Basis für das Method Acting, das am legendären Actor's Studio in New York gelehrt wird. Filmstars wie Marlon Brando (1924–2004) oder Marilyn Monroe (1926–1962) ließen sich dort ausbilden.

Blick auf die Wahrheiten

Die Einblicke in das Leben anderer Menschen, die der studierte Mediziner Tschechow in seiner Arztpraxis gewonnen hatte, bildeten eine wichtige Quelle für seine einfühlsame und dabei stets objektive Figurenzeichnung. Aufmerksam betrachtete er auch die sozialen Verhältnisse im zaristischen Russland und sah die Verfallserscheinungen der im übrigen Europa längst verschwundenen feudalen Gesellschaftsstrukturen. So beschrieb er den Leerlauf eines auf Kosten von Leibeigenen und schlecht bezahlten Arbeitern nichtsnutzig dahindämmernden Großbürgertums. Ihre Intensität gewinnen Tschechows Dialoge weniger aus der äußeren Handlung, als vielmehr aus den Einblicken in das Seelenleben der Figuren, die diese manchmal mehr, manchmal weniger freiwillig zulassen. „Ihre Atmosphäre", schrieb der Theaterhistoriker Siegfried Melchinger (1906–1988) über Tschechows Schauspiele, „entsteht im Schweigen, und dieses Schweigen beginnt dort, wo das Gerede endet, wo der Vordergrund durchsichtig wird auf die Wahrheit hin, die dahinter ist."

Anton Tschechow auf einer Fotografie aus dem Jahre 1889. Er war ein aufmerksamer und empfindsamer Beobachter seiner Zeit und schuf Bühnenfiguren mit reichem Seelenleben. Bei aller Melancholie, die über seinen Stücken liegt, wirken seine Gestalten in ihrer vergeblichen Sinnsuche auch komisch. Die Komik in der Trauer blieb Tschechow über seinen Tod hinaus erhalten: Durch eine Verwechslung der Särge am Moskauer Bahnhof folgte die riesige Trauergemeinde der falschen Leiche.

Rabindranath Tagore und die indische Literatur

(1861–1941)

Die überraschende Entscheidung des Nobelpreiskomitees war nicht zuletzt ein Ergebnis der beharrlichen Überzeugungsarbeit des Dichters Verner von Heidenstam (1859–1940). Er hatte dafür gesorgt, dass sich die anderen Mitglieder der Akademie mit dem Werk von Rabindranath Tagore beschäftigten. Am Ende wurde der Inder mit 12 von 15 Stimmen zum Literaturnobelpreisträger des Jahres 1913 gewählt. Er war der erste Asiat, der mit diesem Preis ausgezeichnet wurde. Die Literatur Asiens, speziell Indiens, drang mit dieser Entscheidung deutlich stärker ins Bewusstsein der westlichen Welt.

„Schönheit und Frische"

Die Stockholmer Jury lobte nach ihrer Entscheidung für Rabindranath Tagore die „Schönheit und Frische seiner Dichtungen, die auf eine glänzende Weise sein dichterisches Schaffen auch in dessen eigentümlichem englischen Gewand der schönen Literatur des Abendlandes einverleibt."

Bei aller Freude über den Preis, kann Ruhm doch auch ein wenig lästig werden: „Der enorme Wirbelwind öffentlicher Erregung ist entsetzlich. Es ist fast so schlimm, als ob man eine Blechdose an den Schwanz eines Hundes bindet, sodass er nirgends hinlaufen kann, ohne Lärm zu machen", meinte Rabindranath Tagore.

Wanderer zwischen den Welten

Rabindranath Tagore war schon vorher ein Wanderer zwischen den Welten gewesen. Seine wohlhabende Familie schickte ihn mehrfach zum Studium nach Großbritannien, doch statt sich mit dem – vom Vater gewünschten – Jurastudium zu beschäftigen, widmete sich Tagore der Dichtung. Scheinbar ein Müßiggänger, verfasste er ab seinem 16. Lebensjahr unermüdlich Gedichte, Lieder, Erzählungen, Singspiele und Dramen. In London traf er auf den irischen Schriftsteller William Butler Yeats (1865–1939), der Tagores erste Gedichtbände – zum Beispiel „Sangesopfer" (1910) – redigierte und veröffentlichen ließ.

Nach Indien zurückgekehrt, arbeitete Rabindranath Tagore als Verwalter auf den Landgütern seines Vaters. Erschüttert von der dort herrschenden Not, organisierte er Programme gegen Hunger und Analphabetismus. Eine von ihm gegründete Schule in Santinitekan ist heute eine Universität. Er versuchte dort, eine spezifisch indische Pädagogik zu verwirklichen, die einen dritten Weg zwischen dem westlichen Lernen der britischen Kolonialmacht und der erstarrten Tradition der Hindus geht. An der Seite von Mahatma Gandhi (1869–1948) propagierte Tagore den gewaltfreien Widerstand gegen die Besatzer. Seine überwiegend in bengalischer Sprache abgefassten Dichtungen wirkten so nachhaltig auf die von ethnischen und religiösen Spannungen zerrissene Gesellschaft Indiens, dass sowohl Indien als auch Bangladesch ein Lied aus seiner Feder zu ihrer Nationalhymne erklärten.

Literatur in Indien

Die indische Literatur ist sehr divergent. Das Land hat eine Milliarde Einwohner, die neben der Amtssprache Englisch 30 verschiedene Hauptsprachen sprechen. Diese regionalen Sprachen werden seit den 1990er Jahren von jüngeren Autoren zur Schaffung einer eigenständigen, in der indischen Kultur verwurzelten Identität wiederentdeckt. Doch das westliche Lesepublikum nimmt vor allem die englischsprachigen Autoren wahr: Salman Rushdie (1947) brachte mit seinem Roman „Die satanischen Verse" (1988) die islamische Welt so gegen sich auf, dass der iranische Revolutionsführer Ayatollah Khomeini (1900–1989) zur Ermordung des Schriftstellers aufrief.*

Rabindranath Tagore war nicht nur Schriftsteller, sondern auch Philosoph, Musiker, Komponist und Maler sowie universell gebildeter Modernisierer der indischen Kultur und politisch engagierter Reformer der sozialen Verhältnisse. Mit seiner Kenntnis der europäischen und amerikanischen Literatur brach er einerseits die beschränkende Formensprache der Dichtung seines Landes auf und bereicherte andererseits den Westen mit der kontemplativen Poesie seiner Kultur.

Arthur Schnitzler und die Wiener Moderne

(1862–1931)

Äußerlich sahen sie sich ein wenig ähnlich und Ärzte waren sie auch beide: Sigmund Freud (1856–1939) behandelte seelische Leiden und wurde damit zum Pionier der Psychoanalyse. Der Arzt Arthur Schnitzler hingegen heilte in seiner Privatpraxis die körperlichen Gebrechen seiner Patienten. Seine wahre Berufung sah er jedoch im Schreiben. In den Abgründen und Untiefen der Seele findet Schnitzler die immerwährenden Wahrheiten des Menschen.

Die Erfindung des inneren Monologs

In einem Brief Freuds an Schnitzler heißt es bewegt: „Ihr Ergriffensein von den Wahrheiten des Unterbewussten, von der Triebnatur des Menschen, Ihre Zersetzung der kulturell-konventionellen Sicherheiten, das Haften Ihrer Gedanken an der Polarität Liebe und Sterben, das alles berührt mich mit einer unheimlichen Vertrautheit." Insofern ist es nur konsequent, dass Schnitzler mit Erzählungen wie „Fräulein Else" (1924) die Technik des inneren Monologs erfand, der in ungeordneter Folge Bewusstseinsinhalte von Roman- oder Dramenfiguren wiedergibt. Dabei seziert zum Beispiel der Monolog „Lieutenant Gustl" (1901) nicht nur die Seele eines einzelnen Mannes, sondern entblößt auch die Psychologie des Militärs. Schnitzler, der unter anderem als Militärarzt tätig war, verlor nach der Veröffentlichung seinen Rang als Reserveoffizier.

Der „Reigen" vor Gericht

Schlimmer aber waren für den Schriftsteller die Zensurbemühungen, die das Schauspiel „Reigen" betrafen. Als 1903 die Textausgabe erschien, wurde jegliche Aufführung verboten. Die Uraufführung der Komödie, der zehn sich um erotische Verführungen rankenden Dialoge, fand erst 1921 in Berlin statt. Im Anschluss wurden sowohl der Regisseur als auch die Schauspieler wegen „Erregung öffentlichen Ärgernisses" angeklagt und nach einem Aufsehen erregenden Prozess freigesprochen. In der Urteilsbegründung stellte der Richter fest: „Die Sprache des Buches ist fein und leicht. [...] Die geschlechtliche Beiwohnung selbst wird nicht beschrieben. Sie tritt vollkommen zurück, sie ist dem Dichter nur Mittel zum Zweck." Dennoch zog Schnitzler den Antrag auf Aufführungsgenehmigung zurück. Erst seit 1982 darf „Reigen" wieder gespielt werden.

Während der 1920er Jahre erreichte die Popularität Arthur Schnitzlers ihren Tiefpunkt. Seine Weigerung, sich im Vorfeld des Ersten Weltkriegs am Hurra-Patriotismus zu beteiligen, und ein wachsender Antisemitismus hatten ihm viele Feinde eingebracht.

Wiener Moderne

Die auch als „Junges Wien" bezeichnete Epoche der Wiener Moderne erstreckte sich von 1890 bis 1910 und ging über die Literaturwelt weit hinaus. Sie umfasste Maler wie Gustav Klimt (1862–1918), Architekten wie Adolf Loos (1870–1933), Komponisten wie Arnold Schönberg (1874–1951) oder Philosophen wie Ludwig Wittgenstein (1889–1951). Einige prägende Schriftsteller der Wiener Moderne waren neben Schnitzler Hermann Bahr (1863–1934), Hugo von Hofmannsthal (1874–1929), Karl Kraus (1874–1936) und Robert Musil (1880–1942). Alle waren sich einig darin, dass sich die österreichisch-ungarische Monarchie in einer Phase des Untergangs und der Dekadenz befand. Dem wollte man eine neue, der Zeit gemäße Kunst entgegensetzen.

Arthur Schnitzler, gezeichnet von Olaf Gulbransson (1873–1958), einem der bedeutendsten Zeichner, Illustratoren und Karikaturisten der vorletzten Jahrhundertwende. Schnitzler stammte aus einer Wiener Medizinerfamilie. Er selbst promovierte 1885 als Arzt, praktizierte jedoch nur bis 1894.

Rudyard Kipling: Ein Mann der Widersprüche

(1865–1936)

In vielen seiner Geschichten und Balladen idealisierte der in Indien geborene englische Schriftsteller das Britische Empire, denn er war überzeugt von der politischen und kulturellen Missionsaufgabe der Kolonialmächte. Über Großbritannien hinaus berühmt wurde Kipling, der zu seiner Zeit nach Charles Dickens der beliebteste Schriftsteller Englands war, durch seine „Dschungelbücher".

Das Dschungelbuch

Nach einer strengen Erziehung in England (1871–1882) arbeitete Kipling zunächst als Journalist in Indien. 1888 erschienen seine ersten Kurzgeschichten, darunter „Schlichte Geschichten aus Indien" und „Drei Soldaten". In ihnen zeichnet Kipling mit Ironie die Schwächen und Konflikte der englischen Bevölkerung in Britisch-Indien nach, was seine Leserschaft sehr goutierte.

1889 kehrte Rudyard Kipling dem südasiatischen Staat den Rücken und ging als Auslandskorrespondent für „The Pioneer" nach Großbritannien. Da ihm sein Ruf bereits vorauseilte, avancierte Kipling innerhalb kurzer Zeit zu einem der prominentesten englischen Autoren. Nach der Geburt seiner Tochter begann er mit dem Schreiben von Kindergeschichten. Mit großem Erfolg erschien 1894 die Tiergeschichte „Das Dschungelbuch". Ein Jahr später folgte bereits „Das zweite Dschungelbuch". Darin findet sich neben anderen die Geschichte des Jungen Mogli, der ohne Kontakt zu anderen Menschen von Tieren des Dschungels aufgezogen wird, den Tiger Shere Khan besiegt und schließlich zum Herrn der Tiere wird. Dank des gleichnamigen Zeichentrickfilms von Walt Disney ist die Geschichte heute weltberühmt.

Der Elefantenjunge

Das Buch „Nur so Geschichten für Kinder" enthält eine Vielzahl an kurzen Erzählungen von Kipling, zum Beispiel „Das Lied des alten Kängurumannes", „Wie der Leopard zu seinen Flecken kam" oder „Der Elefantenjunge". Letztere Geschichte setzt folgendermaßen ein: „In den erhabenen und lang vergangenen Zeiten hatte der Elefant, o Meistgeliebter, keinen Rüssel. Er hatte nur eine schwärzliche knubbelige Nase, so groß wie ein Stiefel, die er hin und her wackeln lassen konnte; aber er konnte damit keine Sachen aufheben. Aber da gab es einen Elefanten – einen neuen Elefanten – einen Elefantenjungen – der voller unersättlicher Neugier steckte, ..."

Befürworter des Kolonialismus

Zeit seines Lebens war Kipling erfüllt von der Idee, dass England seine Untertanen in der exotischen Fremde zivilisieren müsse. Er war es, der in einem Gedicht den Begriff „white man's burden" prägte – er betrachtete es als „die Last (Pflicht) des weißen Mannes", anderen Völkern die eigene Zivilisation zu bringen. Der Glaube an die Überlegenheit der westlichen Kultur prägte seine Texte ebenso wie der präzise, von Ironie geprägte Schreibstil. Mit seinen volkstümlichen Erzählungen und Gedichten wie „Balladen aus dem Biwak" (1892) und „Recessional" (1897) wurde Kipling zum literarischen Sprachrohr des britischen Imperialismus. Im Jahr 1907 erhielt Kipling als erster Engländer den Literaturnobelpreis. Kipling verschrieb sich bis in die frühen 1930er Jahre der Schriftstellerei, doch die Anerkennung seiner Werke blieb mehr und mehr aus. Er starb 1936 an einer Gehirnblutung. Danach gerieten seine Bücher, mit Ausnahme einzelner Gedichte und der Kinderbücher, für einige Zeit in Vergessenheit.

Der Trickfilm-Klassiker „Das Dschungelbuch" aus dem Jahr 1967 nach dem Roman von Rudyard Kipling, hier eine Filmszene mit Balu dem Bären, der dem Menschenjungen Mogli den Urwald zeigt.

Maxim Gorki: Für die Menschen

(1868–1936)

Mit seinen Werken, in deren Mittelpunkt die Benachteiligten der Gesellschaft stehen, begründete der russische Erzähler den sozialistischen Realismus. In dieser Theorie kommt der Literatur kein Eigenwert zu, vielmehr hat sie eine „dienende" Funktion für die sozialistische Gesellschaftsordnung und sollte die Leser im Sinne der kommunistischen Ideologie belehren und erziehen.

Der Autodidakt

Gorki (eigentlich Alexej Peschkow) stammte aus armen Verhältnissen. Er wuchs nach dem Tod seiner Mutter bei seinem Großvater auf, der ihn schon in jungen Jahren dazu zwang, als Tagelöhner zu arbeiten. 1884 scheiterte sein Versuch, als Student an der Universität von Kasan aufgenommen zu werden, doch kam er hier erstmals in Kontakt mit der revolutionären Bewegung. Gorki las viel und eignete sich ein umfassendes Wissen an, litt jedoch sehr unter der Kluft, die ihn von den Studenten trennte. 1887 versuchte er sich das Leben zu nehmen und durchlöcherte dabei seine Lunge, was eine lebenslange Tuberkulose zur Folge hatte. 1889 marschierte Gorki, auf den mittlerweile die zaristische Polizei aufmerksam geworden war, einige Zeit zu Fuß durch Russland. In Tiflis kam er mit Revolutionären in Kontakt, die ihn ermunterten, seine Erlebnisse literarisch festzuhalten. Seine erste Erzählung „Makar Tschudra", die am 12. September 1892 in der Provinzzeitung „Kawkas" erschien, unterzeichnete er mit dem Pseudonym Maxim Gorki (der Bittere).

Hin und her gerissen

Mit der Erzählung „Tschelkasch" gelang Gorki 1894 der Durchbruch als Schriftsteller, es folgte „Das Lied vom Sturmvogel". Auch die 1898 veröffentlichten „Skizzen und Erzählungen" wurden ein großer Erfolg. Nach seinen Theaterstücken „Die Kleinbürger" (1902) und „Nachtasyl" (1902) war Gorki so populär, dass die verschiedenen Versuche des Regimes, gegen ihn vorzugehen, bei seinen Anhängern stets Proteststürme auslösten. Gorki zog sich von 1905 bis 1913 ins Exil nach Frankreich, die USA und Italien zurück. Zu dieser Zeit entstand auch sein bedeutendster Roman, „Die Mutter" (1906/07). Mit der Schilderung des proletarischen Kampfes in Russland aus der Perspektive einer Arbeitermutter entwickelte er eine Darstellungsform, die der sozialistischen Idee Ausdruck verlieh. 1921 verließ Gorki Russland erneut und ließ sich erst 1931 zur Rückkehr in seine Heimat bewegen. Dort wurden ihm verschiedene Ehrungen zuteil: Gorki bekam den Leninorden und wurde Mitglied des Zentralkomitees der KPdSU. Nach Gründung des sowjetischen Schriftstellerverbands WSP im Jahr 1934 wurde er dessen erster Vorsitzender. Er propagierte konsequent eine Literatur des sozialistischen Realismus, als dessen erster Klassiker er gilt und der in der Folgezeit allen sowjetischen Schriftstellern auferlegt wurde. Gorkis 60. Geburtstag wurde im ganzen Land feierlich begangen, zahlreiche Institutionen, unter anderem das Moskauer Künstlertheater und das Moskauer Literaturinstitut, wurden nach ihm benannt. Seine Geburtsstadt Nischni Nowgorod erhielt den Namen Gorki.

„Die Mutter"

Der Roman schildert die Lebenswege des jungen Arbeiters Pawel Wlassow, der zu einem überzeugten Sozialisten und Revolutionär wird, und seiner Mutter Pelageja, die zunächst von der Sorge um ihren Sohn beherrscht wird, sich dann aber mit seiner Sache identifiziert. Ist erst die Liebe zu ihrem Sohn das Motiv ihres Handelns, so entwickelt die Mutter im Laufe der Zeit politisches Bewusstsein. Als ihr Sohn nach Sibirien verbannt wird, tritt Pelageja in die Partei ein und führt seinen Kampf weiter.

Maxim Gorki fühlte sich zutiefst im Proletariat verwurzelt. Der russische Erzähler kannte die düsteren Verhältnisse in russischen Arbeiterfamilien aus eigener Erfahrung.

André Gide: Ein Leben für die Literatur
(1869–1951)

Der Schreibtisch war für Gide, der zu seiner Zeit einer der einflussreichsten Persönlichkeiten des literarischen Lebens in Frankreich war, sein zweites Zuhause. Bekannt wurde er durch Romane, Theaterstücke und autobiografische Werke, die das bedingungslose Eintreten für Freiheit und Würde des Menschen thematisieren. Weltweite Anerkennung erfuhr der Autor 1947 durch die Verleihung des Literaturnobelpreises.

Gegen Moral und Konventionen
Gide hatte das Glück, dass ihm eine wohlhabende Familie den Rücken stärkte. Schon früh fasste er den Entschluss, sein Leben der Literatur zu widmen. Ab 1890 verkehrte er in den Pariser Kreisen der so genannten Symbolisten, die ein neues Verständnis von Dichtung vertraten. Im Verlauf einer Nordafrikareise 1893/94 entdeckte der Schriftsteller seine homosexuelle Neigung, heiratete jedoch später seine Cousine Madeleine Rondeaux.
Als Mitbegründer und Herausgeber der literarischen Zeitschrift „La Nouvelle Revue Française" wurde Gide ab 1909 einer der tonangebenden Literaten seiner Zeit und pflegte Kontakte mit fast allen zeitgenössischen europäischen Autoren von Rang. In den 1920er Jahren entwickelte er Sympathien für die Kommunistische Partei Frankreichs, was sich änderte, als er 1936 bei einer Russlandreise hinter die Kulissen der Terrorherrschaft Stalins schauen konnte.
Gides frühe Werke zeugen von seiner Nähe zu den Symbolisten, doch bereits 1894 entwickelte er eine eigene individualistische Sichtweise, die sich auch in seinem Stil ausdrückte. Er war ein leidenschaftlicher Verfechter der Rechte des Individuums und wollte diese weder durch Moral noch durch Kirche oder Ehe eingeschränkt sehen. Gide wollte in der Tradition der Aufklärung den Menschen zu seiner Freiheit führen.

Symbolismus
Das Ende des 19. Jahrhunderts brachte eine Reihe neuer Fragen auf die Tagesordnung, besonders in den Bereichen Kunst, Moral und Religion. Die Neubewertung zeigte sich literarisch in einer Revolte gegen die engen Gesetze des Realismus und Naturalismus, die das Leben möglichst wirklichkeitsnah darstellen wollten. Die neue Richtung in der Kunst wurde, um sie von den früheren Bewegungen abzugrenzen, als Symbolismus bezeichnet. Symbole dienten als Ausdrucksmittel und schufen mystische und religiöse Zusammenhänge, sodass Tod und Erotik wichtige Themen der Symbolisten waren.

Konflikte mit der Kirche
In dem Roman „Uns nährt die Erde" (1897) predigt Gide die Lust als höchstes unantastbares Gut. Seine Abneigung gegen Regeln und Konventionen wird in „Die enge Pforte" (1909) deutlich. Auch der Roman „Die Verliese des Vatikan" (1914), der wegen Gides antiklerikaler Haltung kritisiert wurde, diskutiert die Möglichkeiten vollkommen autonomer Selbstbestimmung. 1919 veröffentlichte er „Die Pastoral-Symphonie", die Geschichte eines Pastors, der ein blindes Waisenmädchen in seine Familie aufnimmt, sie erzieht und sich in sie verliebt, sie dann aber an seinen Sohn verliert. Die Schwierigkeiten des Erwachsenwerdens thematisiert der Schriftsteller in seinen autobiografischen Notizen „Stirb und Werde" (1923). Zu seinen bedeutendsten Arbeiten gehört der experimentelle Roman „Die Falschmünzer" von 1925, der den traditionellen französischen Roman karikiert.

Das Foto aus den 1930er Jahren zeigt den Literaten Gide, für den das Schreiben im Mittelpunkt seines Lebens stand, an seinem Schreibtisch in der Bibliothek.

Marcel Proust und „Auf der Suche nach der verlorenen Zeit"

(1871–1922)

Die Schriftstellerkarriere des Marcel Proust begann wenig vielversprechend. Das Manuskript seines ersten Romans „Jean Santeuil" zerriss er nach der Fertigstellung des Textes im Jahr 1895. Allerdings hob er die Papierschnipsel in einer Hutschachtel auf, sodass das Buch später rekonstruiert werden konnte. So erschien Prousts Debütroman erst 30 Jahre nach seinem Tod. Die erste Veröffentlichung des Schriftstellers war ein Sammelband mit Erzählungen. „Tage der Freuden" (1896) war allerdings bei Publikum und Kritik ein Misserfolg. Besonders heftige Kritik übte ein Kritiker namens Jean Lorrain. Proust fühlte sich dadurch persönlich so verletzt, dass er Lorrain 1879 zum Duell forderte.

Duell mit unblutigem Ende

Der Ehrenhändel im Pariser Bois du Boulogne endete jedoch glimpflich. Die Duellanten schossen aneinander vorbei. Trotz des Misserfolges ist das Buch für begeisterte Proust-Leser eine wahre Fundgrube, denn der Autor thematisierte hier bereits, was ihn auch in seinem späteren Hauptwerk beschäftigen sollte: Selbstbeobachtung und Selbstfindung, die Wandlungen der Persönlichkeit im Laufe der Zeit, das Leiden an Liebe, Laster, Krankheit und an einem unerklärlichen Fremdsein in der Welt.

Ein literarischer Snob

Marcel Proust stammte aus einer wohlhabenden Medizinerfamilie. Mit zehn Jahren erlitt er einen ersten starken Asthmaanfall und diese Krankheit ließ ihn nicht mehr los. Die Ausübung eines „normalen" Berufs war wegen der Lungenerkrankung nicht möglich, wegen des Reichtums der Familie allerdings auch nicht notwendig. So verbrachte Proust als junger Erwachsener viel Zeit in der elitären Gesellschaft der Pariser Salons und galt bei manchen Zeitgenossen als arrogant.

Seine Veröffentlichungen bis 1909 waren in erster Linie Auseinandersetzungen mit seinen literarischen Vorbildern Honoré de Balzac (1799–1850), Charles Baudelaire (1821–1867), Gustave Flaubert (1821–1880) und Stendhal (1783–1842). 1905 begann Proust mit der Arbeit an seinem Werk „Auf der Suche nach der verlorenen Zeit". Das Manuskript zu „In Swanns Welt", dem ersten Band des Zyklus, lehnte Prousts Schriftstellerkollege André Gide (1869–1951), der damals Lektor des renommierten Verlags Gallimard war, zunächst ab. Daraufhin veröffentlichte Proust das Buch auf eigene Kosten. So verhalf der Autor seinem Werk selbst zum Durchbruch. Der gesamte Zyklus der „Suche" revolutionierte die europäische Literatur. Ohne eine lineare Handlung, in einer kunstvollen Sprache mit einem leicht ironischen Unterton und mit psychologischer Genauigkeit schildert Proust das Leben in Frankreichs Oberschicht an der Wende vom 19. zum 20. Jahrhundert.

„Auf der Suche"

„Auf der Suche nach der verlorenen Zeit" ist ein siebenteiliger Romanzyklus. Er gliedert sich in die – zum Teil postum erschienenen – Bände „In Swanns Welt" (1913), „Im Schatten junger Mädchenblüte" (1918), „Die Welt der Guermantes" (1920/21), „Sodom und Gomorrha" (1921–1923), „Die Gefangene" (1923), „Die Entflohene" (1925) und „Die wiedergefundene Zeit" (1927). Das Werk, das zum größten Teil auf dem Krankenlager entstand, ist im Wesentlichen eine Autobiografie, denn das darin beschriebene Leben eines stets kränkelnden Mannes ist Prousts eigenem Lebenslauf nachempfunden: Ferienaufenthalte auf dem Land und an der See, Teilnahme am kulturellen Leben der gehobenen Gesellschaft, erotische Abenteuer und Eifersucht. Schließlich trifft der Ich-Erzähler die Entscheidung, seine Lebenserinnerungen aufzuschreiben und allen Menschen, die ihm einst begegneten, ihren „Platz in der Zeit" zuzuweisen.

Marcel Proust hat mit „Auf der Suche nach der verlorenen Zeit" ein literarisches Werk geschaffen, das der gesamten Gattung des Romans den Weg in das 20. Jahrhundert wies. Proust schildert den Untergang der alten Aristokratie, die in einem selbstbewussten Großbürgertum aufgeht. Der zweite Band des Zyklus wurde 1919 mit dem Prix Goncourt, dem höchsten Literaturpreis Frankreichs, ausgezeichnet. Außerdem wurde dem Romancier der „Ritter der Ehrenlegion" verliehen.

Rainer Maria Rilke: Der geachtete Lyriker

(1875–1926)

Unter den ganz großen Literaten bildet Rainer Maria Rilke eine Ausnahmeerscheinung – Ruhm und Ehre wurden ihm nicht für seine besondere Erzählkunst zuteil, sondern für seine Lyrik. Er gehört zu den wenigen Schriftstellern, die mit Gedichten berühmt wurden, und das bereits zu Lebzeiten. Im Jahr 1912 brachte die gerade aufgelegte Reihe „Insel-Bücherei" Rilkes „Die Weise von Liebe und Tod des Cornets Christoph Rilke" auf den Markt. Die Romanze in Versform sprach vor allem junge Soldaten an, und da die kleinformatigen Bändchen nicht viel Platz im Tornister brauchten, erwiesen sie sich schon bald als Verkaufserfolg.

Militär als traumatisches Erlebnis

Eigentlich hieß Rilke mit Vornamen René, der Wiedergeborene, da seine Mutter ihm den Platz der früh gestorbenen Tochter zuwies. Die mütterliche Trauer ging so weit, dass der Junge Mädchenkleider und Zöpfchen tragen musste. Trotz dieser Erziehung sollte der junge Rilke mit zehn Jahren eine Militärschule besuchen – wie vorherzusehen, führte dies zu traumatischen Erlebnissen. Diese wiederholten sich im Ersten Weltkrieg, als er 1916 von der österreichisch-ungarischen Armee dienstverpflichtet wurde. Allerdings gelang es einflussreichen Freunden und Gönnern, ihn schon wenige Monate später kriegsuntauglich schreiben zu lassen.

Der soldatische Drill löste bei Rilke eine mehrjährige Schreibkrise aus, die erst im Februar 1922 von einem wahren Schaffensrausch abgelöst wurde. In nur drei Wochen schrieb Rilke 53 „Sonette an Orpheus" und vollendete die „Duineser Elegien", die er bereits 1912 begonnen hatte. Beide Gedichtzyklen gehören mit der kraftvollen Musikalität ihrer Sprache und ihrer beziehungsreichen Bilderfülle zu den Meisterwerken deutschsprachiger Lyrik.

Herbsttag

Herr, es ist Zeit. Der Sommer war sehr groß.
Leg deinen Schatten auf die Sonnenuhren,
und auf den Fluren lass die Winde los.

Befehl den letzten Früchten voll zu sein;
gib ihnen noch zwei südlichere Tage,
dränge sie zur Vollendung und jage
die letzte Süße in den schweren Wein.

Wer jetzt kein Haus hat, baut sich keines mehr.
Wer jetzt allein ist, wird es lange bleiben,
wird wachen, lesen, lange Briefe schreiben
und wird in den Alleen hin und her
unruhig wandern, wenn die Blätter treiben.

Prominenter Freundeskreis

Der Großteil von Rilkes Werk entstand vor dem Ersten Weltkrieg, darunter sein einziger Roman – die formal ebenfalls bahnbrechenden „Aufzeichnungen des Malte Laurids Brigge" (1910) – sowie die Gedichtbände „Das Buch der Bilder" (1906) und „Neue Gedichte" (1907) mit einigen seiner populärsten Gedichte wie „Herbsttag" oder „Der Panther". Der Gedichttypus, mit dem Rilke vor allem bekannt wurde, waren seine Dinggedichte, wie zum Beispiel die Gedichte „Blaue Hortensie" oder „Archaischer Torso Apollos".

Trotz seines literarischen Erfolgs litt Rilke immer wieder unter Geldnot, hatte dann jedoch stets wohlwollende Unterstützer auf seiner Seite: In den frühen Jahren gehörten dazu die deutsch-russische Schriftstellerin Lou Andreas-Salomé (1861–1937), mit der er eine Affäre hatte und die seinen Vornamen in Rainer abänderte, die Künstlerkolonie Worpswede, aus der die kurze Ehe mit der Bildhauerin Clara Westhoff (1878–1954) hervorging, der Bildhauer August Rodin (1840–1917) sowie der Psychoanalytiker Sigmund Freud (1856–1939).

Rainer Maria Rilke auf einem Holzschnitt von Fritz Schaefler (1888–1954). Im Gegensatz zum expressionistischen Stil dieses Porträts gehörte der Dichter zu den Vertretern des Impressionismus und gestaltete seine Schriftwerke in feineren Abstufungen. Im Mittelpunkt stand dabei die Wiedergabe augenblicklicher Stimmungen in Sprachbildern von hohem Symbolgehalt. Rilkes Lyrik zu den Themenpaaren Leben und Tod sowie Liebe und Kunst ist in seiner Sprachgestaltung bislang unerreicht geblieben und findet immer noch viele Nachahmer.

Thomas Mann und seine Familie

(1875–1955)

Etwas enttäuscht war Thomas Mann schon, als er am 12. November 1929 die Nachricht erhielt, er werde für seine Familiensaga „Buddenbrooks" den Nobelpreis erhalten. Mit der Auszeichnung hatte er zwar gerechnet, aber zum einen früher und zum anderen für seinen Gesellschaftsroman „Der Zauberberg" (1924), den er für das bessere Werk hielt. Die „Buddenbrooks" war sein Debüt als Romanautor. Das groß angelegte Panorama über den Zerfall einer Lübecker Kaufmannsfamilie hatte er bereits 1897 begonnen, als er mit seinem Bruder Heinrich Mann (1871–1950) in der Nähe von Rom lebte. 1901 erschien eine wenig beachtete zweibändige Ausgabe, doch die einbändige Ausgabe von 1903 hatte dafür eine umso nachhaltigere Wirkung.

Ironie als literarisches Stilmittel

Besonders in Lübeck selbst sorgte das Buch „Buddenbrooks" für helle Aufregung. In der Verschränkung von eigener Biografie und literarischer Fiktion, die für Thomas Mann charakteristisch werden sollte, hatte er die Gesellschaft seiner Heimatstadt porträtiert. So ließ ein Buchhändler in der Hansestadt sogar eine Liste kursieren, in der die wahren Identitäten der Romanfiguren entschlüsselt wurden.

In diesem Erstling schlug Mann auch die beiden Grundthemen an, die ihn für den Rest seines Lebenswerks – von Novellen wie „Der Tod in Venedig" (1912) über Romane wie „Doktor Faustus" (1947) bis zu dem Schelmenstück „Bekenntnisse des Hochstaplers Felix Krull" (1954) – beschäftigen sollten: der Niedergang der großbürgerlichen Kultur an der Wende vom 19. zum 20. Jahrhundert und die Nähe von Eros und Tod. Im Mittelpunkt seiner Werke stehen oft Künstlerpersönlichkeiten, die sich der bürgerlichen Existenz entgegenstellen. Zu Manns bevorzugten erzählerischen Mitteln gehören vor allem häufige Perspektivwechsel und eine ironische Kommentierung des Geschehens, weshalb die „Mann'sche Ironie" zu einem feststehenden Begriff der Literaturbetrachtung geworden ist.

> ### *Die Familie Mann*
>
> *Aus der Familie Mann gingen eine Reihe talentierter Künstler hervor: Thomas Manns älterer Bruder Heinrich rechnete in „Der Untertan" (1918) mit dem Wilhelminischen Kaiserreich ab. Sein „Professor Unrat oder das Ende eines Tyrannen" (1905) wurde mit Marlene Dietrich (1901–1992) unter dem Titel „Der blaue Engel" (1930) verfilmt. Thomas Manns älteste Tochter Erika (1905–1969) wurde Schauspielerin und gründete 1933 in München das Kabarett „Die Pfeffermühle". Sein Sohn Klaus (1906–1949) sorgte für Aufsehen sowohl mit „Der fromme Tanz" (1925) und seinem darin enthaltenen Bekenntnis zur Homosexualität als auch mit „Mephisto. Roman einer Karriere" (1936). Golo Mann (1909–1994), Thomas Manns jüngster Sohn, war als Historiker prägend an den politischen Debatten im Nachkriegsdeutschland beteiligt.*

Exil in den USA

Thomas Mann gehörte zu den entschiedenen Gegnern der Nationalsozialisten. Schon kurz nach der Regierungsübernahme Hitlers Anfang 1933 erging ein „Schutzhaftbefehl" gegen den Schriftsteller. Deshalb kehrten er und seine Frau Katia Mann (1883–1980) von einer Auslandsreise nicht mehr nach Deutschland zurück. Von den USA aus agitierte Thomas Mann vor allem über den Rundfunk gegen das faschistische Regime in Deutschland. Auch nach dem Ende des Zweiten Weltkriegs blieb der Autor zunächst noch in den USA. Im Jahr 1949, anlässlich des 200. Geburtstags von Goethe (1749–1832), besuchte er erstmals wieder Deutschland. 1952 kehrte er mit seiner Frau endgültig nach Europa zurück und ließ sich in der Schweiz nieder.

Titelseite der zweiten Auflage von die „Buddenbrooks" aus dem Jahr 1903. Der umfangreiche Roman begründete Thomas Manns Ruhm als Romancier. Über die folgenden sehr bewegten Jahrzehnte schrieb Mann acht Romane, über 30 Novellen, ein Versepos, ein Schauspiel und weitere Schriften wie Essays, Vorträge und politische Manifeste. Außerdem führte er zeit seines Lebens ein Tagebuch.

Hermann Hesse: Ein Suchender
(1877–1962)

Hermann Hesse, einer der meistgelesenen deutschen Autoren des 20. Jahrhunderts, war mit dem bekannten Maler Ernst Morgenthaler (1887–1962) befreundet, der ihn 1945 mit großem farblichen Ausdruck porträtierte. Der Schriftsteller war stets gefeit gegen jede Form von arroganter Machtanmaßung und eiferndem Nationalismus.

„Dichter oder gar nichts"

Hesse entstammt einer Familie, die in der Geisteswelt des schwäbischen Pietismus verwurzelt war. Vater und Großvater hatten als protestantische Missionare in Indien gewirkt. 1892 entfloh der junge Theologiestipendiat Hermann Hesse der berühmten Klosterschule Maulbronn, unternahm einen Selbstmordversuch und wurde zweimal in eine Erziehungsanstalt eingewiesen. Der Bruch mit seinem Elternhaus war die Folge.

Nach einer gescheiterten Buchhändler- und Mechanikerlehre wandte sich Hesse der Literatur zu. Ende des 19. Jahrhunderts schrieb er seine ersten Lyrik- und Prosatexte, die 1899 unter den Titeln „Romantische Lieder" und „Eine Stunde hinter Mitternacht" erschienen. Der literarische Durchbruch gelang ihm mit dem Roman „Peter Camenzind" (1904), dessen Erfolg ihm die freie Schriftstellerexistenz ermöglichte. Es folgte eine schriftstellerisch äußerst produktive Zeit: 1904 erschien „Unterm Rad", Hesses kritische Auseinandersetzung mit der eigenen Schulzeit, 1910 „Gertrud" und 1914 „Roßhalde", ein autobiografischer Roman über eine sich auflösende Künstlerehe. Den Ausbruch des Ersten Weltkrieges im August 1914 erlebte Hesse in Bern, wo er mit seiner Familie seit 1912 lebte. Anders als die meisten deutschen Schriftsteller war Hesse von Anfang an ein entschiedener Kriegsgegner, der sich mit pazifistischen Aufrufen und der Tätigkeit für die Kriegsgefangenenfürsorge in den Dienst der Völkerverständigung stellte.

> ### *„Der Steppenwolf"*
>
> *„Du bist für diese einfache, bequeme, mit so wenigem zufriedene Welt von heute viel zu anspruchsvoll und hungrig, sie speit dich aus, du hast für sie eine Dimension zu viel. Wer heute leben und seines Lebens froh werden will, der darf kein Mensch sein wie du und ich. Wer statt Geduld Musik, statt Vergnügen Freude, statt Geld Seele, statt Betrieb echte Arbeit, statt Spielerei echte Leidenschaft verlangt, für den ist diese hübsche Welt hier keine Heimat."*

Gegen Nationalismus, für Europa

Unter dem Pseudonym Emil Sinclair veröffentlichte Hermann Hesse 1919 den Roman „Demian. Die Geschichte von Emil Sinclairs Jugend", ein dichterisches Manifest der Kriegsgeneration, das den alten Moralvorstellungen und Wertorientierungen abschwor und neue Wege der Selbstverwirklichung einforderte. 1919 zog Hesse nach Montagnola im Tessin. Dort schrieb er die Werke, die seinen Namen weltberühmt machten. Auf die Künstlernovelle „Klingsors letzter Sommer" (1920) folgte 1922 jener Roman, der für Generationen vorwiegend junger Leser zum Kultbuch wurde: „Siddharta. Eine indische Dichtung", die Geschichte eines indischen Brahmanensohnes, der nach einem Läuterungsweg zur inneren Einheit findet.

Eine radikale Auseinandersetzung mit der Sinnkrise der westlichen Welt vollzog Hesse in seinem literarisch anspruchsvollsten Werk, dem 1927 publizierten Roman „Der Steppenwolf". Der Weltbestseller schildert die Geschichte des in sich zerrissenen 50-jährigen Intellektuellen Harry Haller.

Hesses Antwort auf die Barbarei des Hitlerregimes war 1943 „Das Glasperlenspiel". Für seine literarische Tätigkeit erhielt Hermann Hesse 1946 den Nobelpreis.

Hesses Malerfreund Ernst Morgenthaler porträtierte den Schriftsteller 1945 in Montagnola. Hesse fing im Alter von 40 Jahren selbst mit der Malerei an. Mit etwa 3000 Aquarellen schuf er ein bedeutendes Werk, das in leuchtenden Farben die Schönheiten des Tessins vermittelt.

Robert Musil, der Mann aus Kakanien

(1880–1942)

In den Zeitungen standen 1930 begeisterte Kritiken, doch das Publikum hielt sich beim Kauf der beiden dicken Bände des Romans „Der Mann ohne Eigenschaften" zurück. Das äußerst vielschichtige Werk ist ein panoramaartig angelegtes Sittenbild der Gesellschaft in der Doppelmonarchie Österreich-Ungarn am Vorabend des Ersten Weltkrieges. Erst seit 1952, nachdem Musils Witwe den letzten Teil des Romans herausgegeben hatte, wird dem Werk der ihm gebührende Rang in der Literaturgeschichte zuerkannt: ein Ausnahmewerk, das den Vergleich mit „Auf der Suche nach der verlorenen Zeit" von Marcel Proust (1871–1922) oder „Ulysses" von James Joyce (1882–1941) nicht scheuen muss.

Misstrauen gegenüber der Epoche

Dem gebürtigen Kärntner standen nach der Ausbildung an der Technischen Militärakademie und den Studienabschlüssen in den Fächern Maschinenbau, Psychologie und Philosophie alle Möglichkeiten offen: als Offizier, Wissenschaftler oder Dichter. Als er 1908 über die Lehren des Physikers und Philosophen Ernst Mach (1838–1916) promovierte, hatte Musil bereits den nach ihm benannten Farbkreisel erfunden sowie seinen Debütroman „Die Verwirrungen des Zöglings Törleß" veröffentlicht. Letzterer hatte ihn in kurzer Zeit derart bekannt gemacht, dass er sich entschloss, das Angebot für eine Habilitation auszuschlagen und freier Schriftsteller zu werden. Selbst als Soldat im Ersten Weltkrieg betätigte er sich journalistisch und war zeitweilig Herausgeber der „Soldatenzeitung". Seine umfassende Bildung in den Natur- und Geisteswissenschaften machte ihn misstrauisch gegenüber allem, was seine Epoche hervorbrachte. Diese Haltung teilt er mit Ulrich, dem „Mann ohne Eigenschaften", der sich durch einen Kosmos aus wichtigtuerischen Honoratioren, schöngeistigem Salonbetrieb, einem irrsinnigen Prostituiertenmörder, einer dem Wahnsinn nahen Jugendfreundin und inzestuöser Begierden treiben lässt.

> ### *Kakanien*
>
> *Kakanien ist der Schauplatz des Romans „Der Mann ohne Eigenschaften". Der Name ist eine ironische Umschreibung der „kaiserlichen und königlichen" – kurz: k. u. k. – Monarchie, die den österreichisch-ungarischen Staat bezeichnet, der sich von der Adria bis ans Schwarze Meer und von Polen bis in den Balkan hinein erstreckte. Mit 52 Millionen Einwohnern war „Kakanien" nach Russland und dem Deutschen Reich zu Beginn des 20. Jahrhunderts das drittgrößte Land Europas. Für Musil war die von einem vergreisenden Adel geführte Doppelmonarchie das Sinnbild einer zerfallenden Gesellschaft. Die vielfältigen ungelösten ethnischen Konflikte des Vielvölkerstaats führten 1914 zum Attentat von Sarajevo, dem der habsburgische Thronfolger Erzherzog Franz Ferdinand zum Opfer fiel. Anschließend begann der Erste Weltkrieg.*

Das unvollendete Riesenwerk

Doch selbst dieses umfangreiche Buch von rund 1600 Seiten ist noch ein Fragment, denn nach Musils Tod fanden sich im Nachlass weitere 6000 Seiten. Ein Grund dafür, dass „Der Mann ohne Eigenschaften" ohne Abschluss blieb, war die ständige Geldnot des Dichters. Als sich dann 1932 ein Freundeskreis zur Musil-Gesellschaft zusammengefunden hatte und finanzielle Mittel für die Weiterarbeit an dem Roman sammelte, musste er mit seiner jüdischen Frau vor den Nationalsozialisten nach Zürich fliehen, wo das völlig mittellose Ehepaar vom schweizerischen „Hilfswerk für deutsche Gelehrte" unterstützt wurde. Eine Ausreise in die USA blieb ihm verwehrt; Robert Musil erlag im Alter von 62 Jahren in Genf einem Gehirnschlag.

Einband der Erstausgabe von „Der Mann ohne Eigenschaften" aus dem Jahr 1930. Die drei Bände erschienen in Berlin im Verlag von Ernst Rowohlt (1887–1960), den Robert Musil erstmals im Frühjahr 1920 traf. Es ist der umfangreichste und inhaltlich komplexeste Roman in deutscher Sprache.

Stefan Zweig: Verfechter humanistischer Werte

(1881–1942)

Während der 1920er Jahre war Stefan Zweig der Star der deutschsprachigen Literatur. Erstaunt über diese Situation beobachtete der Schriftsteller „eine verlässliche Gruppe von Menschen, die jedes neue Buch erwartete, jedes neue Buch kaufte, die einem vertraute und die man nicht enttäuschen durfte". Bücher wie „Der Kampf mit dem Dämon" (1925), „Verwirrung der Gefühle" oder „Sternstunden der Menschheit" (beide 1927) erschienen in einer Auflage von 250 000 Exemplaren, und schon am ersten Tag der Veröffentlichung waren rund 20 000 Bücher verkauft. Zweigs Publikum bestand vor allem aus jüngeren Lesern, die bei ihrer Suche nach geistiger Heimat und menschlichen Werten in Zweigs historischen Biografien und spannend erzählten Novellen fündig wurden.

Humanistischer Weltbürger

Über seine eigene Jugend in einem materiell bestens ausgestatteten Elternhaus in der Metropole Wien, umgeben von gebildeten Altersgenossen, urteilte Stefan Zweig in seinen Lebenserinnerungen „Die Welt von Gestern" (1942) mit vorwurfsvollem Unterton: „Wir jungen Menschen aber, völlig eingesponnen in unsere literarischen Ambitionen, merkten wenig von [den] gefährlichen Veränderungen in unserer Heimat: Wir blickten nur auf Bücher und Bilder."

Bald nach dem Ersten Weltkrieg propagierte er als humanistischer Weltbürger die geistige Einheit Europas und warnte hellsichtig vor einer Radikalisierung der Politik. Nach der Regierungsübernahme durch die Nationalsozialisten wurde er als pazifistischer Schriftsteller mit jüdischem Familienhintergrund verfolgt und seine Bücher wurden verbrannt. Er floh 1934 nach London, dort nahm er 1940 die britische Staatsbürgerschaft an.

Bücherverbrennungen

Bücherverbrennungen sind ein häufig eingesetztes Mittel in der politischen und kulturellen Auseinandersetzung, ein symbolischer Akt der Vernichtung von Gedankengut, das als bedrohlich oder feindlich empfunden wird. Sie können sich als Revolution gegen eine herrschende Ordnung richten oder als diktatorische Maßnahme aufrührerische Tendenzen unterdrücken. Im Falle der deutschen Bücherverbrennungen vom 10. Mai 1933 nutzte der nationalsozialistische Machtapparat die weit verbreiteten Ressentiments gegen Liberale, Intellektuelle, Pazifisten und Homosexuelle, um Bücher missliebiger Autoren „den Flammen zu übergeben". In einem Anflug von Galgenhumor zeigte sich Stefan Zweig stolz, von den Machthabern ebenso gefürchtet zu werden wie Albert Einstein (1879–1955) oder Thomas Mann (1875–1955).

Lange Jahre des Wanderns

Zahlreiche wichtige Werke Zweigs entstanden im Exil in Großbritannien und Brasilien, wo er sich schließlich niederließ: „Triumph und Tragik des Erasmus von Rotterdam" (1935), „Ungeduld des Herzens" (1938) oder die berühmte „Schachnovelle" (1942). Für den Komponisten Richard Strauss (1864–1949) verfasste er das Libretto für die Oper „Die schweigsame Frau" (1935) nach einer Komödie von Ben Jonson (1572–1637).

Obwohl Stefan Zweig im Gegensatz zu vielen anderen emigrierten Künstlern – einige von ihnen unterstützte er großzügig – keine finanzielle Not litt, verkraftete er das Abgeschnittensein von den geistigen Quellen seiner Heimat nur schwer. Im Alter von 61 nahm er sich in Petrópolis in der Nähe von Rio de Janeiro das Leben. „Nach dem 60. Jahre", erklärte er in seinem Abschiedsbrief, „bedürfte es besonderer Kräfte, um noch einmal völlig neu zu beginnen. Und die meinen sind durch die langen Jahre heimatlosen Wanderns erschöpft."

Porträtzeichnung von Stefan Zweig. Er war nicht nur einer der in Deutschland und Österreich bestverkauften Schriftsteller seiner Zeit, sondern auch der international am häufigsten übersetzte. Zweig sah sich auch in anderer Hinsicht als „Mittler zwischen den Menschen und Nationen“: Er übersetzte seinerseits französischsprachige Autoren wie Romain Rolland (1866–1944) oder Emil Verhaeren (1855–1916) ins Deutsche.

Virginia Woolf und die Werte der Frauen

(1882–1941)

Edward Albee (*1928) nannte sein 1962 in New York uraufgeführtes und besonders durch die Verfilmung von 1966 berühmt gewordenes Drama über einen unerbittlichen Ehekrieg „Wer hat Angst vor Virginia Woolf?" Damit spielt er auf die Streitbarkeit der britischen Autorin in Frauenrechtsfragen an. Das Werk der Autorin reicht jedoch in seiner Bedeutung weit über diese Assoziation hinaus. Im privaten Leben hatte es Virginia Woolf nicht einfach. Mit großer Disziplin schrieb sie täglich, bis ein Roman oder ein Essay fertiggestellt war. Doch anschließend folgte oft der Absturz, denn sie war manisch-depressiv.

Innerer Monolog

Im Alter von 33 Jahren veröffentlichte Virginia Woolf ihren Debütroman „Die Fahrt hinaus" (1915). Zusammen mit ihrem Ehemann, dem Schriftsteller Leonard Sidney Woolf (1880–1969), gründete sie den Verlag Hogarth Press, in dem dann alle ihre Romane erschienen. Doch nicht nur diese: Hogarth Press verlegte die Werke zahlreicher berühmter Schriftsteller, darunter T. S. Eliot (1888–1965).

War „Die Fahrt hinaus" noch ein konventioneller Roman, so schuf Woolf mit „Jakobs Zimmer" (1922) eine in die Moderne weisende Prosa. Zeitgleich mit James Joyce (1882–1941), der sein Werk „Ulysses" ebenfalls 1922 herausbrachte, perfektionierte sie die Erzähltechnik des inneren Monologs, bei dem die Darstellung eines „Bewusstseinsstroms" die äußere Handlung in den Hintergrund treten lässt. Woolfs populärstes Werk wurde „Orlando" (1928), dessen Hauptfigur nicht nur durch die Zeiten reist, sondern auch sein Geschlecht wechselt. Das Buch gilt als Liebeserklärung an die Schriftstellerin Vita Sackville-West (1892–1962), zu der sie eine intime Beziehung unterhielt.

> *Bloomsbury Group*
>
> *Die Bloomsbury Group war ein Zirkel von Literaten, Malern und Wissenschaftlern, die sich von den Traditionen der viktorianischen Gesellschaft distanzierten. Sie wurde 1905 von Thoby Stephen (1880–1906), dem Bruder von Virginia Woolf, gegründet. Der Name der Gruppe bezieht sich auf den Stadtteil Bloomsbury, der mit dem Britischen Museum und der Universität das Herzstück des intellektuellen London bildet. Einige der Gruppe – wie Virginia Woolf, der Schriftsteller D.H. Lawrence (1885–1930) oder der Wissenschaftler John Maynard Keynes (1883–1946) – gehörten bald zu den führenden Köpfen des europäischen Geisteslebens.*

500 Pfund und ein Zimmer

Die offen ausgelebten und vom Ehemann tolerierten lesbischen Affären sind nur einer der Aspekte, die Virginia Woolf bis heute zu einer Galionsfigur der weiblichen Emanzipationsbewegungen macht. Mit ihrer Auffassung, dass sich „die Werte der Frauen maßgeblich von denen der Männer" unterscheiden, formulierte sie als Erste eine der Grundthesen des modernen Feminismus. Der Essay „Ein Zimmer für sich allein" (1929) wurde so etwas wie ein Manifest der Frauenbewegung. Man gebe, so der Leitgedanke, einer Frau „500 Pfund im Jahr und ein eigenes Zimmer" und sie sei zu der gleichen künstlerischen Leistung fähig wie ein männlicher Schriftsteller.

Im Laufe der Zeit und nicht zuletzt unter dem Eindruck der Bombardierung Londons im Zweiten Weltkrieg wurde ihre psychische Krankheit stärker als der Zauber des Schreibens. Im Alter von 59 Jahren beging Virginia Woolf Selbstmord.

*Elizabeth Taylor (*1932) und Richard Burton (1925–1984) in „Wer hat Angst vor Virginia Woolf?" (1966) von Mike Nichols (*1931). Der Titel dieses härtesten Ehekriegs in der dramatischen Literatur spielt ironisch an auf den Kinderreim „Wer hat Angst vorm bösen Wolf?"*

James Joyce und die Freude am Experimentieren

(1882–1941)

James Joyce gehört zu den wichtigsten Autoren der englischsprachigen Moderne. Wurde er von seinen Zeitgenossen noch kritisiert, weil ihnen seine Werke so fremd erschienen, gilt der irische Schriftsteller heute als einer der einflussreichsten Autoren des 20. Jahrhunderts.

Raus aus der Enge

Seine Jugend in einer zwölfköpfigen Familie war durch ständigen Wohnungswechsel, permanente Geldnot und eine streng katholische Erziehung geprägt. Obwohl die Eltern das Amt des Priesters für ihn vorgesehen hatten, wandte sich Joyce schon früh vom katholischen Glauben ab und beschloss Schriftsteller zu werden. 1904 reiste er mit seiner Lebensgefährtin nach Triest, um – wie so viele Schriftsteller mit irischen Wurzeln – der heimatlichen Enge zu entfliehen.

Durch Joyces gesamtes Werk zieht sich die kritische Auseinandersetzung mit der irischen Gesellschaft und ihrem Katholizismus. Dabei blickte er bewusst über den nationalen Tellerrand hinaus und verknüpfte spezifisch irische Inhalte oder Sprachformen mit europäischen und klassischen Stoffen. 1914 veröffentlichte er unter dem Titel „Dubliner" einen Band mit Kurzgeschichten, die alle in Dublin spielen. Bereits dieses frühe Werk zeigt, wie gut Joyce beobachten konnte. Ohne viele Worte porträtiert er seine Figuren, beleuchtet ihren Charakter und ihre jeweilige psychische Situation. Auch der 1916 veröffentlichte Roman „Jugendbildnis" zeigt bereits alle Merkmale seines spezifischen Erzählstils.

Bloomsday

Einmal im Jahr findet in Dublin der Bloomsday statt, und zwar genau am 16. Juni. Dieser Tag erinnert an das berühmteste Werk von James Joyce: „Ulysses". Der Roman spielt an einem einzigen Tag im Leben von Leopold Bloom, und dieser Tag ist der 16. Juni 1904. Das Datum wählte der Schriftsteller nicht zufällig – an einem 16. Juni hatte er seine erste Verabredung mit Nora Barnacle, seiner späteren Ehefrau. Jahr für Jahr feiern die Dubliner nun ihren Bloomsday und schreiten dabei noch einmal den Weg Leopold Blooms ab.

Meisterhaft und skandalös

Im Jahr 1918 erschienen erste Episoden von „Ulysses" in einer amerikanischen Zeitschrift, der gesamte Roman wurde 1922 in Frankreich veröffentlicht. Sowohl Amerikaner als auch Briten untersagten den Druck des Buches – die Einbeziehung der Gossensprache und die unverblümte Darstellung der Sexualität galten als ungebührlich.

Joyce beschreibt in „Ulysses" drei Hauptfiguren – den Anzeigenverkäufer Leopold Bloom, seine Frau Molly und den Hilfslehrer Stephen Dedalus – und begleitet sie für kurze Zeit auf ihren verschlungenen Wegen durch Dublin. Joyce wollte mit seinem Roman keine Geschichte erzählen, sondern das reale Leben und die Stadt abbilden. Dazu bediente er sich nicht der Techniken des klassischen Romans – erzählte seinen Lesern nicht, was seine Charaktere fühlen, handeln und denken –, sondern ließ sie mitfühlen, mithandeln und mitdenken. Dieses konsequente Einfühlen in die Charaktere macht „Ulysses" zu einer schwierigen Lektüre. Sieben Jahre lang, von 1914 bis 1921, hat Joyce an diesem Roman, einem Gegenstück zu Homers „Odyssee", gearbeitet.

Sein Alterswerk „Finnegans Wake" (1939) ist noch komplizierter. Dieser letzte Roman des Iren besteht aus vielen komplexen Ebenen, repräsentiert sowohl die Geschichte Irlands als auch die der Menschheit und zeichnet sich besonders durch vielsprachige Experimente und sprachliche Verschlüsselungen aus. Sein geringer Erfolg bei den Lesern enttäuschte den Schriftsteller sehr.

Der in Dublin geborene James Joyce wird in der irischen Metropole sehr verehrt. Ein lebensgroßes Denkmal erinnert an den Autor, der es vorzog, der Enge seiner Heimat schon früh zu entfliehen.

Franz Kafka: Einsam und unverstanden

(1883–1924)

Die Existenzbedingungen des Menschen standen bei Kafka so im Vordergrund wie bei kaum einem anderen Autor. Seine realistisch-groteske Erzählweise, die ihn zu einem der bedeutendsten Schriftsteller gemacht hat, zielte dabei auf die unmittelbare Vereinnahmung des Lesers. Wie seine Helden konfrontiert Kafka auch die Leser mit der Vergeblichkeit jeder Sinn- und Erkenntnissuche. Sein Werk gilt bis heute als Inbegriff des Dunklen und Mehrdeutigen.

Ein Literatur-Besessener

Franz Kafka, in Prag als Sohn eines wohlhabenden jüdischen Kaufmanns geboren, versuchte sich parallel zu seiner schriftstellerischen Tätigkeit eine bürgerliche Existenz aufzubauen. Er promovierte in Jura, bevor er Angestellter einer Versicherung wurde. Familienkonflikte, die ungeliebte, trostlose Arbeit und eine unglückliche Liebe trieben ihn beim Schreiben an. Hier konnte er sich ausleben; alle sonstigen Interessen ordnete er dieser Tätigkeit unter. Und dennoch dachte er zeit seines Lebens abschätzig über seine jeweils aktuelle schriftstellerische Produktion.

Seine übertriebenen Skrupel führten dazu, dass er im Alter von 25 Jahren noch keine einzige Zeile veröffentlicht hatte. Erst sein Freund Max Brod (1884–1968) stellte 1912 den Kontakt zu einem Verleger her. 1913 erschien „Das Urteil" (1913), in dem ein junger Mann Selbstmord verübt, nachdem er dem autoritären Vater seine Verlobung bekannt gegeben und dieser ihn zum Tod durch Ertrinken verurteilt hat. In der Erzählung „Die Verwandlung" (1915), neben „In der Strafkolonie" (1919) eine der bedeutendsten Erzählungen Kafkas, sieht sich der Handlungsreisende Georg Samsa nach dem Aufwachen plötzlich in ein Insekt verwandelt.

Brief an Max Brod (3. Juli 1922)

„Das Schreiben ist ein süßer wunderbarer Lohn, aber wofür? In der Nacht war es mir mit der Deutlichkeit kindlichen Anschauungsunterrichtes klar, dass es der Lohn für Teufelsdienst ist. Dieses Hinabgehen zu den dunklen Mächten, diese Entfesselung von Natur aus gebundener Geister, fragwürdige Umarmungen und was alles noch unten vor sich gehen mag, von dem man oben nichts mehr weiß, wenn man im Sonnenlicht Geschichten schreibt. Vielleicht gibt es auch anderes Schreiben, ich kenne nur dieses: In der Nacht, wenn mich die Angst nicht schlafen lässt, kenne ich nur dieses."

Krankheit und Selbstzweifel

Aufgrund einer Lungenerkrankung musste Kafka sich bereits 1905 und 1911 einige Zeit in einem Sanatorium aufhalten. Nach einem Blutsturz im August 1917 wurde eine Lungentuberkulose diagnostiziert, was Kafka 1922 zur Aufgabe seines Berufes zwang. Fortan widmete er sich ganz dem Schreiben. Doch seine Selbstzweifel verstärkten sich, positiven Kritiken und Ermunterungen stand er stets pessimistisch gegenüber. 1922 erschien die Parabel „Ein Hungerkünstler". Kafkas Gesundheitszustand verschlechterte sich rapide. Am 3. Juni 1924 verstarb Kafka in Kierling (heute Klosterneuburg) bei Wien.

Obwohl der Schriftsteller in seinem Testament verlangt hatte, seine unveröffentlichten Werke „restlos und ungelesen zu verbrennen", brachte sein Freund und Nachlassverwalter Max Brod die Romane „Der Prozess", „Das Schloss" und „Amerika" posthum heraus. Mit „Der Prozess" (1925) schuf Kafka ein Jahrhundertwerk. Die große Parabel über das Scheitern des Josef K. vor Gericht veranschaulicht das ausweglose Dasein des Einzelnen im Labyrinth einer anonymen Welt, die sich jeder Sinngebung entzieht. Kafka selbst hielt den Roman, der in alle Weltsprachen übersetzt wurde, allerdings für misslungen.

Franz Kafka auf einer der letzten Fotografien vor seinem Tod. Leben und Schreiben waren für ihn eine Einheit. Innerhalb der Familie galt der in sich gekehrte Schriftsteller als Außenseiter, besonders der Vater brachte nicht das geringste Verständnis für die Interessen seines Sohnes auf.

Lion Feuchtwanger und seine historischen Romane

(1884–1958)

Gleich mit seinem ersten historischen Roman, „Jud Süß", überzeugte Lion Feuchtwanger sowohl Leser als auch Kritiker. Er erneuerte mit dem Buch ein Genre, das im 19. Jahrhundert zum Unterhaltungsroman abgesunken war. Feuchtwangers Bücher zeugen von seinem Optimismus, von seinem Glauben an die Vernunft und an den Fortschritt in der Gesellschaft. In der Thematisierung historischer Stoffe vermittelt er allgemeingültige Werte.

Durchbruch mit „Jud Süß"

Lion Feuchtwanger, der Sohn eines jüdischen Fabrikanten, studierte Germanistik und Geschichte in München. In dieser Zeit verfasste er seine ersten Dramen, Erzählungen und Theaterkritiken. 1918 veröffentlichte er sein Drama „Jud Süß", das er kurze Zeit später zurücknahm und zum Roman erweiterte. Dieser erschien jedoch erst sieben Jahre später, 1925, als Feuchtwanger bereits in Berlin lebte. „Jud Süß" entfaltet die Geschichte vom Aufstieg und Fall des jüdischen Finanzrats Josef Süß Oppenheimer. Der Roman brachte Feuchtwanger internationale Bekanntheit. Anders, als vielfach angenommen, bildete er nicht die „Vorlage" für Veit Harlans (1899–1964) antisemitischen Hetzfilm „Jud Süß" (1940).

Das jüdische Volk ist das zentrale Thema in Feuchtwangers literarischem Schaffen. Die Josephus-Trilogie, bestehend aus den Werken „Der jüdische Krieg" (1932), „Die Söhne" (1934/35) und „Der Tag wird kommen" (1945), nimmt eine zentrale Stellung im Gesamtwerk des Schriftstellers ein.

Als 1933 der Nationalsozialismus in Deutschland Einzug hielt, ließ sich Feuchtwanger in Frankreich nieder. Hier nahm er an den antifaschistischen Aktivitäten der Emigranten teil und näherte sich dem Kommunismus. In dieser Zeit entstand auch der Roman „Die Geschwister Oppenheim" (1933), der das Schicksal einer deutsch- jüdischen Familie in Berlin zur Zeit des Nationalsozialismus beschreibt.

Die Geschwister Oppermann

Anhand des Schicksals einer Familie gelingt es Feuchtwanger ein psychologisch stimmiges, zeitgeschichtlich exaktes, außerordentlich fesselndes Buch über Deutschland in den Jahren 1932/33 zu schreiben. Die zunehmende Ausgrenzung jüdischer Mitbürger und der konsequente Weg in die Vernichtung werden anhand vieler einzelner Personen komplex geschildert. Dabei gelingen ihm immer wieder Szenen, die noch lange nachwirken, und Figuren, die mit solcher Tiefenschärfe gezeichnet sind, dass sie einem wie Bekannte vorkommen.

Der Teufel in Frankreich

Feuchtwanger wurde einer der Wortführer der deutschen Exilschriftsteller im Kampf gegen den Nationalsozialismus und war Mitherausgeber der Exilzeitschrift „Das Wort" (1936–1939). Der 1940 veröffentlichte Roman „Exil" beschreibt die Rolle des Künstlers im Exil und macht Feuchtwangers Annäherung an den Sozialismus deutlich. Nach dem Einmarsch der Deutschen in Frankreich wurde er im Mai 1940 in einem Lager im südfranzösischen Les Milles interniert. Mit Hilfe seiner Frau konnte er schließlich nach Los Angeles fliehen. Zwei Jahre später schrieb Feuchtwanger seine Erfahrungen in „Der Teufel in Frankreich" nieder. Nach dem Krieg wandte er sich wieder historischen Romanen zu. 1948 entstand das Stück „Wahn oder Der Teufel in Boston" über die Hexenverfolgung in Massachusetts – Anlass für diese Arbeit waren seine Erfahrungen mit der Kommunistenverfolgung in den USA. In den beiden Werken „Die Jüdin von Toledo" und „Jefta und seine Tochter" beschäftigte sich Feuchtwanger erneut mit dem Schicksal des jüdischen Volkes.

Lion Feuchtwanger in einem Porträt von Florence Homolka. Der literarische Schwerpunkt des bayerischen Schriftstellers lag auf dem historischen Roman. Dabei ging es ihm nicht primär darum, Geschichte nachzuzeichnen, vielmehr machte er an historischen Stoffen und Figuren sowie an den von ihm aufgezeigten Konflikten allgemein gültige Wahrheiten fest.

D. H. Lawrence und „Lady Chatterley und ihr Liebhaber"

(1885–1930)

David Herbert Lawrence war ein körperlich zerbrechlicher und sensibler junger Mann. Seine streng puritanische Mutter schirmte ihn, so gut es ging, ab. Dass D. H. Lawrence einmal als respektloser Tabubrecher und verwegener Globetrotter literarische Weltgeschichte schreiben würde, war ihm also nicht in die Wiege gelegt.

Lebenslange Krankheit

Zunächst ergriff Lawrence den Beruf der Mutter und wurde Lehrer. Doch 1911 erkrankte er an Tuberkulose, an der er für den Rest seines Lebens leiden sollte. Er musste den Beruf aufgeben und noch im selben Jahr veröffentlichte er sein Romandebüt „Der weiße Pfau". 1913 erschien dann „Söhne und Liebhaber", die literarische Verarbeitung seiner engen Beziehung zur Mutter. Auch weiterhin bot sein eigenes Leben den Stoff für seine Bücher. So ist das Vorbild für die Titelfigur von „Lady Chatterley" seine eigene Frau, Frieda von Richthofen.

Turbulentes Eheleben

Die Liebesbeziehung zwischen Lawrence und Frieda von Richthofen begann 1912, als sie noch mit dem Lehrer von Lawrence verheiratet war. Zwei Jahre später heirateten die beiden, führten aber weiterhin ein Leben voller Eskapaden und Seitensprünge. Lawrence machte das komplizierte Verhältnis der Geschlechter untereinander und die Unterdrückung der natürlichen Sinnlichkeit durch gesellschaftliche Konventionen zu zentralen literarischen Themen seines weiteren Schaffens.

Der Roman „Lady Chatterley und ihr Liebhaber", den der Schriftsteller im Bergbaurevier seiner Kindheit ansiedelte, schockierte die Zeitgenossen nicht nur wegen der unstandesgemäßen außerehelichen Eskapaden der gut situierten Adeligen, sondern auch wegen der völlig unverhüllten Darstellung sexueller Handlungen. Die althergebrachte Gesellschaftsordnung, die Lawrence in seinem Roman als nicht mehr zeitgemäß darstellt, wird repräsentiert von Lady Chatterleys Ehemann Sir Clifford. Lawrence veröffentlichte den Roman 1928 auf eigene Kosten. Die kontroversen gesellschaftlichen Reaktionen auf das Werk waren so heftig, dass der Autor selbst dabei fast in Vergessenheit geriet. Doch sein literarisches Schaffen ging weit über dieses eine Buch hinaus; er schrieb elf weitere Romane sowie acht Theaterstücke.

D. H. Lawrence und Frieda von Richthofen führten auch im Verlauf ihres weiteren Lebens ein ruheloses Dasein an den unterschiedlichsten Orten in England, Deutschland, Italien, Australien und der Schweiz. Einen Ruhepunkt fand der Schriftsteller erst auf einer Ranch im US-Bundesstaat New Mexico. Bei einem Aufenthalt in Vence an der französischen Mittelmeerküste erlag er 1930, erst Mitte 40, seiner Lungenerkrankung. Das Veröffentlichungsverbot seines Romans „Lady Chatterley" sollte in Großbritannien und den USA erst 30 Jahre nach seinem Tod aufgehoben werden.

Frieda Lawrence

Frieda von Richthofen war eine Nichte des im Ersten Weltkrieg als Helden verehrten deutschen Kampffliegers Manfred von Richthofen (1892–1918). 1899 heiratete sie Ernest Weekly, einen Professor für Französisch an der Universität von Nottingham, wo sie als Übersetzerin arbeitete. 1914 ließ sie sich scheiden und heiratete den Studenten D. H. Lawrence. Das Paar zog an die Küste von Cornwall, geriet dort jedoch wegen Friedas deutscher Herkunft während des Weltkriegs in Spionageverdacht. Daraufhin sah sich das unkonventionelle Paar gezwungen Großbritannien zu verlassen. Frieda Lawrence starb 1956 auf der gemeinsamen Ranch in den USA. Ihre Lebenserinnerungen und Briefe wurden posthum im Jahr 1961 veröffentlicht.

D. H. Lawrence als Student zu Beginn des 20. Jahrhunderts. Seine Inspirationsquellen waren vor allem Sigmund Freud (1856–1939) und seine Erforschung des menschlichen Triebs sowie der zivilisationskritische Schriftsteller Aldous Huxley (1894–1963). Zu beiden pflegte er auch freundschaftliche Beziehungen.

Boris Pasternak und die Russische Revolution

(1890–1960)

In der Sowjetunion galt Boris Pasternak schon lange als bedeutender Dichter, bevor ihn sein einziger Roman „Doktor Schiwago" weltberühmt machte. Als Mitglied in der 1913 gegründeten avantgardistischen Künstlergruppe „Centrifuga" hatte er insbesondere mit seiner Lyrik Aufsehen erregt. Bereits in dieser frühen Phase seines Schaffens fiel Boris Pasternak als Schriftsteller auf, der nicht über staatlich verordnete Themen wie den Fünfjahresplan oder die Herrlichkeit der Bürokratie schrieb, sondern über Liebe und Natur.

Konflikte mit Stalins Regime

Vom politischen Standpunkt aus betrachtet hätte Pasternak als verlässliches, angepasstes Mitglied der sowjetischen Elite gelten können, denn er brachte dem Revolutionsführer Wladimir Lenin (1870–1924) Verehrung entgegen. Doch dieselbe Radikalität, mit der die Parteikader in anderen Bereichen vorgingen, forderte er auch für die Kultur ein. Revolutionärer Geist bedeutete für ihn vor allem Freiheit des Künstlers. Das führte in den 1930er Jahren zu Konflikten mit dem Stalin-Regime, das ihn als „dekadenten Formalisten, dem Volk entfremdet und ohne Einklang mit unserer Zeit" angriff. Pasternak verlegte seine schriftstellerische Arbeit in dieser Zeit auf das Übersetzen: Dramen von William Shakespeare (1564–1616) und Johann Wolfgang von Goethe (1749–1832) fanden durch ihn erstmals ein russischsprachiges Lesepublikum.

„Doktor Schiwago" in Italien

Als Pasternak das Manuskript seines Romans 1956 russischen Verlagen anbot, lehnten sie es ab. Die Darstellung des Arztes Juri Schiwago als Spielball in den Wirren von Russischer Revolution und Bürgerkrieg wurde als Systemkritik ausgelegt, wenngleich weder der Autor noch die Titelfigur des Werkes Zweifel am Staat äußern. Das Buch erschien trotzdem: 1957 brachte es der kommunistische Verleger Giangiacomo Feltrinelli in Italienisch heraus. Danach folgten rasch Übersetzungen in 20 weitere Sprachen.

Im Jahr 1958 wurde dem Schriftsteller „für seine bedeutende Leistung sowohl in der zeitgenössischen Lyrik als auch auf dem Gebiet der großen russischen Erzähltradition" der Literaturnobelpreis verliehen. Obwohl er die Auszeichnung aus Furcht vor der angedrohten Ausbürgerung ablehnte, schloss ihn der Schriftstellerverband unter dem Vorwurf des Verrats aus. Zwei Jahre später erlag Pasternak einem Krebsleiden. Erst 1987 durfte „Doktor Schiwago" in der Sowjetunion erscheinen.

Russische Revolution

„Doktor Schiwago" spielt vor dem Hintergrund der politisch-gesellschaftlichen Situation im Russland der Jahre 1903 bis 1929. Nach Aufständen ließ Zar Nikolaus II. zwar ein Parlament wählen, doch die Versorgungslage im Land verschlechterte sich zunehmend. Die sozialistische Februar-Revolution von 1917 scheiterte. Mit der Oktober-Revolution übernahm Wladimir Lenin die Regierung. Es kam zum russischen Bürgerkrieg (1918–1920): Gegner Lenins formierten sich zur „Weißen Armee", die jedoch von der „Roten Armee" geschlagen wurde. Beim Vorrücken nach Westen löste die Rote Armee den russisch-polnischen Krieg (1920–1921) aus, in dessen Folge es in Russland zu Hungersnöten kam. Nach dem Tod Lenins führte Josef Stalin (1879–1953) die „Verwirklichung des Sozialismus" fort.

Szene aus der Verfilmung von „Doktor Schiwago" (1965) mit Omar Sharif (1932) und Julie Christie (* 1941) in den Titelrollen. Die Liebesgeschichte zwischen einem verheirateten Mediziner und einer jungen Frau im revolutionären Russland inszenierte der britische Regisseur David Lean (1908–1991) in opulenten Bildern.*

METRO-GOLDWYN-MAYER zeigt eine CARLO PONTI-PRODUKTION
DAVID LEANS FILM
NACH BORIS PASTERNAK
DOKTOR SCHIWAGO
IM VERLEIH DER CINEMA INTERNATIONAL CORPORATION

Henry Miller und seine Muse Anaïs Nin
(1891–1980)

Im Jahr 1960 erschien „Nexus", der letzte Teil der Romantrilogie, dem die Bände „Sexus" (1949) und „Plexus" (1952) vorausgegangen waren. Mit fast 70 Jahren war Henry Miller noch immer der mutige und streitbare Schriftsteller, der 36 Jahre zuvor mit „Wendekreis des Krebses" einen Roman geschrieben hatte, nach dessen Veröffentlichung nichts mehr war wie vorher: Miller hatte gleichsam über Nacht alle bis dahin gültigen Tabus, die für die Darstellung von Sexualität in der Literatur galten, eingerissen. „Nur eins interessiert mich wesentlich", erklärte er damals sein Programm, „nämlich alles das aufzuzeichnen, was in Büchern weggelassen wird." Es dauerte allerdings noch bis 1970, bis „Wendekreis des Krebses" auch in Millers Heimatland, den USA, erscheinen durfte. Bis dahin hatte es dort als Pornographie der Zensur unterlegen.

Die Tagebücher der Muse

Obwohl Henry Miller die großen rebellischen Jugendbewegungen in Amerika, die Beatniks und die Hippies, mit seinem Bekenntnis zu bewusster Normverletzung und erotischer Libertinage wesentlich beeinflusste, gehört er zu den wenigen großen Autoren, die kein nennenswertes Jugendwerk aufweisen können. Der in deutschsprachigem Umfeld in New York geborene und aufgewachsene Miller schlug sich lange mit den unterschiedlichsten Gelegenheitsjobs durch, bis sein unstetes Dasein ihn als fast 40-Jährigen nach Paris führte. Hier kam er in Kontakt mit einer internationalen Bohème, in der amerikanische Exilanten wie er auf Literaten, Maler und Musiker aus ganz Europa trafen. Zu diesen gehörte auch die Schriftstellerin Anaïs Nin. Sie wurde nicht nur Millers Geliebte, sondern auch seine bedeutendste Muse. Ihre freizügigen Tagebücher wurden zum Grundmuster für die Miller'sche Mischung aus Selbstbeobachtung und Selbstentblößung.

Anaïs Nin

Die in Frankreich geborene amerikanische Schriftstellerin Anaïs Nin (1903–1977) war die Tochter eines spanischen Komponisten und einer Dänin. Zwar schrieb sie eine Reihe von Romanen und Kurzgeschichten, doch zu Ruhm gelangte sie mit ihren zwischen 1966 und 1985 veröffentlichten Tagebüchern. Diese hatten mit der sinnlich unmittelbaren Darstellung von Sexualität wesentlichen Einfluss auf das literarische Schaffen Henry Millers. Als Meisterwerk der erotischen Literatur gilt auch das erst kurz vor ihrem Tod erschienene Werk „Das Delta der Venus". Es handelt sich um eine Sammlung von 15 Kurzgeschichten, die ein privater Sammler 1940 bei dem damals wirtschaftlich bedrängten Schriftstellerpaar in Auftrag gegeben hatte. Anaïs Nin erhielt dafür ein Honorar in Höhe von einem Dollar pro Seite.

Polemik gegen Amerikas Lebensstil

1939 kehrte Miller zwar wieder in die USA zurück, doch das lustvolle Leben in Paris hatte aus ihm einen unerbittlichen Kritiker des „American way of life" gemacht. „Der klimatisierte Alptraum" (1945) ist eine wortgewaltige Polemik gegen Technologiegläubigkeit, Materialismus, Patriarchismus und Puritanismus seiner Landsleute. Doch trotz zorniger Distanz zur eigenen Nation und ungeachtet der Radikalität seiner Tabubrüche steht Henry Miller in einer amerikanischen Erzähltradition, und zwar mit der Feier der absoluten Freiheit des Individuums. Zu dieser zählt er auch die Freiheit, seine Sexualität ausleben zu dürfen. Der Liebesakt wird dabei zu einer gleichsam politischen Aktion, denn er erscheint in einer von Technik durchdrungenen und konformistischen Gesellschaft als letztes Mittel, seine individuelle Menschlichkeit zu behaupten.

Henry Miller im Jahr 1960, dem Erscheinungsjahr von „Nexus“. Trotz seiner Erfolge als Autor lehnte er alles „Literarische“ ab: „Für mich ist das Buch der Mensch, und mein Buch ist der Mensch, der ich bin, leidenschaftlich, obszön, ungestüm, nachdenklich, skrupulös, ein Lügner von diabolischer Aufrichtigkeit.“

Joseph Roth und die deutsche Exilliteratur

(1894–1939)

Joseph Roth war als Journalist ebenso brillant wie als Schriftsteller. Sein umfassendes Werk von Kritiken, Essays und Reiseberichten, die er zwischen 1921 und 1933 für Blätter wie den „Berliner Börsen-Courier", das SPD-Parteiorgan „Vorwärts", das „Prager Tagblatt" oder die „Frankfurter Zeitung" verfasste, ist wissenschaftlich noch längst nicht aufgearbeitet. Sogar seine ersten Romane wie „Das Spinnennetz" (1923) und „Hotel Savoy" (1924) erschienen zunächst in Zeitungen. Sein journalistisches Schaffen, seine erzählende Prosa und die rund 500 Briefe, in denen er sich häufig mit prominenten Zeitgenossen austauschte, zeichnen sich aus durch einen unnachgiebig genauen und scharfsichtigen Blick auf die Gegenwart, eine kühle, ironische Sprache und die Trauer über den Zerfall verbindlicher gesellschaftlicher Werte.

Sozialismus und Kaisertreue

Joseph Roths Leben war von Verlusten geprägt: Der Niedergang der österreichisch-ungarischen Monarchie 1918 beraubte ihn seiner Heimat, 1928 musste er seine an Schizophrenie erkrankte Ehefrau in einem Pflegeheim unterbringen, wo sie später ermordet wurde, und 1933 floh der jüdische Autor vor den Faschisten ins Exil nach Paris. Noch vor der Emigration erschienen seine beiden erfolgreichsten Bücher: „Hiob" (1930), die Geschichte eines osteuropäischen Juden, dem nach einem langen Leben voller grausamer Schicksalsschläge ein göttliches Wunder begegnet, und „Radetzkymarsch" (1932), in dem er die untergegangene Welt der kaiserlich-königlichen Donau-Monarchie zugleich verklärt und kritisch analysiert. Obwohl er als junger Journalist unter dem Pseudonym „Der rote Joseph" für den Sozialismus eintrat, sah er später in der Restauration eine Chance für ein freies Österreich: Zusammen mit Otto von Habsburg (* 1912), dem ebenfalls nach Frankreich emigrierten letzten Kronprinzen von Österreich-Ungarn, dachte Roth über eine Wiedereinsetzung der Monarchie nach.

Deutsche Exilliteratur

Der Begriff Exilliteratur bezeichnet Werke von Schriftstellern, die in ihrem Heimatland aus politischen oder ideologischen Gründen bedroht sind und deshalb ins Ausland gehen. Die faschistische Herrschaft im Deutschen Reich sowie später in Österreich führte in den 1930er Jahren zur Ausreise deutschsprachiger Autoren vor allem nach Frankreich, Schweden, in die Niederlande, die Schweiz und die USA. Zu den bekanntesten deutschen Exilliteraten zählen Bertolt Brecht (1898–1956), Lion Feuchtwanger (1884–1958), Oskar Maria Graf (1894–1967), Thomas Mann (1875–1955), Kurt Tucholsky (1890–1935) oder Franz Werfel (1890–1945). Nicht alle kehrten nach dem Zusammenbruch der NS-Diktatur wieder in ihre Heimat zurück; viele blieben im Ausland, manche hatten sich im Exil das Leben genommen.

Feder und Branntwein

Umso härter traf ihn 1938 die Nachricht vom Anschluss Österreichs an Deutschland. Der nächste schwere Schlag für den Schriftsteller war der Selbstmord des befreundeten Kollegen Ernst Toller (1893–1939) im New Yorker Exil. Enge Freunde, unter anderem der Autor Stefan Zweig (1881–1942), beobachteten besorgt, dass der ohnehin zum Alkoholismus neigende Joseph Roth nur noch nach zwei Dingen griff: „Feder und Branntweinglas". Trotz seines schlechten körperlichen wie geistigen Zustands verfasste Joseph Roth noch mehrere Romane, die jedoch erst kurz nach seinem Tod erschienen, darunter „Die Legende vom heiligen Trinker" und „Der Leviathan". Er starb am 27. Mai 1939 im Alter von nur 45 Jahren in einem Pariser Armenhospiz.

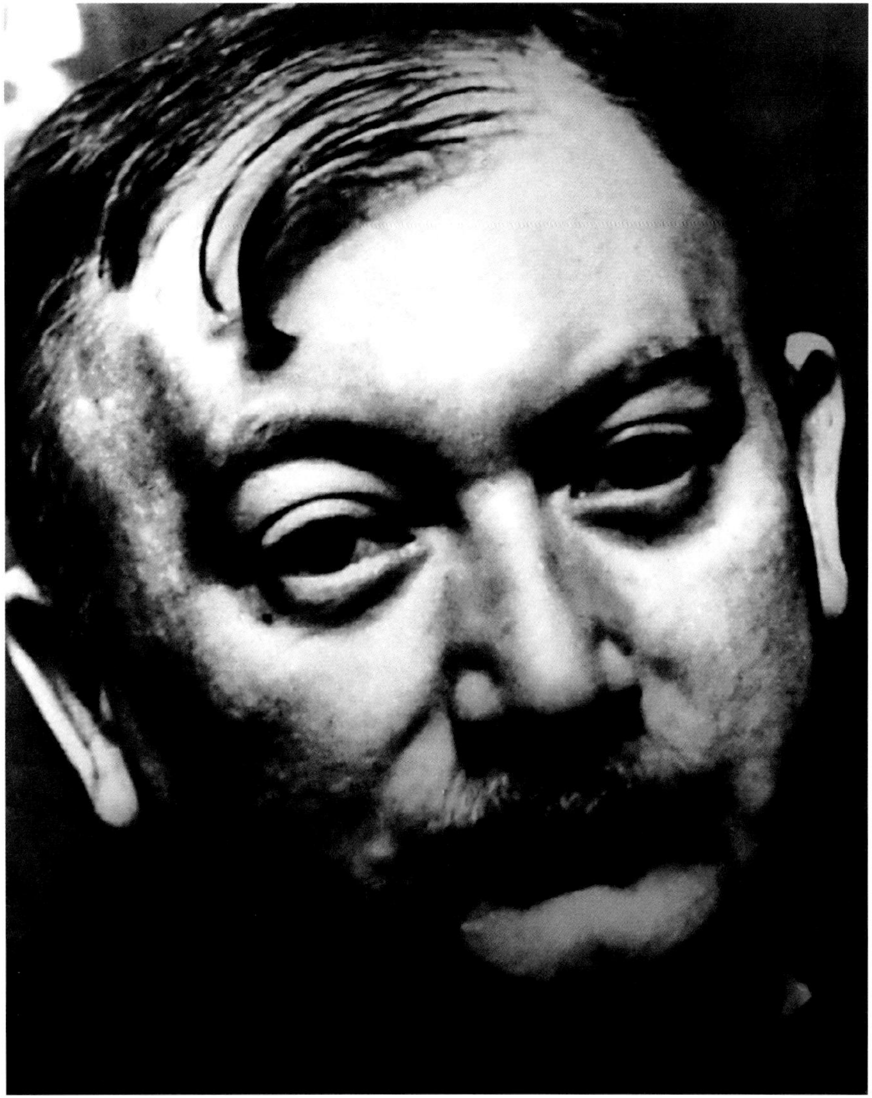

Joseph Roth litt am Werteverfall seiner Epoche und wurde dadurch zu einem getriebenen Vielschreiber, der in nur zwei Jahrzehnten ein äußerst umfangreiches Werk geschaffen hat. Er verfasste sogar Kritiken über seine eigenen Romane: „Es ist einigermaßen peinlich, einen so außerordentlich guten Schriftsteller, wie ich es bin, nicht ohne Strenge und Tadel behandeln zu können", heißt es in einem „Selbstverriss".

Aldous Huxley: Mahner und Reformator
(1894–1963)

Aldous Huxley zählt zu den großen Gesellschaftskritikern des 20. Jahrhunderts. In „Brave New World" („Schöne neue Welt", 1932) entwirft er sehr eindringlich desillusionierende Bilder einer automatisierten, aller natürlichen Impulse beraubten künftigen Welt, einer konsequent verwirklichten Wohlstandsgesellschaft „im Jahre 632 nach Ford", also im 26. Jahrhundert. Er spielt dabei auf die Herstellung des ersten Ford-T-Modells an – einen Meilenstein der industriellen Massenfertigung. Mit diesem Zukunftsroman erlangte der aus einer angesehenen Gelehrtenfamilie stammende Journalist und Schriftsteller Weltruhm.

Die Zukunftsvision

Huxleys „Schöne neue Welt" ist einer der eindrucksvollsten gesellschafts- und technologiekritischen Romane der Moderne. Hunger, Elend und Krankheiten sind in dieser utopischen Gesellschaft besiegt. Die Menschen leben in einer von gedankenlosem Massenkonsum und von genormtem Glück bestimmten Gleichförmigkeit. Babys werden in Labors gezüchtet und sogar für die kurzfristige Flucht aus der Gemeinschaft ist vorgesorgt, dafür steht eine nebenwirkungsfreie Droge zur Verfügung. Dieses vollkommene Glück hat aber gravierende Schattenseiten, wirkliche Gefühle, individuelle Freiheiten und kritische Gedanken werden durch eine immerwährende Kontrolle unterdrückt.

Schon vor dem Bestseller „Schöne neue Welt" war Huxley der literarische Durchbruch gelungen, und zwar mit den Romanen „Eine Gesellschaft auf dem Lande" (1921) und „Kontrapunkt des Lebens" (1928), in denen er treffsicher die intellektuellen Kreise Londons während der 1920er Jahre darstellt. Von 1923 bis 1930 lebte der Schriftsteller in Italien, 1937 ließ er sich mit seiner Ehefrau endgültig in Kalifornien/USA nieder. Hier setzte seine zweite Schaffensphase ein, die geprägt war von einer neuen Hinwendung zum Menschen.

Utopie

Unter einer „Utopie" versteht man den Entwurf einer idealen Welt, eines Paradieses, in dem die Menschen glücklich und zufrieden zusammenleben – einen praktisch nicht zu verwirklichenden Idealzustand von Staat und Gesellschaft. Der Begriff Utopie stammt vom englischen Humanisten Thomas Morus (1478–1535), der einen erdichteten Reisebericht über das erfundene Land „Utopia" (griechisch für „Nirgendwo") verfasste. Dort herrscht – anders als in allen ihm bekannten Ländern – eine größtmögliche Harmonie unter den Menschen.

Der Mystiker

Unter dem Einfluss der buddhistischen Lehre und der politischen Ereignisse in Europa entwickelte Huxley sich in den 1930er Jahren vom amüsiert beobachtenden Satiriker zum leidenschaftlichen Reformator, der auf eine universale mystische Religion baut. Seine Bekanntschaft mit dem indischen Philosophen Jiddu Krishnamurti (1895–1986) trug wesentlich dazu bei, dass Huxley sich mystischen und okkulten Themen zuwandte. 1944 erschien sein Roman „Zeit muss enden". 1952 folgte „Die Teufel von Loudun" – eine historische Studie aus der Zeit Ludwigs XIII. und ein stilistisches Meisterwerk. In „Die Pforten der Wahrnehmung" thematisiert Huxley – vor dem Hintergrund eigener Experimente mit Drogen wie LSD und Mescalin – Formen der Bewusstseinserweiterung. Sein letzter Roman, „Eiland", eine positive Utopie als Gegenstück zu „Schöne neue Welt", wurde nur noch zurückhaltend aufgenommen. Am 22. November 1963 starb Aldous Huxley an Kehlkopfkrebs. Vor dem Tod ließ er sich von seiner Frau Laura intramuskulär LSD verabreichen.

Der Einband der Originalausgabe von „Brave New World" aus dem Jahre 1932. Huxleys Roman wird als Anti-Utopie oder Dystopie bezeichnet, weil eine zukünftige Welt entworfen wird, die abschrecken soll. Huxley warnt vor einem System, das die Menschen in ein oberflächliches Glück einlullt, ihrem Leben jedoch in Wahrheit jeglichen Sinn nimmt.

William Faulkner und die Südstaaten

(1897–1962)

Der angesehene amerikanische Autor machte Geschichte und Gegenwart der Südstaaten zum Inhalt seiner Romane. Der unaufhaltsame Niedergang einer traditionell-aristokratischen Lebensform bildet dabei den Hintergrund für zahlreiche Familien- und Einzelschicksale, in denen Sexualität, Gewalt und Wahnvorstellungen häufig eine zentrale Rolle spielen. Da Faulkner damit Tabuthemen aufgriff, blieb dem Schriftsteller und Drehbuchautor die Anerkennung in den USA lange versagt.

Bekannte Drehbuchklassiker

William Faulkner stammte aus einer prominenten Südstaatenfamilie. Sein Vater Murray war Verwaltungsdirektor der Universität in Oxford/Mississippi, führte ein Konfektionsgeschäft und verlieh Pferde. Faulkner verließ 1915 vorzeitig die Schule, machte eine Lehre in der Bank seines Großvaters und veröffentlichte nebenbei romantische Gedichte in Zeitschriften. Später arbeitete er in einer Buchhandlung in New York und heuerte mit 28 Jahren in New Orleans als Matrose an, um nach Europa zu gelangen.

1929 kehrte Faulkner nach Mississippi zurück, übernahm eine kleine Farm und schrieb wie ein Besessener. Um mit Drehbüchern zusätzliches Geld zu verdienen und seiner unglücklichen Ehe zu entfliehen, hielt er sich immer wieder in Hollywood auf. Als Drehbuchautor war er für verschiedene Filmklassiker verantwortlich, u. a. für „The Big Sleep" (1946) nach einem Roman von Raymond Chandler (1888–1959).

Der Literaturnobelpreis

Faulkners erste Romane „Soldatenlohn" (1926) und „Sartoris" (1929), die das Schicksal enttäuschter Heimkehrer thematisieren, brachten ihrem Verfasser nur bescheidenen kommerziellen Erfolg. Aus seinem umfangreichen Werk ragen unter anderem die Romane „Schall und Wahn" (1929) – die Verfallsgeschichte der aristokratischen Familie Compson – und „Licht im August" (1932) besonders hervor. In „Licht im August" zeigt der amerikanische Schriftsteller am Beispiel individueller Schicksale eine Gesellschaft, die in Rassismus und Fanatismus erstarrt ist. Fast keiner Figur gelingt es, den Zwängen der Konvention, der schuldhaften Vergangenheit, dem religiösen oder rassistischen Fanatismus und der offenen Gewalt zu entkommen und eine eigene Lebensperspektive zu entwickeln. In Europa wurde dieser Roman begeistert aufgenommen; bereits 1935 wurde er ins Deutsche übersetzt.

Der Roman „Freistatt" (1931)

Provozierende Themen wie Kriminalität und Korruption, Sexualität und Gewalt machten den Roman zum „Skandalerfolg". Erst der zweite Blick zeigt ihn als tragisches Gleichnis über die Macht des Bösen: Ein Rechtsanwalt verlässt frustriert seine Familie. Als ein Mann unter Mordverdacht festgenommen wird, setzt der Anwalt sich für ihn, seine Lebensgefährtin und deren Baby ein, weil er davon überzeugt ist, dass der inhaftierte Schwarzbrenner zwar Gesetze übertritt, aber kein Mörder ist. Doch er kann nicht verhindern, dass der Angeklagte aufgrund einer Falschaussage zum Tod verurteilt und vom Mob gelyncht wird. Gebrochen kehrt der Jurist zu seinem trostlosen Leben an der Seite seiner Frau zurück.

Auch das Werk „Das verworfene Erbe" (1942), das Erzählungen über die Rassenproblematik und die Schuld der Weißen enthält, gilt bis heute als Klassiker der amerikanischen Literatur. Faulkner prägte mit seinem Schaffen eine eigenständige Variante der modernen Literatur, die mit der Verleihung des Nobelpreises im Jahr 1949 auch internationale Anerkennung fand.

William Faulkner – hier auf einem Foto aus den 1930er Jahren zu sehen – wurde erst mit der Verleihung des Literaturnobelpreises einem breiten Publikum bekannt. Viele seiner Werke drehen sich um den Niedergang der traditionellen Lebenswelt in den amerikanischen Südstaaten.

Thornton Wilder und das Epische Theater
(1897–1975)

Allen, die dabei waren, ist der Abend des 4. Februar 1938 im Henry Miller's Theatre unvergesslich. Die Begegnung mit dem Schauspiel „Unsere kleine Stadt" war für viele Zuschauer der Uraufführung in New York fast ein Kulturschock. Der Autor Thornton Wilder hatte das Epische Theater nach Amerika geholt.

Theater der deutschen Nachkriegszeit
Doch auch deutsche Zuschauer, die mit diesem Stilmittel bereits durch Bertolt Brecht (1898–1956) vertraut waren, feierten das Stück. Bereits wenige Monate nach Ende des Zweiten Weltkriegs fand die deutsche Erstaufführung statt und die neuen Stoffe und Ideen wurden gierig vom Publikum aufgenommen. Wilder, der aus einem stark christlich geprägten familiären Hintergrund schöpfte, gab der literarischen Form des Lehrstücks Bodenhaftung und menschliche Wärme, wie sie Brecht immer verweigert hatte.
Eine noch größere Wirkung hatte 1946 das Stück „Wir sind noch einmal davon gekommen" (1942). Das Menschheitspanorama schildert Katastrophen wie Eiszeit oder Krieg, aus denen Mister Antrobus und seine Familie immer wieder mit Blessuren, aber lebend hervorgehen. Wenn Antrobus zu seinem Sohn, dem Brudermörder, sagt: „Der Krieg ist ein Vergnügen, verglichen mit dem, was uns jetzt bevorsteht: Den Frieden zu sichern, mit dir in der Mitte", traf das die Zuschauer unmittelbar nach Kriegsende wie ein Peitschenhieb.

Ernste Zeiten brauchen Humor
Diese beiden Stücke sowie Wilders Roman „Die Brücke von San Luis Rey" (1927) wurden jeweils mit dem Pulitzerpreis ausgezeichnet.

Episches Theater
Das Epische Theater ist eine Form der Bühnenerzählung, die vom Zuschauer Distanz fordert und damit eine Gegenposition zum bis zu Aristoteles (384 v. Chr.–322 v. Chr.) zurückgehenden Theater der Einfühlung darstellt. Charakteristisch sind so genannte Verfremdungseffekte – wie Kommentierungen jenseits der eigentlichen Handlung, Verzicht auf Dekorationen und offene, für den Zuschauer sichtbare Umbauten. Wichtigster Vertreter des Epischen Theaters war Bertolt Brecht. Thornton Wilder brachte Brechts Stilmittel in die USA: In „Unsere kleine Stadt" führt ein Spielleiter durch den Alltag einer amerikanischen Kleinstadt, und die Schauspieler stellen die Verrichtungen der Bewohner nicht mit Requisiten, sondern pantomimisch dar.

In Wilders Werk geht es zumeist um grundlegende Fragen der menschlichen Existenz. Dabei zeigt sich immer wieder, dass auch das Böse als Teil des menschlichen Daseins akzeptiert werden muss. Trotzdem sind seine Stücke keine Trauerspiele. Man könne auf Humor nicht verzichten, erklärte er in einem Interview, weil „keine noch so ernste Vorstellung dem wahren Ernst unseres Zeitalters entsprechen kann".
So gibt es aus Wilders Feder auch eine turbulente Gesellschaftskomödie: Die Wiener Posse „Einen Jux will er sich machen" (1842) von Johann Nestroy (1801–1862) inspirierte ihn zur Komödie „Die Heiratsvermittlerin" (1954). Während das Schauspiel beinahe in Vergessenheit geraten ist, gehört die Musicalfassung von Jerry Herman (*1933) und Lionel Newman (*1916) mit dem Titel „Hello Dolly" (1964) zu den Evergreens des Genres.

Szene aus Sam Woods (1883–1949) Verfilmung von „Unsere kleine Stadt" (1940) mit Martha Scott (1912–2003) und William Holden (1918–1981) als George Gibbs. Die schlichte und doch bewegende Romanze zwischen den beiden jungen Leuten steht im Zentrum von Thornton Wilders menschenfreundlichem Welttheater aus der amerikanischen Provinz.

Federico García Lorca: Intellektueller Reformer

(1898–1936)

Als Federico García Lorca 1933 in Buenos Aires ankam, war ihm sein Ruhm längst vorausgeeilt: Die Argentinier empfingen den Schriftsteller aus Spanien enthusiastisch. Lorca war nicht nur als der bedeutendste zeitgenössische Lyriker und Dramatiker der Spanisch sprechenden Welt eingeladen worden, sondern auch als Regisseur. In der argentinischen Hauptstadt inszenierte er drei eigene Stücke sowie „Die kluge Närrin" seines Landsmanns Lope de Vega (1562–1635). Mit nur 35 Jahren war Federico García Lorca bereits weltberühmt.

> ### *Der Spanische Bürgerkrieg*
> *Im Spanischen Bürgerkrieg kämpften konservative Militärs gegen die linke, republikanische Regierung Spaniens. Die Ursachen waren vielfältig: Extreme soziale Spannungen zwischen einer völlig verarmten Landbevölkerung und einem wohlhabenden Bürgertum und das Streben nach Unabhängigkeit bei den Katalanen und Basken waren nur einige Voraussetzungen des Konflikts. Der von General Francisco Franco angeführte Putsch begann am 17. Juli 1936 mit einer Revolte in Spanisch-Marokko und schien wenige Tage darauf gescheitert zu sein, doch erhielten die aufständischen Faschisten bald die Unterstützung der faschistischen Regimes in Deutschland und Italien. Am 1. April 1939 verkündete Franco seinen Sieg und herrschte bis 1975 als Diktator über Spanien.*

Spaniens Süden prägt das Werk

Lorca war Andalusier. Die herbe Schönheit und die glühende Hitze des spanischen Südens beeinflussten sein literarisches Werk ebenso wie die von uralten und sinnlos gewordenen Traditionen geprägte geistige Enge der Bevölkerung. Vor allem der ans Haus gebundenen, entrechteten Frau setzte er mit Dramen wie „Bluthochzeit" (1933), „Yerma" (1937) und „Bernarda Albas Haus" (1945) kunstvoll gestaltete Denkmale. Als Sohn einer Lehrerin und eines Großgrundbesitzers wuchs Lorca in der Nähe von Granada auf. 1914 begann er ein Jurastudium, das er in Madrid fortsetzte. Dort traf er auf eine Künstlerszene mit großer Zukunft: Mit dem späteren Filmregisseur Luis Buñuel (1900–1983), dem bereits arrivierten Komponisten Manuel de Falla (1876–1946) und dem erst 18-jährigen Salvador Dalí (1904–1989) verband ihn bald tiefe Freundschaft.

Amerika und durch das eigene Land

1929 ging Lorca nach New York, um Englisch zu studieren und gleichzeitig an der Universität Vorträge zu halten. Allerdings war er entsetzt über die Größe und die Rohheit der Stadt. Er reiste weiter nach Kuba, das ihn seit jeher faszinierte, bevor er nach Spanien zurückkehrte.

Mit der Ausrufung der spanischen Republik 1931 schien die Zeit reif für einen Schriftsteller wie Federico García Lorca, denn er besaß die Gabe, mit volkstümlichen Mitteln überkommene Strukturen, die die gesellschaftliche Entwicklung des Landes seit langem behinderten, sichtbar zu machen. Mit dem Wandertheater „La Barraca" griff er unmittelbar in die Bildungsarbeit ein und nahm an einer Kampagne gegen den Analphabetismus teil. Rund ein Drittel der spanischen Bevölkerung konnte damals weder lesen noch schreiben. Die Demokratisierung des Landes ging mit heftigen Auseinandersetzungen zwischen den Anhängern der Republik und den Faschisten einher, die schließlich zum Spanischen Bürgerkrieg (1936–1939) führten. Der intellektuelle, scharfzüngige, liberale und homosexuelle Schriftsteller Lorca verkörperte genau das Gegenteil des faschistischen Menschenbildes.

Als er im August 1936 sein Elternhaus besuchte, wurde er von einer faschistischen Bande verschleppt und erschossen.

Federico García Lorca im Jahr 1933. In jener kurzen Zeit des demokratischen Aufbruchs in Spanien war er ein Hoffnungsträger für einen geistigen Klimawechsel. Luis Buñuel schrieb in seinen Lebenserinnerungen über Lorca: „Ob er sich ans Klavier setzte, um Chopin zu imitieren, ob er eine Pantomime improvisierte oder eine kurze Theaterszene, er war immer unwiderstehlich."

Bertolt Brecht: Ein Klassiker der Moderne

(1898–1956)

Brechts Stil und Sprache haben viel Einfluss auf die moderne Dichtung ausgeübt. Seine große internationale Wirkung beruhte vor allem auf dem dramatischen Werk und der Theaterkonzeption. Seit Mitte der 1920er Jahre entwickelte er in Abgrenzung zum herkömmlichen „Illusionstheater" das epische – „erzählende" – Theater. Es arbeitet mit Verfremdungen und Desillusionierungen und soll kritisches Bewusstsein wecken.

Berlin und Exil

Schon früh stellte sich Brecht gegen das Bestehende. Fast wäre er während des Ersten Weltkrieges vom Augsburger Gymnasium verwiesen worden, weil er die Aussage „Süß und ehrenvoll ist es, fürs Vaterland zu sterben" ablehnte. Als Medizinstudent leistete er Kriegsdienst in einem Lazarett: Der Anblick der furchtbaren Verstümmelungen machte ihn zum unbedingten Kriegsgegner. In den 1920er Jahren war Berlin die führende Theaterstadt der Welt. Der dortigen Offenheit hat Brecht, der als freier Schriftsteller und Regisseur an Max Reinhardts Deutschem Theater arbeitete, seinen Erfolg zu verdanken. Er schrieb zunächst „Lehrstücke" mit politischem Hintergrund, später auch Dichtung, und versuchte seine Werke in den Dienst der kommunistischen Bewegung zu stellen, ohne jedoch selbst der Partei beizutreten. Zu seinen bedeutenden frühen Werken gehört die berühmte „Dreigroschenoper" (1928).
1933 verließ Brecht Deutschland gemeinsam mit seiner Ehefrau Helene Weigel (1900–1971) und verbrachte 15 Jahre im europäischen Ausland, den USA und in der Sowjetunion. In dieser Zeit entstanden seine großen Dramen, so „Leben des Galilei" (1955), „Mutter Courage und ihre Kinder" (1949), „Der gute Mensch von Sezuan" (1953) und „Der kaukasische Kreidekreis" (1949). 1948 kehrte Brecht nach Ost-Berlin zurück und gründete mit Helene Weigel das „Berliner Ensemble", mit dem er weltberühmt wurde.

Berliner Ensemble

Das Berliner Ensemble machte sich durch die Stücke seines Gründers Bertolt Brecht auch über Ost-Berlin hinaus einen Namen. Seit 1949 verfügten Bertolt Brecht und Helene Weigel über das Haus am Schiffbauerdamm. Die Inszenierungen seiner großen Stücke brachten Brecht oft in Konflikt mit der SED, die seine experimentelle Arbeitsweise misstrauisch beobachtete. Als Symbol des Berliner Ensembles galt Picassos Friedenstaube, abgebildet auf dem Bühnenvorhang. Heute zählt das Theater zu den bekanntesten Bühnen der deutschen Hauptstadt.

Instrument der Aufklärung

Mit dem epischen Theater vollzog Brecht einen klaren Bruch zu vorherigen Theaterkonzeptionen. Ein Schlüsselbegriff des epischen Theaters ist das Prinzip der Verfremdung. Der so genannte V-Effekt soll verhindern, dass sich das Publikum mit den Figuren des Dramas identifiziert, und kritisches Bewusstsein hervorrufen. Als überzeugter Marxist verstand Brecht seine Dramen als „Instrument der Aufklärung im Sinne einer revolutionären gesellschaftlichen Praxis". Er wollte beim Zuschauer einen Denkprozess auslösen, der zu gesellschaftlicher und politischer Veränderung führt. In der Bundesrepublik war Brecht als marxistischer Autor lange Zeit umstritten, die Bühnenwirksamkeit seiner Stücke setzte sich jedoch durch. Neben seinen Theaterstücken verfasste der Autor auch Prosa, unter anderem die „Geschichten von Herrn Keuner" (1949), den „Dreigroschenroman" (1934), die „Flüchtlingsgespräche" (1961) und „Die unwürdige Greisin" (1949), sowie rund 4000 Gedichte. Brechts Lyrik reicht von derben Balladen über Kampflieder bis hin zu zarten Liebesgedichten.

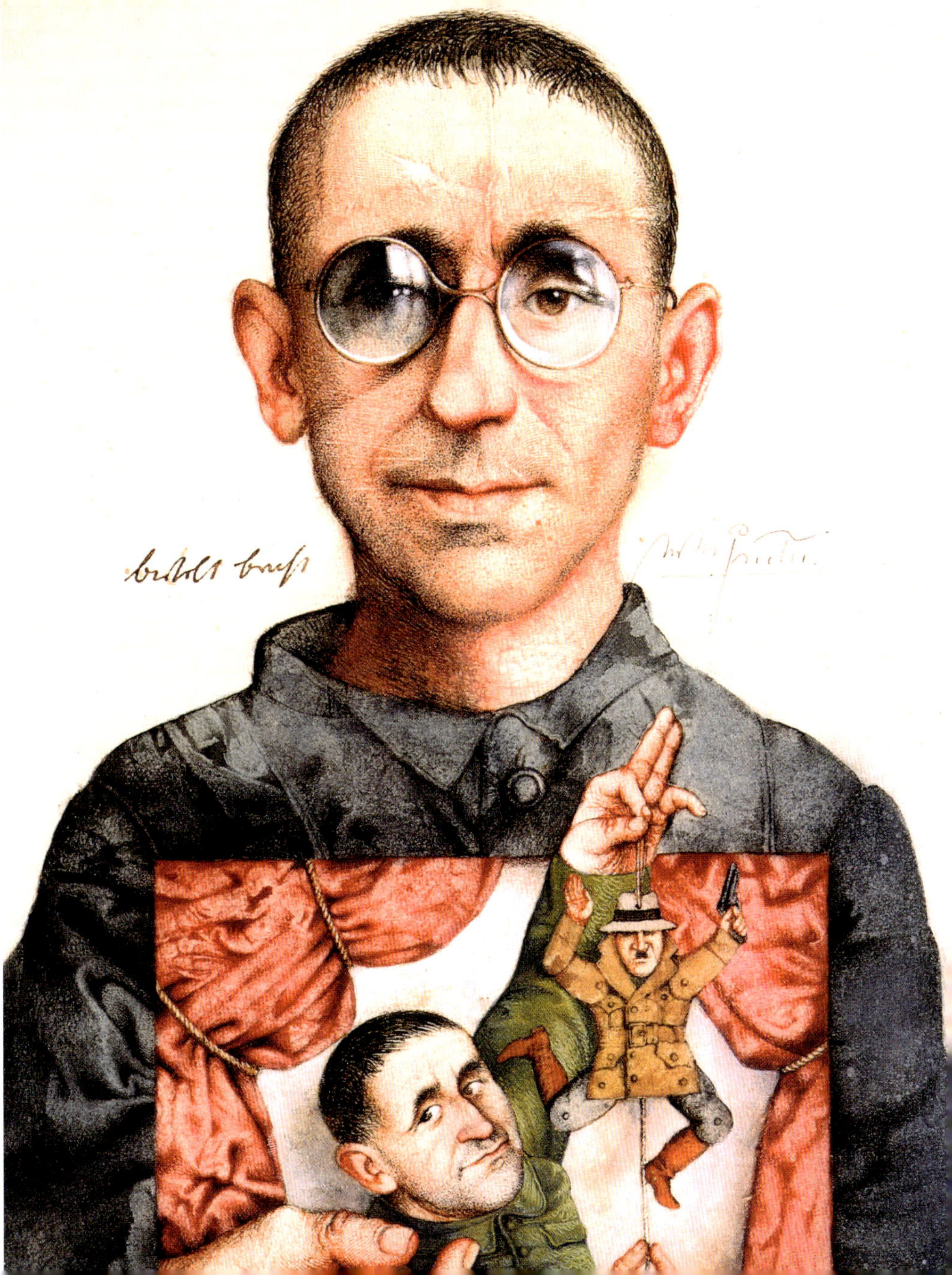

Brecht – hier eine Darstellung von Michael Matthias Prechtl aus dem Jahr 1983 – wurde sowohl deutschlandweit als auch international für seine Werke ausgezeichnet. Zusammen mit seiner 1971 verstorbenen Frau Helene Weigel liegt er auf dem Dorotheenstädtischen Friedhof in Berlin begraben.

Ernest Hemingway und die Lost Generation

(1899–1961)

Hemingway war Weltenbummler, Kuba-Liebhaber und Großwildjäger. Auf der ganzen Welt zu Hause, entdeckte der bedeutende amerikanische Schriftsteller als einer der Ersten die Reize des kleinen Küstenorts Key West in Florida. Sein koloniales Herrenhaus an der Whitehead Street erwarb er im Jahr 1931; es ist heute als Museum zu besichtigen. Einrichtung, Teppiche, Fliesen und Kristallleuchter brachte Hemingway von Reisen nach Spanien, Afrika und Kuba mit. An seinem Schreibtisch in Key West schrieb der Autor unter anderem „Wem die Stunde schlägt" – ein literarisches Zeugnis des Spanischen Bürgerkriegs (1936–1939), den er selbst hautnah miterlebt hatte.

Vom Reporter zum Schriftsteller

Ernest Hemingway, der Sohn eines Landarztes und einer Opernsängerin, versuchte sich zunächst als Reporter, bevor er 1918 freiwillig als Sanitäter am Ersten Weltkrieg teilnahm. Die im Krieg erlittenen Verwundungen, aber auch der Selbstmord des Vaters im Jahr 1928 prägten Hemingway nachhaltig.

Diese Erfahrungen verarbeitete er in dem Roman „In einem andern Land", einem Schlüsselwerk, in dem er das falsche Pathos nationaler Begeisterung entlarvte. Die 1920er Jahre verbrachte Hemingway als Korrespondent in Europa. Vor allem Paris zog ihn magisch an. In der Stadt an der Seine schloss er mit zahlreichen Autoren, die wie er als Amerikaner in Europa lebten, Freundschaft, unter anderem mit F. Scott Fitzgerald (1896–1940), Ezra Pound (1885–1972), Edward Cummings (1894–1962) und Gertrude Stein (1874–1946). Schon bald widmete sich auch Hemingway der Schriftstellerei. Sein literarischer Durchbruch gelang ihm 1926 mit dem Roman „Fiesta".

> ### *Lost Generation*
> *Der Begriff Lost Generation (Verlorene Generation) bezeichnet im engeren Sinne eine Gruppe von amerikanischen Schriftstellern, die während des Ersten Weltkriegs und im Anschluss daran nach Europa kamen. Geprägt wurde der Begriff von Gertrude Stein, die wie Hemingway, Fitzgerald, Pound und Cummings im selbst gewählten Exil in Paris lebte.*
>
> *Die Künstler der Lost Generation lehnten die traditionellen kulturellen Werte ihrer Heimat ab und predigten einen ungehemmten Hedonismus – eine Lebensweise, die die Lust als höchstes Gut betrachtet. Auf dem Höhepunkt dieser „Auswanderungswelle" hatte allein Paris eine amerikanische Exilgemeinde, die über 30 000 Köpfe zählte.*

Männlichkeitskult und Depressionen

Hemingway erhielt 1953 den Pulitzerpreis, und 1954 wurde er für die Novelle „Der alte Mann und das Meer" mit dem Literaturnobelpreis ausgezeichnet. Diese bewegende Geschichte vom Kampf eines alten Kubaners mit einem Riesenfisch gilt als einer der Höhepunkte der amerikanischen Literatur des 20. Jahrhunderts. In seinen Werken thematisiert Hemingway die Gefühle und Ängste der so genannten Lost Generation und verarbeitet Themen wie Tapferkeit, Treue, Krieg, Männlichkeit und das Verhältnis zwischen Mann und Frau.

Männlichkeitskult und Abenteuerlust prägten auch das Privatleben des Autors, zu dessen Leidenschaften die Jagd, das Fischen und vor allem der Genuss von Alkohol gehörten. Er war viermal verheiratet und hatte zahlreiche Liebesaffären. Seine Alkoholsucht begleitete ihn die meiste Zeit seines Lebens und die letzten Lebensjahre des Schriftstellers waren von tiefen Depressionen geprägt. Nach langer Krankheit setzte er seinem Leben im Alter von 61 Jahren wie sein Vater mit einer Schrotflinte selbst ein Ende.

Hemingway, hier in einer Fotografie aus den 1950er Jahren, entwickelte einen ganz eigenen, unverwechselbaren Schreibstil. Der Meister der Kurzgeschichte war bekannt für seine nüchternen und knappen, aber sehr präzisen Formulierungen.

Vladimir Nabokov und der Skandal um „Lolita"

(1899–1977)

„Lolita ist berühmt, nicht ich", stellte Vladimir Nabokov nüchtern fest, als man in der ganzen Welt seinen vermeintlich pornographischen Roman las. Doch die gefährliche Liebschaft zwischen dem etwa 40-jährigen englischen Hochschullehrer Humbert Humbert und dem frühreifen 12-jährigen amerikanischen Teenager Dolores ist kein Lesefutter für pädophil veranlagte Voyeure. Vielmehr handelt es sich um ein formal anspruchsvolles, sprachlich zur Perfektion getriebenes und dabei höchst unterhaltsames Spiel mit Begierde und Besessenheit.

Der Lolita-Skandal

Wie so oft, wenn es um Tabubrüche geht, verhalf auch im Fall „Lolita" eine breite öffentliche Entrüstung einem herausragenden Stück Literatur zum Verkaufserfolg. Drei Jahre lang war Nabokov mit dem Manuskript von Verlag zu Verlag gezogen. Bei den Verhandlungen kam es auch zu mehreren „Verbesserungsvorschlägen": So schlug ein Verleger vor, aus dem Mädchen einen 12-jährigen Jungen und aus Humbert einen Farmer zu machen. Ein anderer bedauerte, dass in dem ganzen Buch kein einziger guter Mensch vorkomme.

Lolita wird zum feststehenden Begriff

Der Erfolg des Romans, der erst 1958, drei Jahre nach seiner Entstehung, einen amerikanischen Verleger gefunden hatte, war so nachhaltig, dass das Buch einen neuen Begriff in alle Weltsprachen einführte: Lolita, der Kosename der kleinen Romanheldin Dolores, wurde zum feststehenden Begriff für Mädchen, die bereits sehr früh eine erotische Ausstrahlung entwickeln. Die öffentliche Entrüstung von 1958 wiederholte sich vier Jahre später, als die Verfilmung von Stanley Kubrick (1928–1999) in die Kinos kam. Nabokov hatte selbst ein Drehbuch geschrieben, doch Kubrick arbeitete dieses stark um, verzichtete völlig auf spektakuläre Sexszenen und schuf eine kühle Gesellschaftskomödie um Macht und ihren Missbrauch in zwischenmenschlichen Beziehungen. Eine zweite Verfilmung von Adrian Lyne (*1941) hingegen fand 1997 kaum Beachtung.

Literaturwissenschaftler und Schmetterlingskundler

Vladimir Nabokov entstammte sehr wohlhabenden, großbürgerlichen Kreisen in Sankt Petersburg. Nach der russischen Oktoberrevolution im Jahr 1917 floh die Familie zunächst auf die Krim, dann nach Deutschland. Nabokov, der bereits als Kind Englisch gelernt hatte, ging jedoch nach Großbritannien, um in Cambridge zu studieren. Später zog er mit seiner Frau Vera Slonin und seinem 1934 geborenen Sohn Dimitri in die USA, wo er als Professor für französische und russische Literatur, aber auch für Schmetterlingskunde arbeitete. 1941 kam „Das wahre Leben des Sebastian Knight" heraus. Nach einer Reihe von Veröffentlichungen auf Russisch seit 1926 war es Nabokovs erstes Buch in englischer Sprache. Mit den Einkünften aus „Lolita" konnte er sich vom Hochschulbetrieb zurückziehen und ganz auf das Schreiben konzentrieren. 1961 zog Nabokov nach Montreux in die Schweiz. Die bekanntesten Werke dieser späteren Phase sind „Fahles Feuer" (1962) und „Ada oder Das Verlangen" (1969).

Die einzige eindeutig erotische Szene in der ersten Verfilmung des „Lolita"-Stoffes von Stanley Kubrick: Professor Humbert Humbert (James Mason) lackiert Lolita (Sue Lyon) die Fußnägel. Für den Film wurde auch der kinderpornographische Aspekt, der zu aufgeregten Debatten geführt hatte, leicht entschärft: Lolita ist hier bereits 15 Jahre alt – und damit drei Jahre älter als im Roman.

Antoine de Saint-Exupéry und „Der kleine Prinz"

(1900–1944)

Antoine de Saint-Exupéry selbst sah sich stets als Piloten, der nebenher schreibt. Zumindest bei seinen Mitmenschen änderte sich diese Einschätzung mit dem Erscheinen des Märchens „Der kleine Prinz" im Jahr 1943 grundlegend. Seither ist Antoine de Saint-Exupéry der meistgelesene Schriftsteller Frankreichs. Der kurze Text über den Wert von Freundschaft, Solidarität, Mitmenschlichkeit und Liebe wurde mittlerweile in über 50 Sprachen übersetzt, mehrfach verfilmt und in zahlreichen Dramatisierungen auf Bühnen inszeniert. „Der kleine Prinz" ist ein modernes Märchen, das sich zwar in erster Linie an Kinder richtet, durch seine mit der unerbittlichen Logik eines kindlichen Verstands gestellten Fragen letztlich aber vor allem auch Erwachsene anspricht.

Pilot und Schriftsteller

Antoine de Saint-Exupéry, Sohn eines südfranzösischen Grafen, leistete seinen Wehrdienst bei der Luftwaffe ab, wo er eine Ausbildung als Pilot erhielt. Die Faszination, die die Fliegerei auf ihn ausübte, prägte auch sein literarisches Debüt: 1925 erschien seine Novelle „Der Flieger". Als 1934 die Fluggesellschaft Air France gegründet wurde, war er einer der ersten französischen Linienpiloten auf den Langstreckenflügen zwischen Frankreich und dem südamerikanischen Kontinent. Nachdem Saint-Exupéry 1939 einen Absturz seiner Maschine in Guatemala überlebt hatte, kehrte er nach Paris zurück. Im selben Jahr zeichnete die Académie française sein gerade veröffentlichtes Buch „Wind, Sand und Sterne" mit einem Preis aus. Als der Zweite Weltkrieg ausbrach, floh er vor der deutschen Besetzung Frankreichs in die USA.

„Der kleine Prinz"

Der außerordentliche Erfolg des kleinen Bändchens beruht nicht zuletzt auf den von Brüderlichkeit und Menschlichkeit geprägten Dialogen, in denen sich Lebensklugheit und der Wille, sich für eine bessere Welt einzusetzen, zu eingängigen Sinnsprüchen verdichten.

„Man sieht nur mit dem Herzen gut. Das Wesentliche ist für die Augen unsichtbar."

„Die Menschen haben keine Zeit mehr, irgendetwas kennenzulernen. Sie kaufen sich alles fertig in den Geschäften. Aber da es keine Kaufläden für Freunde gibt, haben die Leute keine Freunde mehr."

„Was die Zukunft angeht, so haben wir nicht die Aufgabe, sie vorherzusehen, sondern sie zu ermöglichen."

Freundschaft und Liebe

In New York fühlte er sich jedoch nicht wohl. Seine Sehnsucht nach Frankreich, die Erfahrungen des Krieges und die Ablehnung des materialistischen amerikanischen Lebensstils brachte er schließlich in seinem Märchen „Der kleine Prinz" zum Ausdruck. Die Geschichte berichtet von der Begegnung des in der Sahara abgestürzten Dichters mit einem kleinen Prinzen, der auf einem Asteroiden lebt und durch das Weltall reist. In langen Gesprächen beklagen beide die Einsamkeit des Menschen, die nur mit echten Gefühlen von Freundschaft und Liebe überwunden werden kann.

1943 schloss sich Antoine de Saint-Exupéry zur Befreiung seiner Heimat einer US-amerikanischen Luftwaffeneinheit an. Am 31. Juli 1944 startete er von Afrika aus einen Aufklärungsflug in Richtung der französischen Alpen, die er jedoch nie erreichte: Zwischen der Insel Korsika und Marseille wurde er vermutlich von deutschen Jagdfliegern abgeschossen. Das Wrack seines Flugzeugs blieb über Jahrzehnte verschollen, bis ein Fischer 1998 eine Uhr mit dem Namen des Dichters in seinem Netz fand. 2003 wurden einige Wrackteile geborgen, die aus dem Flugzeug stammen, in dem der Schöpfer des „kleinen Prinzen" starb.

„Der kleine Prinz auf dem Asteroiden B 612" ist die Zeichnung, die bei den meisten Ausgaben von „Der kleine Prinz" auf dem Titel zu sehen ist. Antoine de Saint-Exupéry fertigte die Illustrationen zu seinem Märchen selbst an. Sie sind untrennbar mit dem Text verbunden, dessen humanistische, lebensbejahende Botschaft Lesern seit Generationen Lebensmut vermittelt und Trost spendet.

Le petit prince sur l'astéroïde B 612.

John Steinbeck: Für ein menschliches Miteinander

(1902–1968)

Das wohl berühmteste Buch des Autors ist „Jenseits von Eden", das 1955 mit James Dean in der Rolle des Cal verfilmt wurde. Steinbeck gilt als einer der größten amerikanischen Schriftsteller des 20. Jahrhunderts, seine sozialkritischen Romane über die Depressionsjahre machten ihn international bekannt. Für sein Lebenswerk erhielt er 1962 den Literaturnobelpreis.

Authentische Romanfiguren

Als Sohn eines Finanzbeamten und einer Lehrerin wuchs Steinbeck in gutbürgerlichen Verhältnissen auf. Er studierte Literatur und Meeresbiologie an der Stanford University. Er brach das Studium allerdings 1925 ab, um journalistisch und literarisch tätig zu werden. Seinen ersten Roman „Eine Handvoll Gold" veröffentlichte er 1929. Nach einigen weniger erfolgreichen Büchern gelang Steinbeck mit der später auch verfilmten Geschichte „Die wunderlichen Schelme von Tortilla Flat" (1935) der Durchbruch. 1939 folgte „Früchte des Zorns". Der mit dem Pulitzerpreis ausgezeichnete Klassiker der amerikanischen Literatur erzählt das Schicksal der Familie Joad, die in der Zeit der Großen Depression ihren Hof aufgeben muss und sich in den Strom der Migranten Richtung Kalifornien einreiht. Der Roman wurde zur Zeit seiner Entstehung vielfach als klassenkämpferisch beschimpft, in Kalifornien zeitweise verboten und sogar öffentlich verbrannt.

Im Mittelpunkt: die Außenseiter

Sein soziales und politisches Engagement verschaffte Steinbeck Respekt, sorgte aber gerade bei den offiziellen Behörden für Besorgnis. Ungeachtet der Brisanz seiner Themen trat er in seinen Büchern immer wieder für benachteiligte Randgruppen ein. Ob in „Früchte des Zorns" die Lage und Ausbeutung der Wanderarbeiter im Vordergrund steht oder in „Von Mäusen und Menschen" (1937) die Hoffnungslosigkeit von Außenseitern – Steinbeck machte die an der Gesellschaft scheiternden Menschen zu seinen Helden und porträtierte ihr Schicksal.

Die Jahre 1942 bis 1944 verbrachte er als Kriegsberichterstatter für die „New York Herald Tribune" in Europa. Nach dem Krieg fiel es dem Schriftsteller zunächst schwer, an seine literarischen Erfolge anzuknüpfen. „Die Straße der Ölsardinen" (1945) und „Autobus auf Seitenwegen" (1947) wurden von den Kritikern negativ aufgenommen. Mit dem Roman „Jenseits von Eden" (1952), der die Geschichte der Familien Trask und Hamilton über Generationen hinweg erzählt, gelang Steinbeck dann ein großer literarischer Wurf. Er greift die biblische Geschichte von Kain und Abel auf und thematisiert die Fähigkeit des Menschen, im Konflikt zwischen Gut und Böse eine eigenständige Entscheidung zu treffen.

Die Große Depression

Die Große Depression (engl. Great Depression) bezeichnet die schwere Wirtschaftskrise in den USA, die am 29. Oktober 1929 mit dem Zusammenbruch der New Yorker Börse begann und die 1930er Jahre dominierte. Durch den Zusammenbruch der Wirtschaft waren ein Viertel aller Amerikaner arbeitslos, viele arbeiteten in schlecht bezahlten Jobs, um sich über Wasser zu halten. Dieses traumatische Ereignis der Wirtschaftsgeschichte des 20. Jahrhunderts hat sich in den USA in das kollektive Gedächtnis eingebrannt.

Das Filmplakat des Klassikers „Jenseits von Eden". Kazan besetzte die Rolle Cals mit dem bis dahin unbekannten James Dean, der über Nacht zum Star und durch die Verkörperung des vom Vater unverstandenen Sohnes zum Jugendidol seiner Zeit wurde.

CinemaScope
JULIE HARRIS
JAMES DEAN
RAYMOND MASSEY
JOHN STEINBECK'S
JENSEITS VON EDEN
(EAST OF EDEN)
REGIE: ELIA KAZAN
EINE ELIA-KAZAN-PRODUKTION IN WARNERCOLOR
WB
WARNER BROS

Isaac Bashevis Singer: Der humorvolle Skeptiker

(1904–1991)

Singer, ein Chronist des ostjüdischen Schtetl, wählte als Sprache für seine Romane und Novellen das Jiddische, obwohl er wusste, dass er die Mehrzahl der Menschen damit nur in der Übersetzung erreichen konnte. Sein Werk ist ein Dokument erlebter jüdischer Geschichte. Ganz in diesem Sinne ist auch sein Buch „Der Zauberer von Lublin" entstanden, in dem Singer humorvoll die Marotten der polnischen Juden beschreibt.

Vom „Rabbiner" zum Schriftsteller

Isaac Singer wuchs als Sohn eines Rabbiners im jiddischsprachigen Armenviertel von Warschau auf. Ursprünglich wollte er wie sein Vater Rabbi werden, brach jedoch die Ausbildung vorzeitig ab und entschied sich – zum Verdruss seiner Familie – ebenso wie sein Bruder Israel Joshua (1893–1944) für eine schriftstellerische Tätigkeit.

Mit 22 Jahren begann er für das jiddische Literaturmagazin „Literarische Blätter" erste Geschichten zu schreiben. Er hatte gerade seinen ersten Roman, „Der Satan in Goraj", in Fortsetzungen veröffentlicht, als ihm der ältere Bruder, der seit 1933 im Redaktionsstab der großen jiddischen Tageszeitung „Jewish Daily Forward" in New York arbeitete, 1935 die Einreisemöglichkeit nach Amerika verschaffte. Nach längeren Eingewöhnungsschwierigkeiten – sein autobiografischer Roman über diese Zeit trägt den bezeichnenden Titel „Verloren in Amerika" – etablierte sich Singer als ein äußerst produktiver und anerkannter jiddischer Autor in Amerika. Der Durchbruch kam jedoch erst mit der 1957 erschienenen amerikanischen Übersetzung der 1945 entstandenen Kurzgeschichte „Gimpel der Narr" und mit dem Roman „Die Familie Moschkat" (1950). Mit ihm setzte Singer dem jüdischen Warschau der Zwischenkriegszeit ein bleibendes literarisches Denkmal.

Die magische Kraft des Wortes

Es folgten eine Reihe Familienchroniken wie „Das Landgut" (1967) und „Das Erbe" (1969). 1978 erhielt Singer für sein Gesamtwerk und den Roman „Feinde, die Geschichte einer Liebe" (1972) den Literaturnobelpreis. Vordergründig handelt dieser Roman von einer „ménage à quatre". Doch da der Protagonist von einem schrecklichen Schicksal heimgesucht wird, spielt das Werk vor einem erschütternden Hintergrund: dem Holocaust. Singer bewegt sich in dem Roman auf einem schmalen Grat zwischen Komik, Tragik und Grauen. Bekannt wurden auch seine 13 Kinderbücher – darunter „Als Schlemihl nach Warschau ging" und „Geschichten für Kinder" –, die er nach eigener Aussage schrieb, weil Kinder „noch an Gott, Teufel, Dämonen, Engel, Geister und anderes so altmodisches Zeug glauben".

Für Aufmerksamkeit sorgten auch die Verfilmungen seiner Werke „Feinde, die Geschichte einer Liebe" und „Jentl" (mit Barbara Streisand in der Hauptrolle). „Ich bin ein Schriftsteller, den menschliche Leidenschaften interessieren", sagte Singer 1976. „Ich schreibe über aufregende und besessene Menschen, nicht über langweilige."

Das jüdische Schtetl

Das Schtetl (von deutsch „Städtlein") bezeichnet kleine jüdische Siedlungen oder jüdische Viertel in Kleinstädten in Osteuropa vor dem Zweiten Weltkrieg. Anders als in den Großstädten waren die jüdischen Bewohner in den Schtetln nicht nur geduldet, sondern weitgehend akzeptiert. Allerdings lebten die Juden dort in unvorstellbarer Armut. Doch so elend es auch sein mochte, das Schtetl war für die Bewohner eine heile Welt. Hier gab es eine Synagoge, einen Friedhof und eine Mikwe, das rituelle Badehaus. Alles im Schtetl war jüdisch, die Kleidung, die Sprache, die Sitten.

Der „Zauberer von Lublin" (1960) erzählt die Geschichte eines Akrobaten, Zauber- und Liebeskünstlers im Polen des späten 19. Jahrhunderts.

George Orwell und der dystopische Roman

(1903–1950)

„Alle Tiere sind gleich, aber einige sind gleicher" gehört zu den stehenden Redewendungen, die oft benutzt werden, ohne sich der Quelle bewusst zu sein. Es ist ein Satz aus „Farm der Tiere" von George Orwell. Der Brite schrieb diesen Roman mit viel Wut im Bauch: Während der 1930er Jahre hatte er – wie viele andere Intellektuelle Europas und der USA auch – am Spanischen Bürgerkrieg auf Seiten der Republik teilgenommen. Er musste zusehen, wie noch nicht einmal die Kriegssituation die Linken dazu bewegen konnte, sich auf gemeinsame Ziele zu verständigen. Dazu kam der endgültige Untergang des sozialistischen Traums unter Stalins Terrorregime in der Sowjetunion. Der Schriftsteller wurde zum „linken Antikommunisten" und verpackte seinen Zorn in eine Tierfabel. Mit „Farm der Tiere" katapultierte sich George Orwell 1945 an die Spitze der britischen Literaturszene.

Die totale Macht des Großen Bruders

Ein weiteres zentrales Werk Orwells ist „1984" (1949), die erschreckende Vision einer nahen Zukunft, in der ein totalitäres System den Krieg mit einer anderen Diktatur vortäuscht, um die totale Kontrolle über seine Staatsbürger zu erhalten. Dabei ist „1984" nicht im eigentlichen Sinne ein „Zukunftsroman": Das Ozeanien, das Schauplatz des Romans ist, sieht aus wie das von deutschen Bomben zerstörte London, das Orwell aus seinem Fenster erblickte. Und mit dem „Großen Bruder" war niemand anderes als Josef Stalin (1879–1953) gemeint, der die Sowjetunion mit Angst, Verrat, Folter und Mord beherrschte.

Der Blick von unten

Eric Blair, wie George Orwell bürgerlich hieß, war Sohn eines in Indien lebenden britischen Kolonialbeamten. Nach einem nicht besonders erfolgreichen Studium an der Elite-Universität Eton ließ er sich in Birma zum Polizisten ausbilden, quittierte aber aus Erschütterung über das brutale Auftreten der britischen Kolonialmacht, die er repräsentieren sollte, nach zwei Jahren den Dienst. Diese ernüchternde Erfahrung, seine Erlebnisse in Spanien, das proletarische Elend in seinem Heimatland und die Erfahrung der Obdachlosigkeit am eigenen Leib während seiner Aufenthalte in London und Paris, schärften seinen Blick.

Orwell entwickelte eine geradezu visionäre Ungeduld gegenüber Ideologien und ihren verheerenden Auswirkungen auf die Menschen. In seiner Reportage „Der Weg nach Wigan Pier" (1937), in der er das Leben der nordenglischen Bergarbeiter beschreibt, heißt es grimmig: Es sei beschämend, zuzusehen, „wie arme Teufel unter Tage dafür sorgen, dass Sie und ich […] und die Schöngeister und der Genosse X, Verfasser des ‚Marxismus für Minderjährige', es ein wenig warm haben".

Dystopie

Dystopie ist eine Literaturgattung, die aus Erfahrungen der Gegenwart heraus vor einer nicht erstrebenswerten Zukunft warnt. Das Wort setzt sich aus den griechischen Bestandteilen „dys" für „un-" und „topos" für „Ort" zusammen. Die Dystopie beschreibt also einen Unort. Ihr Gegenteil ist die Utopie, die den Traum idealer Lebensumstände darstellt. Die Dystopie entwickelte sich mit der industriellen Revolution im 18. und 19. Jahrhundert vor allem im englischsprachigen Raum. Ein frühes Beispiel ist der Roman „Frankenstein" von Mary Shelley (1797–1851), in dem das besessene medizinische Forschen eines Wissenschaftlers mit menschlichem „Material" in die Katastrophe führt. Beispiele des 20. Jahrhunderts sind „Schöne neue Welt" von Aldous Huxley (1894–1963), „Uhrwerk Orange" von Anthony Burgess (1917–1993) oder „Fahrenheit 451" von Ray Bradbury (1920).*

Ein Plakat für den Film „Farm der Tiere". Joy Batchelor (1914–1991) und John Halas (1912–1995) realisierten den Film 1954. Nachdem die Tiere unter der Führung der Schweine den Bauernhof übernommen haben, wird der Rest der Tiere im Stall weiterhin unterdrückt und ausgebeutet. Orwell nahm sich für seine Fabel die russische Revolution als Vorbild: Der Bauer repräsentierte Zar Nikolaus den II., die Schweine sind Lenin, Trotzki und Stalin nachgebildet.

Pablo Neruda: Die Stimme Südamerikas

(1904–1973)

Triumphaler kann eine Heimkehr nicht sein: Zehntausende huldigten Ende 1972 im Nationalstadion von Santiago de Chile Pablo Neruda, der nach zweijähriger Amtszeit als Botschafter in Frankreich in sein Heimatland zurückkehrte. Seine Lyrik hatte nicht nur Chile, sondern dem ganzen südamerikanischen Kontinent eine Stimme gegeben. Und seine politische Arbeit hatte ihn zur Galionsfigur der Linken werden lassen, die für ein unabhängiges Südamerika, in dem der Wohlstand gerechter verteilt sein sollte, eintraten. Doch im September des folgenden Jahres putschte das chilenische Militär und beendete die kurze sozialistische Ära. Nerudas Wohnung wurde verwüstet. „El poéta", „der Dichter", wie ihn seine Leser ehrfurchtsvoll nannten, erlag kurz darauf einem Krebsleiden.

Das Gedicht als Waffe

Pablo Neruda stammte aus der südchilenischen Kleinstadt Parral. Sein Vater war Bahnarbeiter, seine Mutter, die kurz nach seiner Geburt starb, Lehrerin. Schon als Schüler schrieb er Gedichte und beschäftigte sich mit sozialen Fragen. Neftalí Ricardo Reyes Basoalto, wie er eigentlich hieß, veröffentlichte seit 1919 unter dem Namen Pablo Neruda. Sein Künstlername war eine Hommage an den tschechischen Dichter Jan Neruda, der im 19. Jahrhundert mit seinem literarischen Werk für mehr soziale Gerechtigkeit gekämpft hatte. Ersten Ruhm erlangte er mit Liebespoesie, deren direkte Sinnlichkeit einen völlig neuen Ton in die spanischsprachige Literatur einführte. „Zwanzig Liebesgedichte und ein Lied der Verzweiflung" (1932) gilt bis heute als herausragendes lyrisches Meisterwerk. Mit Nerudas Teilnahme am Spanischen Bürgerkrieg (1936–1939) gegen den faschistischen Putsch des Generals Francisco Franco (1892–1975) begann die Phase des politischen Gedichts. Die Poesie in einfacher, volkstümlicher Sprache wurde seine Waffe gegen den Faschismus.

Der Dichter entdeckt seinen Kontinent

Nach der Flucht vor den deutschen Truppen ging Neruda 1940 als chilenischer Botschafter nach Mexico-City. In dieser Zeit entdeckte er „sein" Südamerika: Zehn Jahre lang arbeitete er an „Der Große Gesang. Canto General" (1950). Inspiriert von Reisen über den gesamten Kontinent, preist er in diesem Epos die Landschaften Südamerikas, schlägt einen historischen Bogen von der spanischen Eroberung bis zu den zeitgenössischen politischen Krisen und beklagt die Abhängigkeit von Konzernen aus den USA und Europa. Die Innerlichkeit der frühen Werke und die ihr folgende kämpferische Politisierung verbinden sich nun zu einer intensiven Auseinandersetzung über die Frage nach der Bestimmung des Menschen in dieser Epoche.

Militärputsch in Chile

Pablo Neruda war ein politischer Weggefährte von Salvador Allende (1908–1973), der 1970 zum Präsidenten Chiles gewählt wurde. Allende sympathisierte offen mit dem Marxismus und leitete eine Reihe von wirtschaftlichen Reformen ein. So wurden Banken und andere private Großunternehmen verstaatlicht und Großgrundbesitz wurde unter den Bauern des Landes verteilt.

*Das Ergebnis der Reformpolitik war zwiespältig: Auf erste Verbesserungen der Lebensumstände in den unteren sozialen Schichten folgte eine schwere Wirtschaftskrise, da aufgrund der Verstaatlichungen kein Kapital mehr ins Land kam. Angeführt von General Augusto Pinochet (*1915) putschte am 11. September 1973 das Militär. Allende nahm sich am gleichen Tag das Leben, Pinochet errichtete eine bis 1990 andauernde Militärdiktatur.*

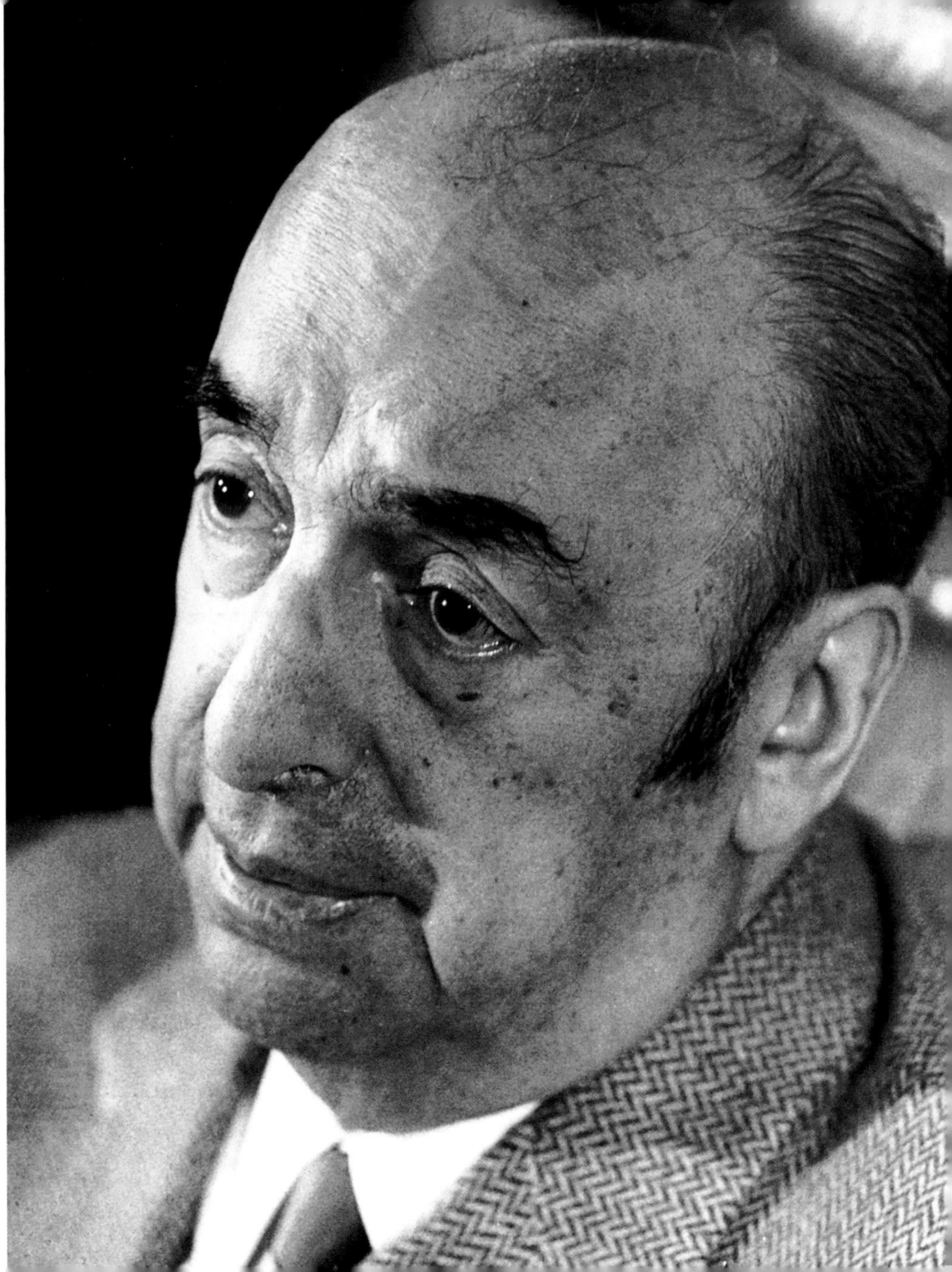

Pablo Neruda, chilenischer Schriftsteller und Diplomat, im Jahr 1972. Im Jahr zuvor hatte er den Nobelpreis für Literatur erhalten. Das Stockholmer Komitee würdigte damit „eine Poesie, die mit der Wirkung einer Naturkraft Schicksal und Träume eines Kontinents lebendig macht".

Graham Greene und der Zwiespalt zwischen Gut und Böse

(1904–1991)

Der englische Journalist und Schriftsteller Graham Greene erlangte mit seinen Romanen internationalen Ruhm. „Der dritte Mann" (1950) gehört zu seinen bekanntesten Werken. Noch berühmter ist der gleichnamige Film mit Orson Welles und Joseph Cotten. Graham Greene gilt als Meister darin, literarischen Anspruch und Unterhaltung miteinander zu verbinden.

Gut und Böse

Der Sohn eines Schuldirektors las mit Begeisterung Spionageromane. Nach seinem Studium in Oxford arbeitete Greene als Journalist und Filmkritiker bei der „Times" und dem „Spectator". In dieser Zeit konvertierte er auch vom anglikanischen Glauben zum Katholizismus – eine Reaktion auf seine anhaltenden Ängste und Depressionen – und er entwickelte seine Reiseleidenschaft, die er zeitlebens beibehielt. Greene wurde getrieben vom ewigen Gefühl der Langeweile, dem er entkommen wollte. Das führte ihn zum Alkohol, in alle Krisengebiete seiner Zeit, in viele Affären und zu einer erstaunlichen Produktivität: Er veröffentlichte insgesamt mehr als 30 Romane. Sein erster Roman, „Zwiespalt der Seele" (1929) beschreibt den Konflikt zwischen Gut und Böse, der insgesamt im Zentrum seines Werkes steht. 1938 erschien „Am Abgrund des Lebens", zwei Jahre später folgte „Die Kraft und die Herrlichkeit". Darin beschreibt Greene exemplarisch, wie ein durch Alkohol und Politik bedrohter Priester zur Moral zurückfindet.

Eine Art Leben

Im Zweiten Weltkrieg war Greene beim Auslandsgeheimdienst des britischen Außenministeriums beschäftigt. Vieles, was er hier erlebte, floss in seine späteren Bücher ein. Für die triste Atmosphäre, die vor allem seine frühen Romanen prägt, kam die Bezeichnung „Greeneland" auf. Greene unterteilte seine Bücher in ernste Romane („novels") und Unterhaltungsromane („entertainments"). Die Fans verschlangen alles, was aus seiner Feder kam. Nach dem „Dritten Mann" veröffentlichte der Brite 1951 „Das Ende einer Affäre", dessen Handlung die Reise eines Schriftstellers in seine Vergangenheit darstellt. 1955 folgte „Der stille Amerikaner", die spannende Geschichte des britischen Journalisten Fowler, der sich an einem Mordkomplott gegen einen Amerikaner beteiligt. 1973 erschien „Der Honorarkonsul": In dem Roman, der mit Michael Caine (*1933) in der Hauptrolle verfilmt wurde, verband Graham Greene einen politischen Thriller mit einer Dreiecksgeschichte und kritisierte eine vom Männlichkeitswahn geprägte Gesellschaft. In seinem letzten großen Roman, „Der menschliche Faktor" (1978), muss sich ein Agent während des Kalten Kriegs zwischen seiner Loyalität zum Staat und seinen Idealen entscheiden.

Am 3. April 1991 starb Graham Greene in Genf. Seine Autobiografie „Eine Art Leben" erschien bereits 1971. Er wurde mehrmals als heißer Kandidat für den Literaturnobelpreis gehandelt und zählt zu den bedeutendsten Schriftstellern des 20. Jahrhunderts.

> *„Die Kraft und die Herrlichkeit"*
>
> *Lateinamerika: Im Konflikt mit einer ausbeuterischen totalitären Staatsmacht findet ein schwacher und sündiger Priester, der im Rausch ein Kind gezeugt hat, die Kraft, seine Mission zu erfüllen. Eine gnadenlose Jagd treibt ihn aus einem Versteck ins nächste, doch er gibt nicht auf, sondern versucht selbst unter diesen Bedingungen noch sein Priesteramt auszuüben. Mit diesem Roman, in dem Greene zwei Formen der Sinngebung in einer sinnleeren Welt einander gegenüberstellt, erlangte er Weltruhm. Sein Konzept einer revolutionären, weltnahen Kirche von unten hat bis heute Glaubwürdigkeit.*

Greene, hier in einem Porträt in den 1960er Jahren, war Katholik und heftiger Kritiker der Kurie, ein Freund linksgerichteter Staatsmänner und ein Gegner der US-Weltpolitik. Er war britischer Geheimagent, Lebemann und einer der größten Schriftsteller des 20. Jahrhunderts.

Jean-Paul Sartre und der Existenzialismus

(1905–1980)

Frankreichs Ministerpräsident Charles de Gaulle (1890–1970) teilte die Überzeugungen Jean-Paul Sartres in keiner Weise. Doch als die Polizei den Philosophen 1968 festnehmen wollte, weil er eine verbotene kommunistische Zeitung verteilt hatte, widersprach de Gaulle mit dem Satz: „Einen Voltaire verhaftet man nicht." Der Staatschef stellte den Philosophen damit in eine Reihe mit dem berühmtesten Vordenker der europäischen Aufklärung. Sartres Philosophie erweist sich in der Rückschau allerdings als nicht so nachhaltig wie die Voltaires (1694–1778). Doch zumindest die Zeit zwischen 1950 und 1980 waren die Jahrzehnte Sartres: Zusammen mit seiner langjährigen Lebensgefährtin Simone de Beauvoir (1908–1986) repräsentierte er in schillernden Auftritten das Lebensgefühl der Intellektuellen in der durch ein bewegtes Geistesleben gekennzeichneten Nachkriegszeit.

Existenzialismus

Der Existenzialismus ist eine philosophische Strömung, die eng mit der Person von Jean-Paul Sartre verknüpft ist. Ihre Grundzüge formuliert er in seinem Buch „Das Sein und das Nichts". Grundlage dieser Denkrichtung ist die grundsätzliche Freiheit des Menschen. „Die Existenz geht dem Wesen voraus" lautet einer der Schlüsselsätze. Das bedeutet zum einen, dass der Mensch erst einmal „nur" existiert und sich erst durch eigene Entscheidungen und eigenes Handeln zu einer Persönlichkeit formt. Zum anderen trägt damit jedes Individuum zugleich die Verantwortung für sich und sein Tun, ist „zur Freiheit verurteilt". Die einzigen äußeren Einflüsse sind die Erwartungen und Vorstellungen, die von anderen Menschen an eine Person herangetragen werden. Nach Überzeugung der Existenzialisten weicht derjenige, der versucht, diesen Erwartungen gerecht zu werden, der Verantwortung für die eigene Entscheidung aus.

Das Sein und das Nichts

Viele Texte, die Sartre bereits während des Zweiten Weltkriegs verfasst hatte, ließ er unmittelbar nach Kriegsende verlegen. Um 1946 erschienen der Roman „Wege der Freiheit" sowie die Theaterstücke „Tote ohne Begräbnis" und „Die respektvolle Dirne", zwei Jahre darauf „Die schmutzigen Hände".

Die beiden Hauptwerke aber, in denen Sartre seine Gedanken zum Existenzialismus formulierte, wurden trotz aller äußeren Widerstände bereits in den Jahren der deutschen Besetzung Frankreichs veröffentlicht: Um 1943 kamen „Das Sein und das Nichts" und das Theaterstück „Geschlossene Gesellschaft" heraus. Schon damals brachte die Schriftstellerei Sartre so viel ein, dass er mitten im Krieg seinen Brotberuf als Lehrer aufgeben und als freier Autor weiterleben konnte.

Ein politischer Vordenker

In den folgenden Jahrzehnten entwickelte sich Jean-Paul Sartre vom Romancier und Dramatiker zum politisch-philosophischen Vordenker. Sein Engagement für den Kommunismus sowjetischer Prägung führte Anfang der 1950er Jahre zum Bruch mit gemäßigten linken Schriftstellern wie Albert Camus (1913–1960), dem Sartre Verrat vorwarf. Erst 1956, nachdem Sowjettruppen den Ungarn-Aufstand niedergeschlagen hatten, wandte sich Sartre von der UdSSR ab. 1964 lehnte er den Literaturnobelpreis ab und stellte sich vier Jahre später an die Spitze der Studentenunruhen. Als er 1974 den RAF-Terroristen Andreas Baader (1943–1977) im Stuttgarter Gefängnis besuchte, rief das vor allem auf deutscher Seite Irritationen hervor. Bis zu seinem Tod sorgte Sartre für Schlagzeilen und blieb so im öffentlichen Bewusstsein verankert. Am Tag seiner Beerdigung folgten rund 50 000 Trauernde seinem Sarg auf dem letztem Weg durch Paris.

Jean-Paul Sartre und Simone de Beauvoir in den 1950er Jahren in Paris. Obwohl sie seit 1929 ein Paar waren, heirateten sie nie und lebten in getrennten Wohnungen, da sie die Ehe als „lebenslange Doppelhaft ohne Bewährung" empfanden. In den Jahrzehnten nach dem Zweiten Weltkrieg wurden die beiden ehemaligen Gymnasiallehrer zum Kristallisationspunkt der Pariser Geisteswelt.

Samuel Beckett und das absurde Theater
(1906–1989)

Das Schauspiel „Warten auf Godot" (1952) begründete den Weltruhm des irisch-französischen Schriftstellers Samuel Beckett und prägte den Begriff des absurden Theaters. Wie in seinem gesamten Werk stellt Beckett auch in diesem Stück das menschliche Dasein als absurd, als sinnloses Warten, als Enden-Wollen und Nicht-enden-Können dar. Der radikale Pessimismus des in Paris uraufgeführten Stückes machte es zu einem der größten Erfolge der Nachkriegszeit.

Auf nach Paris!

Beckett wuchs in einer protestantischen Familie im gutbürgerlichen Milieu auf und studierte am angesehenen Trinity College in Dublin Romanistik und moderne Literatur. Ab 1928 unterrichtete er als Austauschlektor in Paris. Dort lernte er den Schriftsteller James Joyce (1882–1941) kennen, zu dessen Freundeskreis er bald gehörte. Nach einer weiteren kurzen Etappe in Dublin ließ sich Beckett 1937 endgültig an der Seine nieder. Zusammen mit seiner späteren Ehefrau, der Pianistin Suzanne Deschevaux-Dumesnil, schloss er sich der Résistance an. Als seine Widerstandszelle 1942 von einem katholischen Priester an die Gestapo verraten wurde, tauchte Beckett unter und ging mit Suzanne in die unbesetzte Südhälfte Frankreichs, nach Roussillon. Hier verdingte er sich als Erntehelfer und Gelegenheitsarbeiter und schrieb nachts an seinem Roman „Watt".

Die produktivste Phase des Schriftstellers begann 1945, nach der Rückkehr aus dem Exil. Beckett schrieb Erzählprosa, Theaterstücke, Hör- und Fernsehspiele sowie Gedichte. Dabei verfasste er seine Werke erst auf Englisch oder Französisch und übersetzte sie dann in die jeweils andere Sprache. Mehrere seiner Theaterstücke inszenierte er selbst. 1969 wurde der Schriftsteller mit dem Nobelpreis für Literatur ausgezeichnet.

Absurdes Theater

Der Begriff des Theaters des Absurden stammt aus den 1950er Jahren und kam zuerst in Frankreich auf. Er bezeichnet die Auflösung der klassischen Einheiten von Ort, Zeit und Handlung zugunsten von irrealen, zuweilen grotesk-komischen Szenen und unlogischen, unbestimmbaren Handlungsabläufen. Das absurde Theater stellte die Unsinnigkeit der Welt und den darin verlorenen Menschen dar. Dahinter steht die Geisteshaltung der Nachkriegszeit, aus einem Gefühl der Sinnlosigkeit des Lebens entsteht eine existenzielle Angst.

Erst Starruhm, dann Rückzug

In seinem wichtigsten Nachkriegsroman, „Molloy" (1951), zeichnet Beckett die Identitätssuche des Vagabunden Molloy und seines Verfolgers Moran nach. Rasch folgten „Malone stirbt" (1951) und „Der Namenlose" (1953), in deren Mittelpunkt die Ich-Auflösung der Helden steht. In Becketts Erzählungen erscheint das Ich weitgehend isoliert, seine Identität fragwürdig. Die Thematisierung des Ich-Verlusts setzte sich in „Erzählungen und Texte um Nichts" (1955) und „Gesellschaft" (1980) fort. Mehr und mehr verringerte Beckett die Handlungs- und Ausdrucksmöglichkeiten der Figuren und die Ausgestaltung der Szenen. Diese Tendenz zur absoluten Reduktion machte sowohl die Prosatexte als auch die Theaterstücke vielfältig interpretierbar. In „Warten auf Godot" bestand das Bühnenbild nur noch aus einer Landstraße und einem Baum. In den 1960er Jahren war Beckett, eigentlich eher still und notorisch depressiv, sogar so etwas wie ein Star des Pariser Literaturbetriebs. Doch 1969 zog er sich völlig zurück, sodass viele Leute bei der Nachricht von seinem Tod erstaunt waren, dass er bis dahin überhaupt noch gelebt hatte.

Seit Ende der 1950er Jahre war Beckett ein geachteter Autor. Er vertrat die Ansicht, dass in der Kunst bereits alles gesagt sei und es nur noch darum ginge, es kürzer zu sagen. Also sagte er es kürzer und benutzte immer weniger Worte – nicht nur auf der Bühne, sondern auch im Leben.

Astrid Lindgren: Die Schwedin des Jahrhunderts

(1907–2002)

Die Erfolgsgeschichte begann mit einem Unfall: 1944 verletzte sich die Sekretärin Astrid Lindgren in den vereisten Straßen Stockholms am Fuß und musste für einige Zeit liegen. Aus Langeweile begann sie, die Geschichten, die sie ihrer Tochter Karin seit Jahren erzählte, aufzuschreiben. In ihnen ging es um ein aufmüpfiges Mädchen namens Pippi Langstrumpf. Eine Version ihres Textes schenkte sie Karin zum zehnten Geburtstag, eine andere schickte sie dem Verleger Gerhard Bonnier. Dieser gab das Manuskript allerdings wieder zurück: Er habe sich „voller Entsetzen" vorgestellt, dass sich seine eigenen Kinder „dieses Mädchen zum Vorbild nähmen".

Die Neuerfindung der Kinderliteratur

Im Jahr 1945 wagte ein anderer Verlag die Herausgabe von „Pippi Langstrumpf". Die übermenschlich starke Seemannstochter, die mit Pferd und Affe in einem großen Haus lebt und keine Neigung zeigt, sich irgendwelchen bürgerlichen Konventionen anzupassen, flegelte sich sofort in die Herzen der Leser. Astrid Lindgren hatte Kinderliteratur neu erfunden – betuliches Behüten oder einschränkendes Belehren der Kinder gehörten fortan der Vergangenheit an. Die Schwedin forderte das Recht auf Anarchie und Phantasie als Privileg der Kindheit ein. „Ich schreibe", erklärte sie im hohen Alter in einem Zeitungsinterview, „um das Kind in mir selbst zu unterhalten, und hoffe, dass auf diese Weise auch andere Kinder ein wenig Spaß haben."

Inspiration aus der Kindheit

Astrid Lindgren schöpfte beim Schreiben aus der eigenen glücklichen und erlebnisreichen Kindheit in Südschweden. In der Gegend selbst spielen viele ihrer Erfolgsgeschichten von "Kinder aus Bullerbü" (ab 1947), „Michel aus Lönneberga" (ab 1963) oder „Ferien auf Saltkrokan" (1964). All diese Bücher wie auch die Erzählungen über den eigenbrötlerischen „Karlsson vom Dach" (ab 1955) oder das rebellische Mädchen „Ronja Räubertochter" (1981) sind fröhliche Appelle für die freie Entfaltung der Kinder in ihrer persönlichen Welt.

Die ungeheure Wirkung der Literatur Lindgrens erklärt sich nicht zuletzt auch aus der anspruchsvollen Form der Werke. Dass sich Übermut und Spontaneität so vermitteln, ist das Ergebnis einer sehr ausgeklügelten sprachlichen Feinarbeit und einer formbewussten erzählerischen Komposition. Astrid Lindgren lehnte es stets ab, ihr Werk und sein Zustandekommen zu erklären. Wichtiger war ihr die Wirkung des Textes auf den einzelnen Leser. So erinnerte sie sich daran, wie ihr einst eine unbekannte Frau einen Zettel zusteckte, auf dem stand: „Danke, dass Sie eine düstere Kindheit erhellt haben!" Das reiche ihr, erklärte Lindgren: „Wenn ich nur eine einzige düstere Kindheit erhellt habe, bin ich zufrieden."

Die Schwedin des Jahrhunderts

1999 wurde Astrid Lindgren zur „Schwedin des Jahrhunderts" gewählt. Jeder ihrer in den 1950er Jahren geborenen Landsleute ist von der emanzipierten und demokratischen Gesinnung ihrer Kinder- und Jugendliteratur beeinflusst. Sie griff aber auch direkt in politische Diskussionen ein: 1976 trug sie zur Abwahl des Premierministers Olof Palme (1927–1986) bei, zwei Jahre später drohte sie, nicht zur Verleihung des Friedenspreises des deutschen Buchhandels zu erscheinen, wenn sie ihre Rede über den Zusammenhang von gewaltfreier Erziehung und politischer Gewalt nicht in der beabsichtigten Form halten dürfe. Außerdem initiierte sie ein Tierschutzgesetz und kämpfte gegen die Atomindustrie.

„Pippi Langstrumpf" kam 1968 in einer deutsch-schwedischen Koproduktion mit Inger Nilsson (1959) in der Titelrolle auf die Kinoleinwände.*

Astrid Lindgren
Pippi
Langstrumpf
Verleih

Max Frisch und die Frage nach der Identität

(1911–1991)

Max Frisch, einer der wichtigsten Autoren der Nachkriegszeit, setzt sich in seinen Büchern mit den Problemen der Gegenwart auseinander. Wichtige Themen sind die Ich-Findung, Liebe und Ehe, Vorurteil und Schuld sowie die Schweiz, seine Heimat. Der Maler Otto Dix porträtierte den Schriftsteller, der entscheidend dazu beigetragen hat, dass die deutschsprachige Literatur nach dem Zweiten Weltkrieg wieder zu internationalem Ansehen gelangte.

Vom Architekten zum Schriftsteller

Max Frisch verlebte eine bürgerlich geprägte Kindheit. Sein Germanistikstudium brach er nach dem Tod des Vaters ab und arbeitete anschließend mehrere Jahre als freier Journalist. Nebenbei schrieb er Reiseberichte und verfasste seinen ersten Roman. Wachsende Selbstzweifel führten schließlich dazu, dass der Schweizer alles, was er bis dahin geschrieben hatte, verbrannte. 1936 begann Frisch ein Architekturstudium und führte ein eigenes Architekturbüro. In dem Bühnenstück „Herr Biedermann und die Brandstifter" (1955) prangerte er die kleinbürgerliche Blindheit und das politische Mitläufertum an. Den literarischen Durchbruch brachte Frisch der Roman „Stiller" (1954), der als einer der Schlüsselromane des 20. Jahrhunderts gilt. Der Held kann sich nicht mit seiner Vergangenheit identifizieren und versucht vergebens, seine Identität zu leugnen.

Große Publikumserfolge

In seinem Roman „Homo faber" (1957), der ein großer Publikumserfolg wurde, bearbeitete Frisch ein in den 1950er Jahren sehr aktuelles Phänomen: die fortschreitende Technisierung der westlichen Welt und den damit einhergehenden Glauben an die Erklärbarkeit des Lebens. Der Ingenieur Walter Faber glaubt nicht an das Schicksal; er hält alles für berechenbar und meint, selbst Gefühle kontrollieren zu können. Doch durch die Begegnung mit seiner Tochter gerät er in eine weltanschauliche Krise.

Von 1960 bis 1965 lebte Max Frisch gemeinsam mit seiner Lebensgefährtin, der Schriftstellerin Ingeborg Bachmann (1926–1973), in Rom. Dort schrieb er das Drama „Andorra" (1961), eine Studie über die Kraft des Vorurteils und den Antisemitismus, und „Mein Name sei Gantenbein" (1964), einen Roman, der aufgrund seiner revolutionären Konzeption als Meilenstein in der deutschsprachigen Literaturgeschichte gilt. Mit seinen Spätwerken konnte der Schweizer Schriftsteller nicht mehr an die früheren Erfolge anknüpfen. 1991 starb Frisch nach langer Krebserkrankung in Zürich. Der Autor wurde zu Lebzeiten mit einer Reihe von Ehrungen ausgezeichnet, unter anderem mit dem Literaturpreis der Stadt Zürich (1958) und dem Friedenspreis des Deutschen Buchhandels (1976). Im Gedenken an Max Frisch vergibt die Stadt Zürich seit 1998 den Max-Frisch-Preis.

„Homo faber"

Der 50-jährige Staudammingenieur Walter Faber schreibt zu Beginn seines Berichts: „Ich glaube nicht an Fügung und Schicksal, als Techniker bin ich gewohnt, mit den Formeln der Wahrscheinlichkeit zu rechnen. Wieso Fügung? Ich gebe zu: Ohne die Notlandung in Tamaulipas wäre alles anders gekommen; ich hätte diesen jungen Hencke nicht kennen gelernt, ich hätte vielleicht nie wieder von Hanna gehört, ich wüsste heute noch nicht, dass ich Vater bin. Es ist nicht auszudenken, wie anders alles gekommen wäre. Vielleicht würde Sabeth noch leben. Ich bestreite nicht: Es war mehr als ein Zufall, dass alles so gekommen ist, es war eine ganze Kette von Zufällen. Aber wieso Fügung? Ich brauche, um das Unwahrscheinliche als Erfahrungstatsache gelten zu lassen, keinerlei Mystik; Mathematik genügt mir."

So sah der Maler Otto Dix (1891–1969) den Schriftsteller Max Frisch. Otto Dix gilt heute als einer der bedeutendsten deutschen Künstler des 20. Jahrhunderts. Typisch für ihn war sein engagierter Realismus, der auch in diesem Porträt deutlich wird.

Albert Camus und die Philosophie des Absurden
(1913–1960)

Camus war neben Jean Paul Sartre (1905–1980) Hauptvertreter der existenzialistischen Literatur. Grundlage seiner Werke ist die Philosophie des Absurden, die auf dem Wissen um die Sinnlosigkeit der menschlichen Existenz beruht: „Das Absurde kann jeden beliebigen Menschen an jeder beliebigen Straßenecke anspringen." Für Camus gründet das Gefühl des Absurden auf der Entfremdung des nach Sinn strebenden Menschen von einer sinnleeren Welt.

Die Absurdität des Seins

Camus wuchs als Halbwaise in einem Kleine-Leute-Viertel in Algier auf. Nach seinem Philosophiestudium gründete er 1936 das Theater der Arbeit, ab 1937 arbeitete er als Journalist. Wie viele andere junge Intellektuelle war er Mitglied der Kommunistischen Partei. Als Reaktion darauf, dass er wegen seiner Tuberkuloseerkrankung nicht für den Gymnasialdienst zugelassen wurde, schrieb Camus 1938 seinen ersten Roman „Caligula", der Grundlage für „Der Fremde" (1942) werden sollte. Das Buch über den amoralischen Mersault, der als Mörder verurteilt auf seine Hinrichtung wartet, wurde zum meistverkauften Titel des Autors. Im selben Jahr folgte der Essay „Der Mythos von Sisyphos", in dem Camus am Beispiel des korinthischen Königs Sisyphos die Frage stellt, ob Selbstmord der Mühe des Lebens vorzuziehen sei. 1943 trat Camus als Lektor ins Pariser Verlagshaus Gallimard ein. Hier erlebte er hautnah die Verhältnisse im besetzten Frankreich mit. In diesem Umfeld begann er den Roman „Die Pest" (1947), die Geschichte von einem Arzt, der inmitten von Verzweiflung mutig gegen die Seuche kämpft. Der Roman wurde ein großer Erfolg.

„L'homme révolté"

„Seit 20 Jahrhunderten hat die Summe des Bösen in der Welt nicht abgenommen. Keine Wiederkunft, weder eine göttliche noch eine revolutionäre, ist eingetreten. Eine Ungerechtigkeit haftet an jeglichem Leiden, auch an dem in den Augen der Menschen verdienten. Prometheus' langes Schweigen vor der Gewalt, die ihn niederdrückt, schreit immer noch. Aber Prometheus sah inzwischen, wie die Menschen sich auch gegen ihn wenden und ihn verspotten. Bedrängt vom menschlichen Bösen und vom Schicksal, vom Terror und der Willkür, bleibt ihm nur die Kraft seiner Revolte, um vor dem Mord zu retten, was sich retten lässt, ohne dem Hochmut der Lästerung zu unterliegen."
Albert Camus

Einziger Ausweg: die Revolte

Ebenfalls 1943 schrieb Camus das Stück „Le Malentendu" und begann seine Mitarbeit bei dem Untergrundblatt „Le Combat", dessen Chefredakteur er 1944, nach der Befreiung Frankreichs von der deutschen Besatzung, wurde. In den Nachkriegsjahren war Camus wie Sartre, mit dem ihn kurze Zeit eine Freundschaft verband, einer der Vordenker des Existenzialismus – einer literarischen Strömung, die davon ausgeht, dass der Mensch sich den Sinn seiner Existenz selbstverantwortlich schaffen muss. Camus' bekanntestes philosophisches Werk aus dieser Zeit ist die Essay-Sammlung „L'homme révolté" („Der Mensch in der Revolte", 1951), in der er unter anderem das Christentum und moderne Ideologien kritisiert. 1956 folgte die Erzählung „Der Fall", in der sich der hohe moralische Anspruch des Schriftstellers manifestiert. Im 1957 erschienenen „Das Exil und das Reich" beschreibt Camus Menschen in alltäglichen Situationen, die von einem anderen, erfüllten Leben träumen. 1957 erhielt er für sein Werk den Nobelpreis. Nur drei Jahre später verunglückte er tödlich im Auto seines Verlegers Gallimard.

Camus – hier ein Porträt aus den 1950er Jahren – war neben der Schriftstellerei auch politisch aktiv. Seine Vermittlungsversuche im beginnenden Algerienkrieg 1956 scheiterten jedoch kläglich, denn sein Plädoyer für eine bürgerrechtliche Gleichstellung der „Arabes" war den meisten Franzosen zu radikal.

Octavio Paz und die Literatur Mexikos

(1914–1998)

Schranken zu überwinden war die Lebensaufgabe des Octavio Paz. Die nationalen Grenzen seiner mexikanischen Heimat ließ er zugunsten einer kontinental gedachten südamerikanischen Identität hinter sich – ohne sie dabei jedoch niederzureißen. Die aus dieser Haltung entstandenen Gedichte und Essays bescherten ihm große Anerkennung im Ausland und Verehrung im eigenen Land. Die Überwindung ideologischer Schranken entwickelte sich konfliktträchtiger: Als junger Schriftsteller trat Paz für den Kommunismus ein, doch seine politische Anschauung wurde durch den Hitler-Stalin-Pakt von 1939 schwer erschüttert. Auch seine enge Freundschaft mit dem Dichter Pablo Neruda (1904–1973) ging darüber zu Bruch.

Gedichte gegen Diskriminierung

Die linke Prägung erhielt Octavio Paz bereits im Elternhaus. Sein Vater, ein Rechtsanwalt, gehörte zum Kreis um den mexikanischen Revolutionsführer Emiliano Zapato (1879–1919), den er auch vor Gericht verteidigte. Octavio Paz gründete 1936 auf der Halbinsel Yucatán eine Schule für Indio-Kinder. Obwohl er die Diskriminierung der indianischen Bevölkerung Südamerikas in seinen Gedichten verarbeitete, begriff er sich nie als politischen Dichter, der mit seinem literarischen Werk eine Veränderung der Welt bewirken will. Gedichte galten ihm vor allem als kunstvolle Form; sie sollten für sich selbst sprechen.

Als Diplomat in Indien

1945 trat Octavio Paz in den diplomatischen Dienst Mexikos. Besonders starken Einfluss auf sein Werk hatten in den folgenden zwei Jahrzehnten die Begegnungen mit den traditionellen Literaturen in Japan und Indien. Die Auseinandersetzung mit Geist und Lebensgefühl der Mexikaner blieb jedoch ein beherrschendes Thema seiner schriftstellerischen Arbeit. Mit dem Essay „Das Labyrinth der Einsamkeit" (1950) wurde Octavio Paz schlagartig weltweit bekannt. 1990 erhielt er für seine „Leidenschaftliche Dichtung mit weiten Horizonten" den Nobelpreis.

Als das autoritäre Regime im Vorfeld der Olympischen Spiele in Mexiko-City 1968 eine Studentenrevolte blutig niederschlug, trat Paz aus Protest von seinem Botschafteramt zurück. Er blieb weiterhin ein unbequemer Geist, der auch den Konflikt mit Gleichgesinnten nicht scheute. So löste er leidenschaftliche Debatten aus, als er die Herrschaft Fidel Castros (*1926) auf Kuba mit der Militärdiktatur von Augusto Pinochet (*1915) in Chile verglich. Die Konflikte bezüglich der politischen Ansichten wurden auch über Paz' Tod hinaus ausgetragen. Trauergäste trugen bei seiner Beerdigung Transparente mit der Aufschrift: „Ja zu deiner Poesie, nein zu deiner Politik!"

Mexikanische Literatur

*Octavio Paz bereicherte die Literatur Mexikos nicht nur um Einflüsse aus der angelsächsischen Kultur, der europäischen Avantgarde sowie aus Asien, sondern versuchte auch, die Psychologie des mexikanischen Volkes literarisch zu ergründen. Beherrschendes Thema seiner Bücher – wie auch derjenigen seines nicht minder berühmten Kollegen Carlos Fuentes (*1928) – ist das Spannungsfeld zwischen drei Polen: den untergegangenen Hochzivilisationen der Mayas und der Azteken, der kulturellen wie wirtschaftlichen Dominanz der benachbarten USA und der Orientierung am ehemaligen Kolonialherrn Spanien. Als bedeutendste Gestalt der mexikanischen Literaturgeschichte gilt die Dichterin Sor Juana Inés de la Cruz (1648–1695). Um ihre Lebensgeschichte geht es in Paz' Werk „Sor Juana Inés de la Cruz oder Die Fallstricke des Glaubens" (1982).*

Octavio Paz war der erste Schriftsteller Mexikos, dem der Literaturnobelpreis zuerkannt wurde. Sein ungewöhnliches dichterisches Werk und seine Aufsätze, die die Bezüge zwischen der Geschichte und der Gegenwart Südamerikas erhellen, wurden mit vielen weiteren internationalen Preisen bedacht. Darunter sind der nationale Literaturpreis Mexikos (1977), der spanische Cervantes-Preis (1982) und der Friedenspreis des Deutschen Buchhandels (1984).

Heinrich Böll: Ein kritischer Chronist

(1917–1985)

Heinrich Böll war ein bedeutender Literat im Nachkriegsdeutschland und übte großen moralischen Einfluss auf das öffentliche Leben der Bundesrepublik aus. „Wie Gewalt entstehen und wohin sie führen kann" lautet der Untertitel seiner Erzählung „Die verlorene Ehre der Katharina Blum". Das erfolgreichste Buch Bölls wurde in mehrere Sprachen übersetzt, für die Bühne dramatisiert und 1975 von Volker Schlöndorff verfilmt.

Sinnlosigkeit des Krieges

Nach sechs Jahren Krieg und Gefangenschaft kehrte Böll nach Köln zurück und begann ein Germanistikstudium. Seinen Unterhalt verdiente er als Hilfsarbeiter, die verbleibende Zeit nutzte er intensiv zum Schreiben. Seine ersten literarischen Arbeiten schildern die Sinnlosigkeit des Krieges und spiegeln die materiellen Entbehrungen und die Gefahren der Nachkriegszeit wider. Bölls erster Roman „Der Zug war pünktlich" (1949) und die Sammlung „Wanderer, kommst du nach Spa ..." (1950) berichten nüchtern von den Kriegserlebnissen der kleinen Leute, die sich dem Schicksal und dem Tod fügen müssen.
In seinen Romanen „Wo warst du, Adam?" (1951), „Und sagte kein einziges Wort" (1953) sowie „Haus ohne Hüter" (1954) schildert der Autor erbarmungslos die Alltagswirklichkeit. Viele seiner Geschichten handeln von Außenseitern, die den Krieg nicht vergessen können, während die anderen um sie herum nicht daran erinnert werden möchten und die Gesellschaft das Wirtschaftswunder feiert. Auch in seinem Familienroman „Billard um halb zehn" (1959) setzt sich Böll mit dem Krieg und dem Zusammenbruch der bürgerlichen Gesellschaft auseinander. In „Ansichten eines Clowns" (1963) steht ein sentimentaler Komiker im Mittelpunkt, der ins soziale Abseits gerät, nachdem er seine Freundin an einen einflussreichen Katholiken verloren hat.

Schreiben, um sich einzumischen

Heinrich Böll verstand seine schriftstellerische Arbeit stets als politisches Werkzeug: „Es ist kein Zufall, dass immer da, wo der Geist als eine Gefahr angesehen wird, als Erstes die Bücher verboten, die Zeitungen und Zeitschriften, Rundfunkmeldungen einer strengen Zensur ausgeliefert werden (...). In allen Staaten, in denen der Terror herrscht, ist das Wort fast noch mehr gefürchtet als bewaffneter Widerstand."

Politisches Engagement

In den 1960er und 1970er Jahren verstärkte sich das politische Engagement des Schriftstellers; so warb er 1969 für die Kanzlerschaft von Willy Brandt (1913–1992). Als er sich 1972 für eine sachliche Berichterstattung über die RAF und Ulrike Meinhof einsetzte, wurde er als Sympathisant der Terroristen verunglimpft und sein Wohnhaus von der Polizei durchsucht. 1974 nahm er den aus der UdSSR ausgebürgerten Literaturnobelpreisträger Alexander I. Solschenizyn bei sich auf.
1971 erschien sein Roman „Gruppenbild mit Dame", der von einer unabhängigen Frau erzählt, der wegen ihrer Weigerung, sich einzufügen, Hass entgegenschlägt. Für diesen Roman wurde Böll 1972 mit dem Literaturnobelpreis ausgezeichnet. Sein Meisterwerk wurde inzwischen in 25 Sprachen übersetzt und erfreut sich bis heute großer Popularität. Im Jahr 1974 folgte „Die verlorene Ehre der Katharina Blum", eine Erzählung, die die kriminellen Formen der Meinungsmanipulation durch die Boulevardpresse thematisiert. Kurz vor seinem Tod vollendete Böll „Frauen vor Flusslandschaft" (1985) – Dialoge und Selbstgespräche fiktiver Bonner Politiker und ihrer Frauen, die eine korrupte Welt dokumentieren.

Im Mittelpunkt der Erzählung „Die verlorene Ehre der Katharina Blum" steht eine unbescholtene Hausangestellte, die in der verleumderischen Berichterstattung eines Boulevardblatts als „Terroristenbraut" dargestellt wird. Sie erschießt schließlich den Journalisten.

Alexander Solschenizyn und der Gulag

(*1918)

Am Abend des 12. Februar 1974 stand ein kleiner Ort in der Eifel im Mittelpunkt des internationalen Interesses: Langenbroich. Der am Morgen dieses Tages aus der Sowjetunion ausgewiesene und ausgebürgerte Schriftsteller Alexander Solschenizyn traf an der ersten Station seines Exils ein. Heinrich Böll (1917–1985) nahm den mit ihm befreundeten russischen Literaten auf. Anlass für die Ausbürgerung war das Buch „Der Archipel GULAG", dessen erster Band im Jahr zuvor in Paris erschienen war. Nur zwei Jahre später erreichte das Werk weltweit übersetzt in 30 Sprachen eine Auflage von 30 Millionen Exemplaren.

Alltag im Straflager

Mit der Schilderung der Lebensumstände in einem sowjetischen Straflager erschütterte das Buch nicht nur die Kreml-Führung unter Leonid Breschnew (1906–1982), sondern desillusionierte auch im Westen viele Menschen, die noch immer auf die weltverbessernde Wirkung des Kommunismus gehofft hatten. Zwar hatte Alexander Solschenizyn bereits mit der Novelle „Ein Tag im Leben des Iwan Denissowitsch" (1962), die ebenfalls den Alltag in einem sibirischen Arbeitslager thematisiert, das Regime herausgefordert, doch herrschte unter dem damaligen Staatschef Nikita Chruschtschow (1894–1971) ein kulturpolitisches Klima, das vorübergehend eine zumindest behutsame Auseinandersetzung mit dem Stalinismus erlaubte. Quelle der schonungslosen Beschreibung stalinistischer Lager war Solschenizyns eigener Lebensweg.

20 Jahre im Exil

Nachdem er systemkritischer Äußerungen überführt worden war, wurde der Schriftsteller unmittelbar nach Ende des Zweiten Weltkriegs zu 25 Jahren Zwangsarbeit verurteilt. Davon musste er acht Jahre verbüßen und wurde für weitere drei Jahre nach Sibirien verbannt. Seine Rehabilitierung erfolgte 1957. Der studierte Mathematiker und Physiker arbeitete anschließend als Lehrer in der 200 Kilometer südlich von Moskau gelegenen Stadt Rjasan. Autobiografische Abrechnungen mit dem Stalinismus, „Krebsstation" und „Im ersten Kreis" (beide 1968), führten zu einem erneuten Bruch mit dem Regime. Sein Exil, das ihn von Deutschland über die Schweiz in die USA führte, dauerte genau 20 Jahre. Staatschef Michail Gorbatschow (*1931) rehabilitierte Alexander Solschenizyn im Jahr 1994. Seither lebt er weitgehend zurückgezogen in Moskau. Nur gelegentlich erhebt er in Artikeln oder bei öffentlichen Auftritten noch einmal seine mahnende Stimme. Er beklagt das Verschwinden russischer Traditionen und prangert das demonstrativ verschwenderische Luxusleben an, das die nach dem Zusammenbruch der Sowjetunion entstandene Wirtschaftselite führt.

Was ist ein Gulag?

Das Wort „Gulag" kommt aus dem Russischen und ist die Abkürzung für „Hauptverwaltung der Lager für Besserung durch Arbeit". Seit Alexander Solschenizyns monumentalem Roman „Archipel GULAG" steht das Wort für sowjetische Straflager an sich und für die Vernichtung regimekritischer Kräfte durch Arbeit. Seit der so genannten „Großen Säuberung" unter Josef Stalin gegen Ende der 1920er Jahre entstand ein Netz von Lagern vor allem im Gebiet des sibirischen Flusses Kolyma. Dorthin wurden insbesondere Intellektuelle und Künstler, die als „Volksfeinde" verdächtigt wurden, Bauern, die den Beitritt zur Kolchose verweigerten, und unangepasste Angehörige ethnischer und nationaler Minderheiten deportiert. Sogar sowjetische Soldaten, die aus deutscher Kriegsgefangenschaft heimkehrten, wurden wegen Landesverrats verurteilt und mit Lagerhaft bestraft.

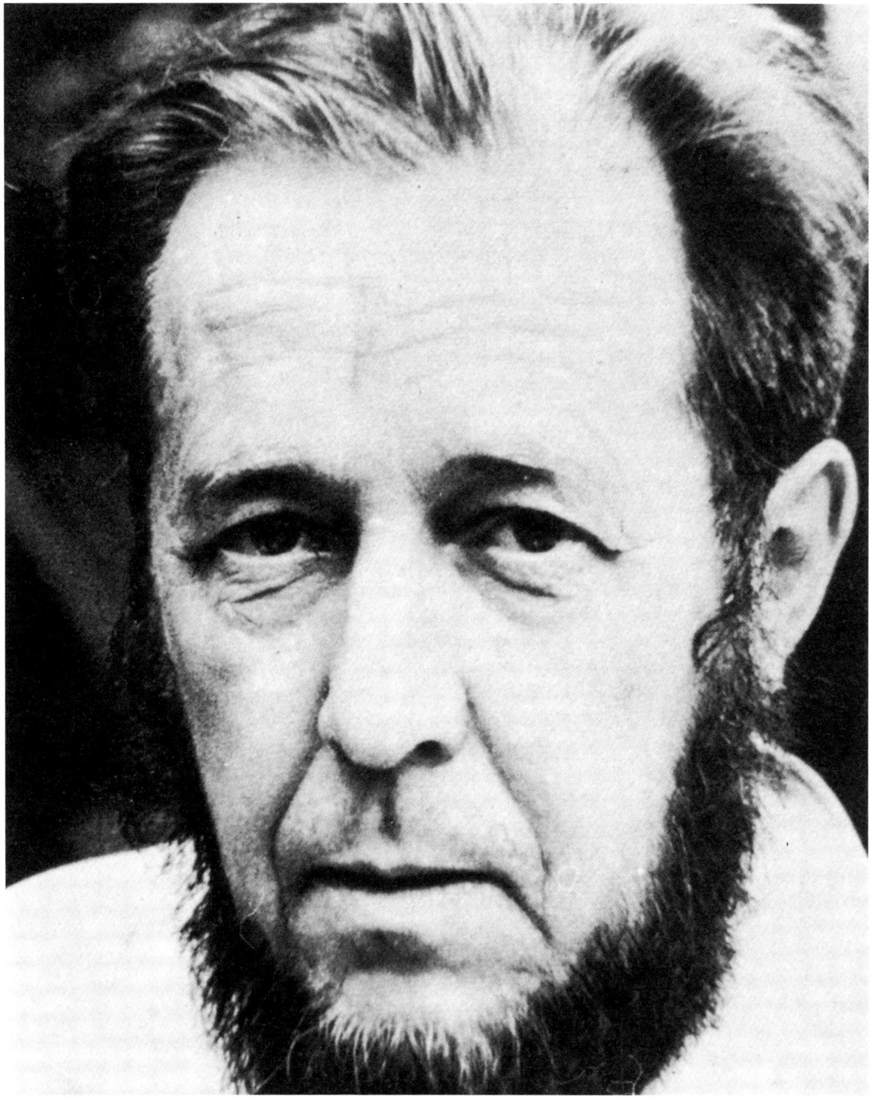

Poträt von Alexander Solschenizyn aus dem Jahr 1970, dem Jahr in dem ihm der Nobelpreis verliehen wurde. Das Komitee würdigte die „ethische Kraft, mit der er die unveräußerliche Tradition der russischen Literatur weitergeführt hat". Da er fürchten musste, nach dem Aufenthalt in Stockholm nicht wieder in die UdSSR einreisen zu dürfen, nahm Solschenizyn den Preis nicht persönlich entgegen. Bereits im Jahr zuvor hatte ihn der nationale Schriftstellerverband wegen seiner fortgesetzten Kritik an den politischen und gesellschaftlichen Verhältnissen in der Sowjetunion ausgeschlossen.

Friedrich Dürrenmatt: Für Freiheit und Gerechtigkeit

(1921–1990)

Es war tatsächlich Friedrich Dürrenmatt, der das Drehbuch zu dem gefeierten deutschen Kriminalfilm „Es geschah am hellichten Tag" aus dem Jahr 1958 schrieb. Die Hauptrollen des Klassikers, wurden mit den Fernsehlieblingen Heinz Rühmann und Gert Fröbe besetzt. Noch im selben Jahr griff der Schweizer Schriftsteller die Handlung in seiner Romanerzählung „Das Versprechen" wieder auf.

„Die Physiker"

Dürrenmatts Komödie thematisiert in satirischer Überzeichnung die Gefährdung der Welt durch die moderne Kernphysik und die individuelle Verantwortlichkeit des Wissenschaftlers. In einem Irrenhaus treffen sich Möbius, der Erfinder einer tödlichen Waffe, und zwei Physiker, die für die Geheimdienste rivalisierender Mächte arbeiten. Alle drei stellen sich verrückt: Möbius, um die Menschheit vor seiner Erfindung zu bewahren, die beiden anderen, um hinter sein Geheimnis zu kommen. Möbius überredet die beiden Physiker, mit ihm im Irrenhaus zu bleiben, doch es ist zu spät: Die Irrenärztin, die einzig wirklich Geisteskranke in dieser Runde, hat die Erfindung an sich gebracht und einem Unternehmen übergeben.

Zahlreiche Ehrungen

Dürrenmatt finanzierte seinen Lebensunterhalt zunächst als Theaterkritiker, zwischendurch auch als Zeichner und Grafiker. 1945 veröffentlichte er seine erste Erzählung, „Der Alte", in einer Berner Tageszeitung, 1947 wurde sein erstes Theaterstück, „Es steht geschrieben", uraufgeführt. Weltbekannt wurde Dürrenmatt durch das Stück „Der Besuch der alten Dame" (1956), in dem eine ganze Gemeinde vor unverjährte Schuld gestellt wird und kläglich versagt, und mit dem Drama „Die Physiker" (1962), in dem ein Irrenhaus zum Sinnbild der Gegenwart wird. Beide Stücke trugen ihm zahlreiche internationale Ehrungen und Preise ein, unter anderem 1986 den Georg-Büchner-Preis. In seinen Theaterstücken zeigt er eine Welt, die bis ins Groteske verzerrt ist, und verfolgt damit moralische Zwecke.

Kein Blatt vor dem Mund

Bei Dürrenmatt stehen die Themen Gerechtigkeit und Freiheit im Vordergrund, so auch in seinen Kriminalromanen, die dem Genre wichtige Impulse vermittelten. Einige davon entstanden in den 1950er Jahren, so zum Beispiel „Der Richter und sein Henker" (1951), „Der Verdacht" (1953), „Das Versprechen. Requiem auf den Kriminalroman" (1958) und die Prosakomödie „Grieche sucht Griechin" (1955).

Dürrenmatts Kriminalromane wurden in viele Sprachen übersetzt und erreichten eine Millionenauflage. Sie waren wohl deshalb so beliebt, weil sie auf bewährte Muster des Detektivromans zurückgriffen, aber eine klare Trennung von Gut und Böse in Frage stellten. So auch in dem berühmten Buch „Der Richter und sein Henker", in dem Kommissar Bärlach den Verbrecher Gastmann mit unlauteren Mitteln zur Strecke bringt.

Dürrenmatts spätere Werke wie der Roman „Durcheinandertal" (1989) und die Novelle „Der Auftrag oder Vom Beobachten des Beobachters der Beobachter" (1986) wurden ebenfalls sehr bekannt. Und neben seinem literarischen Schaffen ließ Dürrenmatt es sich nicht nehmen, immer wieder kritisch in die Politik einzugreifen. Noch kurz vor seinem Tod löste der Schriftsteller einen Sturm der Entrüstung aus, als er beim Empfang des tschechoslowakischen Präsidenten meinte, die Schweiz sei eigentlich ebenso ein Gefängnis wie die zusammengebrochenen osteuropäischen „Volksrepubliken". Dürrenmatt gilt neben Max Frisch (1911–1991) als größter Schweizer Dichter des 20. Jahrhunderts.

Eine Szene aus dem Film „Es geschah am hellichten Tag" von 1958. Gert Fröbe (1913–1988) erlangte als schwergewichtiger Kindermörder besondere Berühmtheit.

Stanislaw Lem: Philosophische Sciencefiction
(1921–2006)

In den 1980er Jahren begann die Zukunft, die Stanislaw Lem Jahrzehnte zuvor in seinen Romanen vorweggenommen hatte: Computer übernahmen immer mehr menschliche Denkarbeit, Anfänge eines weltweiten Informationsnetzes wurden erkennbar und Raketen konnten „intelligente Waffen" sein. Für den erfolgreichsten Schriftsteller Polens war das aber kein Triumph, denn nach seiner Beobachtung ging der technische Fortschritt „paradoxerweise mit einem Verfall der Phantasie und Intelligenz der Menschen" einher. Bereits 1986 schloss er daher sein literarisches Werk ab – mit einem großen Roman, der bezeichnenderweise den Titel „Fiasko" trägt.

Unterhaltende Philosophie

Obwohl Stanislaw Lem vielen als derjenige gilt, der das bis dahin als trivial betrachtete Genre der Sciencefiction zu seriöser Literatur veredelte, lehnte der Autor selbst das Etikett der Sciencefiction für seine Werke stets ab. In jedem Fall siedelte er seine Geschichten in fernen Welten an, was es ihm ermöglichte, seinen vielfältigen naturwissenschaftlich-technischen Interessen und seinen vielschichtigen philosophischen Gedanken auf unterhaltsame Weise nachzugehen. Außerdem entkam er so meist erfolgreich der Zensur im kommunistischen Polen. Sogar in der UdSSR wurden seine Romane veröffentlicht, obwohl er sich mit Figuren wie schusseligen Astronauten oder vergesslichen Robotern und Themen wie dem Kampf gegen grotesk aufgeblähte intergalaktische Bürokratien über deren staatlich verordnete Technologiegläubigkeit und ihren Kontrollwahn lustig machte.

Pessimistischer Blick

Stanislaw Lem wurde in Lemberg, dem heute in der Ukraine liegenden Lviv, geboren. Er sollte praktizierender Arzt werden, arbeitete dann aber im wissenschaftlichen Bereich und beschäftigte sich auch intensiv mit Mathematik und Physik. 1946 erschien sein Debütroman „Der Mensch vom Mars". Lems weiteres Werk umfasst auch Gedichte, Märchen, Hörspiele, Drehbücher, Essays und naturwissenschaftliche Abhandlungen. Weltweite Popularität verschafften ihm die Romane „Die Sterntagebücher des Weltraumfahrers Ijon Tichy" (1957), „Eden" (1959), „Der Unbesiegbare" (1964) und „Der futurologische Kongress" (1971). Sein Buch „Solaris" wurde zweimal mit großem Erfolg verfilmt. Der 1961 erschienene Roman gibt die pessimistische Grundhaltung Lems besonders prägnant wieder: Menschliche Astronauten treffen auf einen Planeten, dessen Oberfläche ein einziges großes Gehirn ist. Diese fremde Intelligenz ist in der Lage, die Besucher mit ihren eigenen Sehnsüchten und seelischen Abgründen zu konfrontieren. Doch die Mission scheitert am Unterbewussten der Raumfahrer. Der Autor, der fantastische neue Technologien erdacht hat, stand in seiner letzten Lebensphase der Technik skeptisch gegenüber. Er gab zu bedenken, dass die Raumfahrt angesichts der auf der Erde zu lösenden Probleme unverantwortlich sei.

Sciencefiction

Sciencefiction ist eine literarische Gattung. Die Bezeichnung ist aus den englischen Begriffen „science" für „Wissenschaft" und „fiction" für „Erdachtes" oder „Fiktion" zusammengesetzt. Die Handlung der Sciencefiction-Romane spielt meist in einer Zukunft mit veränderten technischen und gesellschaftlichen Bedingungen. Hoffnungen auf eine Verbesserung der Lebensverhältnisse oder Ängste vor einer Bedrohung durch technologische oder politische Fehlentwicklungen werden auf die Zukunft projiziert. Als Vater der modernen Sciencefiction-Literatur gilt Jules Verne (1828–1905), der Reisen zum Mond oder zum Mittelpunkt der Erde beschrieb.

Stanislaw Lem beim Textstudium. Das in den 1980er Jahren entstandene Foto zeigt auch sein Autogramm. Statt neue Technologien zu nutzen, suchte er selbst lieber den direkten Kontakt zu Wissenschaftlern, um Neues zu erfahren, oder vertiefte sich ganz altmodisch in ein Buch.

Nadine Gordimer: Kämpferin für Menschenrechte (*1923)

In ihren Romanen und Erzählungen beschreibt die englischsprachige Schriftstellerin das Unrechtssystem der Rassentrennung in Südafrika und die Konflikte seit dem Ende der Apartheid. 1974 erhielt sie dafür den Booker Prize, den wichtigsten britischen Literaturpreis, und 1991 wurde sie mit dem Literaturnobelpreis ausgezeichnet.

Gegen die Apartheidgesetze

Nadine Gordimer wurde in Springs/Transvaal als Tochter eines jüdischen Juweliers geboren und gehört damit zur weißen Minderheit in Südafrika. Von früher Kindheit an beobachtete Gordimer, wie die weiße Minorität in zunehmendem Maße die Rechte der schwarzen Majorität schwächte, und sie begann schon bald, die Politik der Apartheidregierung zu kritisieren und für Menschenrechte zu kämpfen. Im Alter von neun Jahren fing sie mit dem Schreiben an, sieben Jahre später erschien ihre erste Kurzgeschichte „Kommen morgen wieder". Beinahe ihr gesamtes Leben verbrachte und schrieb sie in einem Südafrika, das durch die Trennung der Rassen gespalten war. In den 1950er Jahren gehörte die Autorin zu einer kleinen Gruppe, die bewusst die damaligen Apartheidgesetze missachtete. Ihr konsequentes Eintreten für das Recht auf freie Meinungsäußerung brachte ihr mehrfach Publikationsverbote in ihrem Heimatland ein, und so erschienen ihre Erzählungen ab 1952 in Großbritannien sowie in den USA.

Die Hauptthemen ihres Werkes sind die gesellschaftliche Prägung des Einzelnen, die Stellung der Weißen zum Unrechtssystem, die Frage der Selbstbestimmung der Schwarzen und die gesellschaftlichen Konflikte seit dem Ende der Apartheid.

Apartheid

Die offizielle Politik der Rassentrennung in Südafrika nach dem Zweiten Weltkrieg steht für die systematische Unterdrückung einer nicht weißen Bevölkerungsmehrheit von rund 41 Millionen Menschen durch vier Millionen Weiße. Eine Vielzahl diskriminierender Gesetze führte dazu, dass die weiße Minderheit die schwarze Mehrheit unterdrücken und ausbeuten konnte. Erst nach langen Jahren des Protestes und Widerstandskampfes zeichnete sich in den 1980er Jahren eine Wende ab, die zur Abschaffung der Apartheid 1990 führte. Nelson Mandela war dabei der charismatische Führer, der das Land in eine neue Epoche führte. 1994 wurde er der erste schwarze Staatspräsident Südafrikas.

Mutige Kämpferin

Zu den wichtigsten Büchern der Autorin gehören „Fremdling unter Fremden" (1958), „Anlass zu lieben" (1963), „Der Besitzer" (1974), „Burgers Tochter" (1979), „Ein Spiel der Natur" (1987) und „Die Geschichte meines Sohnes". In dieser 1990 erschienenen Liebesgeschichte setzt sich eine weiße Frau, die mit einem schwarzen Lehrer verheiratet ist, für die Rechte der unterdrückten schwarzen Minderheit ein. Offiziell ist die Apartheid beendet – doch wie sieht es in den Köpfen der Menschen aus? Diesem Problem widmet sich die Schriftstellerin in den Büchern „Die Hauswaffe" (1998) und „Ein Mann von der Straße" (2001). In „Die Hauswaffe" gerät ein liberales weißes Ehepaar in eine Identitätskrise, als ihr psychisch labiler Sohn aus Leidenschaft zum Mörder wird. Der Leser wird gleichsam von der Geschichte mitgerissen; sehr schnell versetzt er sich in die Gefühlswelt des älteren Ehepaares. Vielschichtig ist die Schilderung der Gewalttat aus unterschiedlichen Perspektiven, die Fragen nach Gerechtigkeit und Toleranz aufwirft. Die Autorin, die mit ihren Büchern ein Millionenpublikum in aller Welt begeistert hat, ist die wohl prominenteste weiße Bürgerin ihres Landes und war eine der mutigsten Kämpferinnen für die Aufhebung der Rassentrennung.

Nadine Gordimer bei einer Autogrammstunde auf der Frankfurter Buchmesse im Jahre 1991. Die Schriftstellerin lebt heute in Johannesburg.

Günter Grass und „Die Blechtrommel"

(*1927)

Einer großen Öffentlichkeit bekannt wurde der in Danzig geborene Schriftsteller Günter Grass durch seinen 1959 erschienenen Roman „Die Blechtrommel", der 1979 verfilmt wurde. David Bennent spielte die Rolle des Jungen Oskar, der an seinem dritten Geburtstag beschließt, sein Wachstum einzustellen.

Vom Lyriker zum Romancier

Nach seiner Entlassung aus amerikanischer Gefangenschaft 1946 arbeitete Grass zunächst als Landarbeiter und studierte von 1948 bis 1956 Bildhauerei und Grafik in Düsseldorf und Berlin. Parallel zu seiner Arbeit als bildender Künstler begann er zu schreiben und gehörte ab 1955 der „Gruppe 47" an.
Günter Grass startete seine literarische Laufbahn als Lyriker, doch fanden seine Gedichtbände nur wenig Beachtung. Auch seine Theaterstücke waren im Vergleich zu seinen Romanen wenig erfolgreich. Bekannt ist jedoch das Trauerspiel „Die Plebejer proben den Aufstand" (1966), das sich mit der Rolle Bertolt Brechts beim Arbeiteraufstand am 17. Juni 1953 auseinandersetzt. Den Weltruhm des Autors begründete der Roman „Die Blechtrommel". Mit der Novelle „Katz und Maus" (1961) und dem Roman „Hundejahre" (1963) wurde „Die Blechtrommel" später zur so genannten „Danziger Trilogie" zusammengefasst. Grass' Stil zeichnet sich durch realistische Detailbeschreibungen und groteskfantastische Handlungsabläufe aus.

Politischer Mahner

1977 erschien mit „Der Butt" ein weiterer bedeutender Roman des Autors. Die Märchenparodie stellt kulinarisch das Geschlechterverhältnis von der Steinzeit bis in die Gegenwart dar. Der „Gruppe 47" setzte Grass mit „Das Treffen in Telgte" (1979) ein bleibendes Denkmal. Sieben Jahre später erschien „Die Rättin", Darstellung einer apokalyptischen Ausrottung der Menschheit. Grass' Roman „Ein weites Feld" (1995), in dem sich der Autor mit der Problematik der deutschen Wiedervereinigung auseinandersetzt, wurde äußerst kontrovers aufgenommen.
Bekannt wurde Grass auch als politischer Mahner. Sein Engagement schlug sich in zahlreichen Essays und Reden nieder. Nachdem Grass 1961 Willy Brandt (1913–1992) persönlich kennen gelernt hatte, engagierte er sich ab 1965 in mehreren Wahlkämpfen für die SPD. 1999 präsentierte der Schriftsteller „Mein Jahrhundert", 100 Geschichten, die die einzelnen Jahre des 20. Jahrhunderts beleuchten. In der Novelle „Im Krebsgang" (2002) erfährt ein Journalist bei Recherchen von der rechtsextremen Gesinnung seines Sohnes. Die vorwiegend erotischen Gedichte in „Letzte Tänze" erschienen 2003. 2006 sorgte Grass für Schlagzeilen, als er in seinem autobiografischen Werk „Beim Häuten der Zwiebel" bekannte, für kurze Zeit bei der Waffen-SS gewesen zu sein. Der Autor, der heute in der Nähe von Lübeck lebt, wurde 1999 mit dem Literaturnobelpreis für sein Lebenswerk ausgezeichnet.

Gruppe 47

Die politische Literatenvereinigung Gruppe 47 (1947–1967) wollte eine geistige Opposition gegen Adenauer und dessen Restauration bilden. Den Anfang machten Alfred Andersch (1914–1980) und Walter Kolbenhoff (1908–1993), als sie 1946 in München die literarische Zeitschrift „Der Ruf" gründeten. Das totalitäre Regime, Nachkriegsdeutschland, die Rolle von Politik und Gesellschaft waren ihre Themen.

Die 1979 entstandene filmische Bearbeitung der „Blechtrommel" von Volker Schlöndorff wurde mit einem Oscar für den besten nicht englischsprachigen Film ausgezeichnet.

Gabriel García Márquez und der Magische Realismus (*1928)

Sein erster großer Erfolg im Jahr 1967 hatte einen bitteren Beigeschmack, denn er konnte den Ruhm nicht in der geliebten Heimat auskosten: Ende der 1950er Jahre hatte Gabriel García Márquez Kolumbien verlassen. Der bekennende Sozialist war vor der Diktatur des Generals Gustavo Rojas Pinilla (1900–1975) ins Exil geflohen.

Kein Respekt vor Nobelpreisträgern

Dem Willen der Großeltern folgend, studierte Márquez ab 1946 in der Hauptstadt Bogotá Jura. Ab 1950 beschäftigte er sich intensiv mit der Literatur. Großen Einfluss auf sein späteres Werk hatten vor allem Franz Kafka (1883–1924), Ernest Hemingway (1899–1961) und William Faulkner (1897–1962). Die Buchrezensionen, die Márquez für die Zeitung „El Espectator" schrieb, offenbaren schon früh seine kämpferische Natur. Nicht einmal vor Nobelpreisträgern wie Thomas Mann (1875–1955) oder Hermann Hesse (1877–1962) kannte er Respekt.

Nationalepos begeistert Leser

Im Exil lebte Márquez in Kuba, Mexiko und schließlich in Spanien, wo dem Journalisten plötzlich ein großer Wurf in der Literatur gelang: 1967 erschien sein Roman „Hundert Jahre Einsamkeit". Die im 19. und 20. Jahrhundert in einem Dorf im kolumbianischen Urwald spielende Familienchronik wies Márquez als Erzähler von höchstem Rang aus, doch nicht nur das: Márquez hatte ein nationales Epos für Kolumbien sowie für den ganzen südamerikanischen Kontinent geschaffen. Anfang der 1970er Jahre kehrte er nach Kolumbien zurück, floh jedoch kurz darauf abermals nach Europa. Grund war diesmal der Rummel, den man um ihn veranstaltete. Mehr als 30 Millionen Exemplare in 20 Sprachen wurden von „Hundert Jahre Einsamkeit" verkauft. Weitere Romane wie die „Chronik eines angekündigten Todes" (1981) oder „Die Liebe in den Zeiten der Cholera" (1985) folgten. Schauplatz ist häufig das erfundene Dorf Macondo, das allerdings der Kleinstadt Aracataca im Norden Kolumbiens, wo Márquez bei den Eltern seiner Mutter aufwuchs, nachgebildet ist. Vor allem in Europa liebt man heute Márquez' eigenwilligen Kosmos, der, oft gleichermaßen von schräger Komik und tragischer Schicksalhaftigkeit getrieben, bevölkert ist von kraftvollen Männern und klugen Frauen und vibriert vor Vitalität und Sinnlichkeit. 1982 wurde Gabriel García Márquez mit dem Literaturnobelpreis ausgezeichnet. Die Stockholmer Juroren lobten die „Romane und Erzählungen, in denen sich das Phantastische und das Realistische in einer viel facettierten Welt der Dichtung vereinen, die Leben und Konflikt eines Kontinents widerspiegeln".

Magischer Realismus

*Der Magische Realismus ist eine Erzähltechnik, bei der sich realistische Schilderung und phantastische Ereignisse miteinander verweben. Der Begriff des Magischen Realismus findet sich zunächst in der Malerei des frühen 20. Jahrhunderts. Erst in den 1940er Jahren brachte ihn der kubanische Autor Alejo Carpentier (1904–1980) in die Literatur ein. Seine berühmtesten Vertreter sind Carlos Fuentes (*1928), Mario Vargas Llosa (*1936) und Gabriel García Márquez. In Europa vertreten unter anderen der Italiener Italo Calvino (1923–1985), der Deutsche Günter Grass (*1927), der Tscheche Milan Kundera (*1929) und der in England lebende Inder Salman Rushdie (*1947) diese Stilrichtung.*

*Gabriel García Márquez in einer Karikatur des ungarischen Zeichners Tibor Kajan (*1921) aus den 1970er Jahren. Ironisch wird der Chronist Südamerikas mit allem dargestellt, was den Kontinent aus europäischer Sicht ausmacht.*

Imre Kertész: Ein Überlebender des Holocaust

(*1929)

Der ungarische Schriftsteller Imre Kertész avancierte mit „Roman eines Schicksallosen" zu einem der bedeutendsten Autoren der Gegenwart. 2002 erhielt er für das Buch über den Holocaust von der Schwedischen Preisakademie den Literaturnobelpreis – eine späte Ehrung für den bereits 1975 erschienenen Roman.

Erst spät beachtet

Der Jude Imre Kertész wurde 1944, mit 14 Jahren, von Budapest nach Auschwitz und von dort aus weiter nach Buchenwald deportiert. Er überlebte und kehrte 1945 nach Budapest zurück. Nach dem Abitur arbeitete er als Journalist bei einer Tageszeitung, bis diese 1951 zum Parteiorgan der Kommunisten und er entlassen wurde. Den Broterwerb sicherte er sich mit dem Verfassen von Musicals und Unterhaltungsstücken für das Theater; daneben schlug sich Kertész als freier Journalist und Übersetzer durch, bis er 1960 die Arbeit an seinem „Roman eines Schicksallosen" aufnahm. Fast 15 Jahre sollte die Vollendung dauern. Der Roman ist ein Buch über einen 15-Jährigen, der wie 900 000 andere jüdische Ungarn im Zweiten Weltkrieg deportiert wird. Zwei Drittel von ihnen kommen ums Leben. Der Junge überlebt den Holocaust in Auschwitz und Buchenwald. Danach genügt ihm ein einziger Tag in Budapest, um zu begreifen, dass er sich nirgendwo mehr heimisch fühlen kann, denn zwischen ihm und den zu Hause Gebliebenen hat sich eine unüberbrückbare Kluft des Unverständnisses aufgetan. Kertész zeichnet in seinem Werk nicht das Grauen des Holocaust nach, sondern schildert den Alltag in einem Konzentrationslager aus der Sicht eines Kindes, ohne zu werten oder nach Erklärungen zu suchen.

Kertész anlässlich der Nobelpreisverleihung

„Uns bleibt jetzt zu überlegen, wie wir von hieraus weiterfinden. Das Problem Auschwitz besteht nicht darin, ob wir sozusagen einen Schlussstrich darunter ziehen oder nicht; ob wir es im Gedächtnis bewahren sollten oder in der entsprechenden Schublade der Geschichte versenken; ob wir für die Millionen von Ermordeten Mahnmale errichten und wie sie beschaffen sein sollten. Das wirkliche Problem Auschwitz besteht darin, dass es geschehen ist und dass wir an dieser Tatsache mit dem besten, aber auch mit dem schlechtesten Willen nichts ändern können."

Holocaust-Literatur

In der ungarischen Erstauflage fand der Roman zunächst kaum Resonanz. Erst 1985, nach der Zweitauflage, wurde die Leistung des ungarischen Schriftstellers auch in seiner Heimat anerkannt. Für die von Lajos Koltai (*1946) inszenierte Verfilmung des Romans (2005) schrieb Kertész das Drehbuch. Die nachfolgenden Romane „Kaddisch für ein nicht geborenes Kind" (1990) und „Fiasko" (2000) griffen den Holocaust erneut auf und bezogen auch die Spätfolgen für die Überlebenden mit ein. Alle Werke, die der Ungar verfasst hat, kreisen um das Thema Holocaust und dessen Verarbeitung. Kertész bezeichnet den Holocaust als sein Trauma, das weiter andauert: „Der Holocaust ist ein Zustand, der noch nicht zu Ende ist. Ich spüre ihn überall. Es gab bisher keine Katharsis. Den Holocaust kann man nicht verarbeiten." Vor seinem Prosa-Band „Die englische Flagge" (1999) veröffentlichte Kertész 1993 das „Galeerentagebuch", das Aufzeichnungen aus drei Jahrzehnten, von 1961 bis 1991, umfasst. Darin beschäftigt sich der Autor mit der Freiheit des Individuums in einer totalitären Welt. „Meine einzige Identität ist die des Schreibens", bekennt Kertész in „Ich – ein anderer" (1998), eine Art Fortsetzungsband zum „Galeerentagebuch".

Im selben Jahr wie den Nobelpreis, 2002, erhielt Kertész den Hans-Sahl-Preis, hier eine Aufnahme anlässlich der Preisverleihung. Die deutsche Schriftstellervereinigung „Autorenkreis der Bundesrepublik" erinnert mit der Ehrung an den Lyriker, Dramatiker und Übersetzer Hans Sahl, der einst vor den Nazis ins Exil fliehen musste.

Umberto Eco: Wissenschaftler und Romanautor
(*1932)

Umberto Eco ist einer der renommiertesten italienischen Schriftsteller der Gegenwart. Gleich sein erster Roman, „Der Name der Rose", offenbarte den Lesern, wie einfühlsam und dabei präzise der Wissenschaftler die Lebenswirklichkeiten historischer Epochen schildert. Der 1980 erschienene Roman wurde 1986 verfilmt. Sean Connery untersucht in der Rolle des Franziskanermönches die mysteriösen Mordfälle im Kloster.

Ein Leben für die Wissenschaft
Der im Piemont geborene Eco ist seit 1971 Professor für Semiotik an der Universität Bologna und besitzt mittlerweile 31 Ehrendoktortitel, die seinen vielen zeichentheoretischen Arbeiten Rechnung tragen. 1955 promovierte der Literatur- und Kulturwissenschaftler in Turin, danach schloss er sich der avantgardistischen italienischen Literatenvereinigung „Gruppe 63" an. Eine Reihe wissenschaftlicher Schriften folgte, unter anderem die „Einführung in die Semiotik" (1968), „Die Suche nach der vollkommenen Sprache" (1993), „Im Wald der Fiktionen" (1994) und „Die Geschichte der Schönheit" (2004). Dem breiteren Publikum ist Eco jedoch vor allem durch seine literarischen Arbeiten bekannt.

Die Welt der Romane
Umberto Eco gilt als Vertreter des so genannten postmodernen Romans. „Der Name der Rose", ein spannender Historienthriller, entfachte in den 1980er Jahren eine wahre Mittelalterbegeisterung. Von heute auf morgen wurde der Italiener weltberühmt. Die Verfilmung durch Jean-Jacques Annaud (*1943) konnte an den Erfolg des Buches anknüpfen. 1988 erschien Ecos zweiter Roman „Das Foucaultsche Pendel". Hier führt er drei Mailänder Verlagslektoren zusammen, die aus Übermut einen Papierfetzen zu einer Weltverschwörung ausfabulieren – bis diese in Paris tödliche Wahrheit wird. Der Roman spielt auf verschiedenen Zeitebenen, die häufig wechseln. In „Die Insel des vorigen Tages" (1994) erleidet Roberto La Grive auf der Suche nach dem Fixpunkt für die Festlegung der Erdlängengrade 1643 in der Südsee Schiffbruch. Dem historischen Roman „Baudolino" (2000) folgte schließlich 2004 „Die geheimnisvolle Flamme der Königin Loana". Von allen Romanen Ecos ist dieser letzte sicherlich derjenige, der am meisten Autobiografisches enthält. Seit 2003 ist Umberto Eco Mitglied der französischen Ehrenlegion, eines Ordens, der 1802 von Napoleon I. gegründet wurde, um besonders verdienstvolle Soldaten und Bürger auszuzeichnen.

> ### *„Der Name der Rose"*
> *Der Franziskanermönch William von Baskerville, eine Art Sherlock Holmes des Mittelalters und zugleich das Alter Ego des Autors, kommt im Jahr 1327 gemeinsam mit dem Novizen Adson von Melk, dem späteren Erzähler, in ein fiktives Benediktinerkloster in Norditalien. Hier hat der gewaltsame Tod eines Bruders den Abt gerade in Unruhe versetzt, steht seiner Abtei doch brisanter Besuch ins Haus. Delegationen des Franziskanerordens und des Avignon-Papstes sollen über Glaubensfragen verhandeln, die sich um die Armut Christi drehen. Unter ihnen ist Williams Erzfeind, der Inquisitor Bernard Gui. Wie ein Detektiv macht sich William an die Aufklärung des Todesfalls, dem weitere Morde folgen.*

Sean Connery in der Hauptrolle des von Jean-Jacques Annaud verfilmten Bestsellers „Der Name der Rose". Für die Außenaufnahmen ließ der Regisseur in Cinecittà/Rom die Kulissen einer mittelalterlichen Abtei mit einem 30 Meter hohen Bibliothekssturm errichten. Frisuren und Kleidungsstücke, Requisiten und Gebäude entsprachen bis ins Detail historischen Beschreibungen.

John Updike: Literatur und mehr

(*1932)

Mit seinen Romanen, Kurzgeschichten, Gedichten und Essays gehört Updike ohne Zweifel zu den ganz großen amerikanischen Gegenwartsliteraten. Sein Lebensthema ist die sexuelle Befreiung der 1960er und 1970er Jahre. Viele seiner Romane und Erzählungen spielen im Milieu der wohlhabenden amerikanischen Mittelschicht und berichten von Todesangst und Sehnsucht, von sexuellen Abenteuern und dem Verlust der Moral beim amerikanischen Durchschnittsbürger.

Die Rabbit-Romane

Den ärmlichen Verhältnissen seiner elterlichen Farm entkam Updike durch ein Stipendium für das Harvard College. Seit den 1950er Jahren war er als Kolumnist und Literaturkritiker für die Zeitschrift „The New Yorker" tätig, von 1957 an widmete er sich dann ganz der Schriftstellerei. Mit „Hasenherz" feierte er 1960 seinen ersten großen Erfolg. Der Auftakt des Zyklus über seinen Helden Harry Angstrom, einen blonden Hünen mit zierlicher Nase, begründete Updikes literarischen Ruhm. Angstrom bzw. „Hasenherz" (sein Spitzname) hat Glück bei den Frauen – aber er bringt ihnen keines. Er verlässt Frau und Kind und versucht seine ruhelose Sehnsucht in der Liebe zu einer Prostituierten zu stillen. Nach einem tragischen Ereignis in seiner Familie kehrt er zu ihr zurück, scheitert erneut und flieht endgültig ins Ungewisse.

In „Unter dem Astronautenmond" (1971), dem zweiten Teil der Rabbit-Romane, beschreibt Updike mit eindringlichem Realismus den Zustand der modernen amerikanischen Gesellschaft. Im Mittelpunkt stehen Harry Angstrom, gut situierter und zufriedener Bürger, und seine Frau Janice, weniger zufrieden. Sie spielen miteinander das alte Spiel von Überdruss und Gleichgültigkeit, Trauer und Schmerz, Trennung und Versöhnung.

Der dritte Rabbit-Roman trägt den Titel „Bessere Verhältnisse" (1981). Zentrales Moment ist hier das Generationenproblem – der unüberwindbare Konflikt zwischen „Hasenherz" Angstrom und seinem Sohn Nelson.

In „Rabbit in Ruhe" endet 1990 das Leben von Harry. Über Harry, inzwischen 55, und Janice bricht das Unglück herein, da der gemeinsame Sohn Nelson kokainabhängig geworden ist und die Firma in den Ruin getrieben hat. Janice emanzipiert sich, Harry erleidet zwei Herzinfarkte, die er nicht überlebt.

> ### *„Landleben"*
>
> *Owen, ein ehemals erfolgreicher Computeringenieur, blickt auf die 70 Jahre seines Lebens zurück – ein Leben, das sich um Computer, Kleinstädte, vor allem aber um die Frauen drehte. Updike verwebt in diesem Roman die erotische Biografie seiner Hauptfigur mit der Chronik einer Kleinstadt und der Geschichte des Computerzeitalters. Noch einmal nimmt er ironisch die amerikanische Mittelschicht des 20. Jahrhunderts auseinander.*

Amerikanische Durchschnittsbürger

Internationalen Ruhm erlangte der Autor auch mit seinem komödiantischen Roman „Die Hexen von Eastwick" (1984), der mit Jack Nicholson als diabolischem Frauenverführer erfolgreich verfilmt wurde. Im Zentrum von Updikes 21. Roman, „Landleben" (2004), steht eine neue Thematik – nicht der muntere Sex der mittleren Jahre, die Lust an erotischen Grenzgängen, sondern die düstere Kehrseite des Menschenlebens: das Alter, das Nachlassen der Kräfte, die nahe Schwelle zu Tod und Dahindämmern. Updike, selbst Mitte 70, beschreibt darin die Tragikomödie des Alterns.

Der Erzähler John Updike, hier 1969 in London, liebt anschauliche Einzelheiten. Das banale Leben des amerikanischen Mittelständlers steht im Mittelpunkt seiner zahlreichen Romane und Erzählungen.

Philip Roth und die jüdisch-amerikanische Literatur
(*1933)

Das Magazin „New York Review of Books" befragte Autoren nach ihren amerikanischen Lieblingsromanen aus dem letzten Viertel des 20. Jahrhunderts. Das Urteil der Kollegen fiel eindeutig aus: Unter den besten 20 Titeln waren sechs von Philip Roth. Damit erklärten die US-Literaten den Schöpfer der sarkastischen Sittenbilder aus dem jüdisch-amerikanischen Milieu zum bedeutendsten zeitgenössischen Schriftsteller ihres Landes. Hoch angerechnet wird ihm, dass er jeden erreicht, weil er, wie es in einer deutschen Rezension hieß, „ein allzu menschliches Drama ausphantasiert. Der Traum vom gelingenden Leben muss scheitern, so clever wir es anstellen."

Pornographisch oder nicht?

Einige von Roths Büchern haben sich den Vorwurf der Pornographie eingehandelt. Dieses Urteil bezieht sich zum Beispiel auf den Roman „Der menschliche Makel" (2000), der ein Reflex auf die Affäre des US-Präsidenten Bill Clinton (*1946) mit der Praktikantin Monica Lewinsky (*1973) war. Am Beispiel eines renommierten Literaturprofessors, der wegen einer ironischen, aber doppeldeutigen Bemerkung des Rassismus verdächtigt wird, führt Roth hier die Unmenschlichkeit einer zur Ideologie verhärteten politischen Korrektheit vor. Schon beim ersten Skandal um Philip Roth fühlten sich alle angesprochen. Das Buch „Portnoys Beschwerden" (1969) brachte seinem Autor den Ruf ein, ein hochgefährlicher Pornograph zu sein. Sexuelles Begehren ist zwar tatsächlich eines von Roths zentralen Themen, doch betrachtet er Sexualität niemals pornographisch, sondern vielmehr als einen Teil des menschlichen Seins, der wie jede andere Eigenschaft ebenso Glückseligkeit versprechen wie in den Abgrund führen kann.

Jüdisch-amerikanische Literatur

Als Einwanderungsland waren die USA seit dem 19. Jahrhundert auch Ziel jüdischer Emigranten. Heute leben dort über 50 Millionen Menschen jüdischen Glaubens. Trotz weitgehender Assimilation hat sich aus den Nachfahren der Einwanderer eine Mittelstandsschicht entwickelt, die ein starkes Bewusstsein für Familienbindungen und einen überdurchschnittlich hohen Bildungsgrad besitzt. Wichtige Vertreter der aus dieser Bevölkerungsgruppe hervorgegangenen Literaten sind Saul Bellow (1915–2005), Bernard Malamud (1914–1986) und Chaim Potok (1929–2002). Sie etablierten die Vereinigten Staaten als eigenständiges Zentrum jüdischer Kultur neben Israel und Europa. Auch Philip Roth steht in dieser Reihe, wenngleich er sich gegenüber einer Literatur, die das Judentum seiner Ansicht nach überhöht, abgrenzt: „Ich bin kein jüdischer Schriftsteller. Ich bin ein Schriftsteller, der ein Jude ist."

Historische Realität und Fiktion vermischen sich

Eine weitere Spezialität der Roth'schen Romane ist das Spiel mit Realität und Fiktion: In „Operation Shylock" (1993) geht diese Grenze fast völlig verloren, denn die Hauptfigur trägt den gleichen Namen wie der Autor. Der fiktive Philip Roth beobachtet in Jerusalem den Prozess gegen den als „Schlächter von Treblinka" bekannt gewordenen ukrainischen KZ-Wächter John Demjanjuk (*1920).

In „Verschwörung gegen Amerika" (2004) spiegelt der Autor die amerikanische Gegenwart in der historischen Spekulation: Was wäre, wenn im Jahre 1940 anstelle von Franklin Roosevelt (1882–1945) der den deutschen Nationalsozialisten nahe stehende Flugpionier Charles Lindbergh (1902–1974) zum Präsidenten der USA gewählt worden wäre? Vor dem Hintergrund einer fiktiven faschistischen Machtübernahme in den USA schildert Roth das Schicksal seiner eigenen jüdischen Familie in den Jahren 1940 bis 1942.

Der aus Newark im Bundesstaat New Jersey stammende Philip Roth, hier auf einem bekannten Porträt der Fotografin Nancy Crampton, lebt heute auf einer Farm in Connecticut. Seit 1956 arbeitet er neben der Schriftstellerei auch als Dozent für Literatur an verschiedenen amerikanischen Universitäten. Für den Roman „Amerikanisches Idyll" (1997) erhielt er den Pulitzerpreis, die wichtigste Auszeichnung auf dem Gebiet der Literatur in den USA. Seine zahlreichen Verehrer handeln ihn seit Jahrzehnten als Kandidaten für den Nobelpreis.

Die Autoren und ihre Werke

Diese Bibliografie bietet einen Überblick zu den Werken der im Buch vorgestellten Autoren. Die Jahreszahlen bezeichnen das Jahr der Erstveröffentlichung des jeweiligen Werkes.

Andersen, Hans Christian (1805–1875)
1835 Der Improvisator • 1835–1848 Märchen, für Kinder erzählt • 1837 Nur ein Geiger • 1847 Ahasver • 1849 Die zwei Baronessen • 1850 Die neue Wochenstube • 1851 In Schweden • 1852 Geschichten • 1855 Das Märchen meines Lebens • 1870 Glücks-Peter

Aristoteles (384–322 v. Chr.)
um 1469 Politik • 1472 Über die Seele • 1474 Meteorologie • 1474 Über das Werden und Vergehen • 1475 Rhetorik • 1481 Die Analytik • 1481 Von der Dichtkunst • 1496 Von der Welt • 1498 Große Ethik • 1498 Die Metaphysik • 1891 Die Staatsverfassung der Athener

Äsop (6. Jahrhundert v. Chr.)
um 1470 Fabelsammlung

Augustinus (354–430)
1465 Über die christliche Lehre •1467 Über den Gottesstaat • um 1470 Bekenntnisse • 1474 Über die Dreieinigkeit • 1491 Über den freien Willen • 1491 Über die Unsterblichkeit der Seele • 1505–1517 Über die wahre Religion • 1506 Selbstgespräche

Balzac, Honoré de (1799–1850)
1825 Ein Drama am Meeresstrand • 1829 Der letzte Chouan oder Die Bretagne im Jahr 1800 • 1829 Physiologie der Ehe • 1830 Frauenstudie • 1830 Gobseck • 1830 Lebewohl • 1830 Kleine Nöte des Ehelebens • 1830 Eine Leidenschaft in der Wüste • 1831 Die Geächteten • 1831 Das verfluchte Kind • 1832 Oberst Chabert • 1832 Die Grenadiere • 1832 Die Börse • 1833 Der Landarzt • 1834 Eugénie Grandet • 1835 Der Ehevertrag • 1836 Facino Cane • 1836 Das Antiquitätenkabinett • 1837 Gambara • 1838 Glanz und Elend der Kurtisanen • 1939 Die Geheimnisse der Fürstin von Cadignan • 1839 Beatrix oder Die erzwungene Liebe • 1841 Die falsche Geliebte • 1841 Der Landpfarrer • 1841 Eine dunkle Affäre • 1842 Albert Savarus • 1843 Der Pfarrer von Tours • 1846 Kusine Lisbeth

Baudelaire, Charles (1821–1867)
1847 Die Fanfarlo • 1857 Blumen des Bösen • 1860 Die künstlichen Paradiese • 1868 Die Kunst der Romantik • 1868 Ästhetische Merkwürdigkeiten • 1869 Pariser Spleen • 1887 Intime Tagebücher

Beckett, Samuel (1906–1989)
1938 Murphy • 1951 Molloy • 1952 Warten auf Godot • 1953 Watt • 1957 Endspiel • 1959 Das letzte Band • 1961 Glückliche Tage • 1961 Wie es ist • 1970 Der Verwaiser • 1970 Mercier und Camier • 1980 Gesellschaft • 1981 Schlecht gesehen schlecht gesagt

Boccaccio, Giovanni (1313–1375)
1439 Über berühmte Frauen • 1470 Das Dekameron • 1472 Fiammetta • 1472 Der Filocolo • 1475 Teseide • 1477 Die Nymphe von Fiesole • 1478 Ameto • um 1480 Der Filostrato • 1487 Corbaccio oder das Liebeslabyrinth • 1494 Über den Sturz berühmter Männer • 1521 Die Liebesvision

Böll, Heinrich (1917–1985)
1951 Wo warst du, Adam? • 1953 Und sagte kein einziges Wort • 1954 Haus ohne Hüter • 1955 Das Brot der frühen Jahre • 1959 Billard um halb zehn • 1963 Ansichten eines Clowns • 1971 Gruppenbild mit Dame • 1974 Die verlorene Ehre der Katharina Blum • 1977 Einmischung erwünscht • 1979 Fürsorgliche Belagerung • 1985 Frauen vor Flusslandschaft

Brecht, Bertolt (1898–1956)
1922 Baal • 1923 Trommeln in der Nacht • 1927 Im Dickicht der Städte • 1927 Mann ist Mann • 1928 Die Dreigroschenoper • 1929 Aufstieg und Fall der Stadt Mahagonny • 1930 Der Jasager. Der Neinsager • 1931 Die Maßnahme • 1932 Die heilige Johanna der Schlachthöfe • 1934 Dreigroschenroman • 1934 Lieder Gedichte Chöre

• 1937 Die Gewehre der Frau Carrar • 1938 Furcht und Elend des Dritten Reiches • 1939 Svendborger Gedichte • 1940 Das Verhör des Lukullus • 1949 Der kaukasische Kreidekreis • 1949 Die Antigone des Sophokles • 1949 Mutter Courage und ihre Kinder • 1950 Herr Puntila und sein Knecht Matti • 1953 Der gute Mensch von Sezuan • 1955 Leben des Galilei • 1956 Die Gesichte der Simone Machard • 1956 Schweyk im Zweiten Weltkrieg • 1957 Der aufhaltsame Aufstieg des Arturo Ui • 1961 Flüchtlingsgespräche

Büchner, Georg (1813–1837)
1834 Der Hessische Landbote • 1835 Dantons Tod • 1838 Leonce und Lena • 1839 Lenz • 1878 Woyzeck

Camus, Albert (1913–1960)
1937 Licht und Schatten • 1942 Caligula • 1942 Der Mythos des Sisyphos • 1942 Der Fremde • 1944 Das Missverständnis • 1947 Die Pest • 1948 Der Belagerungszustand • 1950 Die Gerechten • 1951 Der Mensch in der Revolte • 1956 Der Fall • 1957 Das Exil und das Reich • 1971 Der glückliche Tod

Cervantes, Miguel de (1547–1616)
1585 Erster Teil der Galatea • 1605–1615 Der sinnreiche Junker Don Quixote de la Mancha • 1613 Das Zigeunermädchen • 1613 Rinconete und Cortadillo • 1613 Der Lizenziat Vidriera • 1613 Der Eifersüchtige von Extremadura • 1613 Die erlauchte Scheuermagd • 1613 Die betrügerische Heirat • 1613 Das Zwiegespräch der Hunde • 1614 Die Reise zum Parnaß • 1615 Acht Komödien und acht Zwischenspiele • 1615 Die Kerker von Algier • 1615 Peter Tunichtgut • 1615 Die Höhle von Salamanca • 1617 Die Mühen und Leiden des Persiles und Sigismunda • 1784 Die Belagerung von Numantia

Corneille, Pierre (1606–1684)
1632 Clitandre oder Die befreite Unschuld • 1637 Der Cid • 1639 Medea • 1639 Komödie der Täuschungen • 1641 Horatius • 1643 Cinna oder Die Gnade des Augustus • 1643 Der Märtyrer Polyeucte • 1644 Der Tod des Pompeius • 1644 Der Lügner • 1647 Heraklius, Kaiser des Orients • 1651 Andromeda • 1651 Nikomedes • 1659 Ödipus • 1661 Das Goldene Vlies • 1662 Sertorius • 1667 Attila, König der Hunnen • 1671 Titus und Berenice • 1675 Surena

Dante Alighieri (1265–1321)
1472 Die Göttliche Komödie • 1490 Das Gastmahl • 1529 Zwei Bücher über die Ausdruckskraft der Volkssprache • 1559 Drei Bücher über die Monarchie • 1576 Das neue Leben • 1827 Gedichte

Defoe, Daniel (1660–1731)
1701 Der waschechte Engländer • 1719 Das Leben und die seltsamen Abenteuer des Robinson Crusoe • 1720 Leben, Abenteuer und Piratenstreiche des berühmten Kapitäns Singleton • 1722 Tagebuch aus dem Pestjahr • 1722 Glück und Unglück der berühmten Moll Flanders • 1724 Die glückhafte Mätresse

Dickens, Charles (1812–1870)
1836 Skizzen von Boz • 1836/37 Die nachgelassenen Aufzeichnungen des Pickwick Clubs • 1837/38 Oliver Twist • 1838/39 Leben und Abenteuer Nicholas Nicklebys • 1840/41 Der Raritätenladen • 1841 Barnaby Rudge • 1843/44 Leben und Abenteuer Martin Chuzzlewits • 1843 Ein Weihnachtslied in Prosa • 1847/48 Geschäfte mit der Firma Dombey und Sohn • 1849/50 Die Lebensgeschichte, Abenteuer, Erfahrungen und Beobachtungen David Copperfield des Jüngeren • 1852 Bleakhaus • 1854 Harte Zeiten • 1855–1857 Klein Dorrit • 1859 Eine Geschichte aus zwei Städten • 1860/61 Große Erwartungen • 1864/65 Unser gemeinsamer Freund • 1870 Das Geheimnis um Edward Drood

Diderot, Denis (1713–1784)
1748 Die geschwätzigen Kleinode • 1749 Brief über die Blinden zum Gebrauch der Sehenden • 1751–1780 Enzyklopädie • 1751 Brief über die Taubstummen zum Gebrauch derer, welche hören und sprechen können • 1754 Gedanken über die Interpretation

der Natur • 1757 Der natürliche Sohn oder Die auf die Probe gestellte Tugend • 1758 Der Hausvater • 1773 Dies ist keine Erzählung • 1796 Die Nonne • 1796 Jakob, der Fatalist, und sein Herr • 1821 Rameaus Neffe • 1830 Das Gespräch zwischen d'Alembert und Diderot

Dostojewski, Fjodor Michailowitsch (1821–1881)
1846 Arme Leute • 1846 Der Doppelgänger • 1848 Helle Nächte • 1848 Ein schwaches Herz • 1859 Onkelchens Traum • 1859 Das Gut Stepanèikovo und seine Bewohner • 1860–1862 Aufzeichnungen aus einem Totenhaus • 1861 Die Erniedrigten und die Beleidigten • 1864 Aufzeichnungen aus dem Kellerloch • 1866 Schuld und Sühne • 1867 Der Spieler • 1868/69 Der Idiot • 1870 Der ewige Gatte • 1871/72 Die Dämonen • 1873 Bobok • 1875 Der Jüngling • 1879/80 Die Brüder Karamasow

Dumas, Alexandre d. Ä. (1802–1870)
1831 Antony • 1836 Kean oder Unordnung und Genie • 1843 Die Fräulein von Saint-Cyr • 1844 Die drei Musketiere • 1845/46 Der Graf von Monte Christo • 1846–1848 Erinnerungen eines Arztes

Dürrenmatt, Friedrich (1921–1990)
1950/51 Der Richter und sein Henker • 1952 Die Ehe des Herrn Mississippi • 1956 Der Besuch der alten Dame • 1962 Die Physiker • 1966 Der Meteor • 1971 Der Sturz • 1981 Stoffe I-III. Der Winterkrieg in Tibet. Mondfinsternis. Der Rebell • 1983 Achterloo • 1986 Der Auftrag oder Vom Beobachten des Beobachters der Beobachter

*Eco, Umberto (*1932)*
1975 Semiotik. Entwurf einer Theorie der Zeichen • 1980 Der Name der Rose • 1988 Das Foucaultsche Pendel • 1994 Die Insel des vorigen Tages • 2000 Baudolino • 2004 Die Geschichte der Schönheit • 2004 Die geheimnisvolle Flamme der Königin Loana

Eschenbach, Wolfram von (um 1170–um 1220)
1833 Die Lieder • 1477 Parzival • 1833 Titurel • 1833 Willehalm

Faulkner, William (1897–1962)
1925 New Orleans • 1926 Soldatenlohn • 1929 Schall und Wahn • 1930 Als ich im Sterben lag • 1930 Eine Rose für Emily • 1931 Die Freistatt • 1932 Licht im August • 1935 Wendemarke • 1936 Absalom, Absalom! • 1939 Brandstifter • 1939 Wilde Palmen • 1939 Der Strom • 1940 Das Dorf • 1948 Griff in den Staub • 1951 Requiem für eine Nonne • 1954 Eine Legende • 1957 Die Stadt • 1959 Das Haus

Feuchtwanger, Lion (1884–1958)
1923 Die hässliche Herzogin Margarete Maultasch • 1925 Jud Süß • 1930–1940 Der Wartesaal • 1932 Der jüdische Krieg • 1951 Goya oder der arge Weg der Erkenntnis • 1954 Die Jüdin von Toledo

Flaubert, Gustave (1821–1880)
1838 Erinnerungen eines Narren • 1856 Madame Bovary • 1863 Salammbô • 1869 Lehrjahre des Gefühls. Geschichte eines jungen Mannes • 1874 Die Versuchung des heiligen Antonius • 1877 Herodias • 1877 Ein schlichtes Herz • 1881 Bouvard und Pécuchet • 1910 November

Fontane, Theodor (1819–1898)
1862–1882 Wanderungen durch die Mark Brandenburg • 1878 Vor dem Sturm • 1879 Grete Minde • 1880 L'Adultera • 1881 Ellernklipp • 1885 Unterm Birnbaum • 1886 Cécile • 1887 Irrungen Wirrungen • 1890 Stine • 1891 Unwiederbringlich • 1892 Frau Jenny Treibel oder ‚Wo sich Herz zum Herzen find't' • 1894/95 Effi Briest • 1896 Die Poggenpuhls • 1897 Der Stechlin • 1906 Mathilde Möhring

Frisch, Max (1911–1991)
1946 Nun singen sie wieder • 1947 Die Chinesische Mauer • 1949 Als der Krieg zu Ende war • 1950 Tagebuch 1946–1949 • 1951 Graf Öderland • 1953 Don Juan oder die Liebe zur

Geometrie • 1954 Stiller • 1955 Biedermann und die Brandstifter • 1957 Homo faber • 1961 Andorra • 1964 Mein Name sei Gantenbein • 1972 Tagebuch 1966–1971 • 1975 Montauk • 1978 Triptychon • 1979 Der Mensch erscheint im Holozän • 1982 Blaubart

García Lorca, Federico (1898–1936)
1928 Zigeunerromanzen • 1928 Drei kurze Spiele • 1928 Mariana Pineda • 1930 Die wundersame Schustersfrau • 1931 Dichtung vom Cante Jondo • 1933 In seinem Garten liebt Don Perlimplín Belisa • 1933 Bluthochzeit • 1937 Yerma • 1940 Dichter in New York • 1945 Bernarda Albas Haus • 1976 Das Publikum

*García Márquez, Gabriel (*1928)*
1961 Der Oberst hat niemand, der ihm schreibt • 1962 Das Leichenbegräbnis der Großen Mama • 1967 Hundert Jahre Einsamkeit • 1975 Der Herbst des Patriarchen • 1981 Chronik eines angekündigten Todes • 1985 Die Liebe in den Zeiten der Cholera • 1989 Der General in seinem Labyrinth • 1994 Von der Liebe und anderen Dämonen • 2002 Leben, um davon zu erzählen • 2004 Erinnerung an meine traurigen Huren

Gide, André (1869–1951)
1891 Die Aufzeichnungen und Gedichte des André Walter • 1892 Die Reise Urians • 1897 Uns nährt die Erde • 1899 Der schlecht gefesselte Prometheus • 1902 Der Immoralist • 1907 Die Rückkehr des verlorenen Sohnes • 1909 Die enge Pforte • 1914 Die Verliese des Vatikan • 1925 Die Falschmünzer • 1927 Kongoreise • 1929 Die Schule der Frauen • 1931 Oedipus • 1936 Zurück aus Sowjetrußland • 1946 Theseus

Goethe, Johann Wolfgang von (1749–1832)
1774 Götter, Helden und Wieland • 1774 Die Leiden des jungen Werthers • 1774 Clavigo • 1775 Erwin und Elmire • 1776 Stella • 1787 Die Mitschuldigen • 1787 Iphigenie auf Tauris • 1790 Torquato Tasso • 1793 Der Bürgergeneral • 1794 Reineke Fuchs • 1795 Römische Elegien • 1795 Venetianische Epigramme • 1795/96 Wilhelm Meisters Lehrjahre • 1796 Xenien • 1797 Hermann und Dorothea • 1806 Die Laune des Verliebten • 1808 Pandora • 1808–1832 Faust. Eine Tragödie • 1809 Die Wahlverwandtschaften • 1811–1833 Aus meinem Leben. Dichtung und Wahrheit • 1816/17 Italienische Reise • 1819 West-östlicher Divan • 1821 Wilhelm Meisters Wanderjahre • 1828 Novelle • 1830 Prometheus

*Gordimer, Nadine (*1923)*
1958 Fremdling unter Fremden • 1963 Anlass zu lieben • 1966 Die spätbürgerliche Welt • 1970 Der Ehrengast • 1974 Der Besitzer • 1979 Burgers Tochter • 1981 July's Leute • 1987 Ein Spiel der Natur • 1990 Die Geschichte meines Sohnes • 1994 Niemand, der mit mir geht • 1998 Die Hauswaffe • 2001 Ein Mann von der Straße • 2005 Fang an zu leben

Gorki, Maxim (1868–1936)
1892 Makar Tschudra • 1894 Mein Reisegefährte • 1895 Tschelkasch • 1895 Die alte Isergil • 1899 Sechsundzwanzig und eine • 1899 Foma Gordejejew • 1901 Das Lied vom Sturmvogel • 1902 Die Kleinbürger • 1905 Kinder der Sonne • 1906/07 Die Mutter • 1909/10 Das Städtchen Okurov • 1910 Wassa Schelesnowa • 1910/11 Matvej Koshemjakin • 1913/14 Meine Kindheit • 1916 Unter fremden Menschen

*Grass, Günter (*1927)*
1959 Die Blechtrommel • 1961 Katz und Maus • 1963 Hundejahre • 1966 Die Plebejer proben den Aufstand • 1972 Aus dem Tagebuch einer Schnecke • 1977 Der Butt • 1979 Das Treffen in Telgte • 1986 Die Rättin • 1995 Ein weites Feld • 1999 Mein Jahrhundert • 2002 Im Krebsgang • 2003 Letzte Tänze • 2006 Beim Häuten der Zwiebel

Greene, Graham (1904–1991)
1938 Am Abgrund des Lebens • 1940 Die Kraft und die Herrlichkeit • 1948 Das Herz aller Dinge • 1950 Der dritte Mann • 1951 Das Ende einer Affäre • 1955 Der stille Amerikaner • 1961 Ein ausgebrannter Fall

• 1966 Die Stunde der Komödianten • 1973 Der Honorarkonsul • 1978 Der menschliche Faktor

Grimm, Gebrüder Jakob (1785-1863) und Wilhelm (1786–1859)
1812–1815 Kinder- und Hausmärchen • 1816 -1818 Deutsche Sagen • 1819–1837 Deutsche Grammatik • 1829 Die Deutsche Heldensage • 1835 Deutsche Mythologie • 1848 Geschichte der deutschen Sprache • 1854–1961 Deutsches Wörterbuch

Hamsun, Knut (1859–1952)
1890 Hunger • 1892 Mysterien • 1893 Redakteur Lynge • 1894 Pan • 1895 An des Reiches Pforten • 1898 Victoria • 1898 Abendröte • 1902 Munken Vendt • 1903 Königin Tamara • 1906 Unter Herbststernen • 1908 Benoni • 1912 Die letzte Freude • 1913 Kinder ihrer Zeit • 1917 Segen der Erde • 1920 Die Weiber am Brunnen • 1923 Das letzte Kapitel • 1927 Landstreicher • 1930 August Weltumsegler • 1933 Nach Jahr und Tag • 1936 Der Ring schließt sich • 1949 Auf überwachsenen Pfaden

Heine, Heinrich (1797–1856)
1821 Almansor • 1826–1831 Reisebilder • 1827 Buch der Lieder • 1833 Die romantische Schule • 1834 Aus den Memoiren des Herrn von Schnabelewopski • 1836 Florentinische Nächte • 1837 Elementargeister • 1840 Der Rabbi von Bacherach • 1840 Ludwig Börne • 1843 Atta Troll • 1844 Deutschland. Ein Wintermärchen • 1844 Neue Gedichte • 1847 Der Doktor Faust • 1854 Geständnisse • 1854 Lutetia •

Hemingway, Ernest (1899–1961)
1925 In unserer Zeit • 1926 Fiesta • 1927 Die Killer • 1929 In einem andern Land • 1932 Tod am Nachmittag • 1935 Die grünen Hügel Afrikas • 1936 Das kurze glückliche Leben des Francis Macomber • 1936 Schnee auf dem Kilimandscharo • 1937 Haben und nicht haben • 1938 Die fünfte Kolonne • 1940 Wem die Stunde schlägt • 1950 Über den Fluss und in die Wälder • 1952 Der Alte Mann und das Meer

Hesse, Hermann (1877–1962)
1904 Unterm Rad • 1910 Gertrud • 1914 Roßhalde • 1915 Knulp • 1919 Demian • 1920 Klein und Wagner • 1920 Klingsors letzter Sommer • 1922 Siddhartha • 1924 Kurgast • 1927 Die Nürnberger Reise • 1927 Der Steppenwolf • 1929/30 Narziss und Goldmund • 1932 Die Morgenlandfahrt • 1943 Das Glasperlenspiel

Hoffmann, E.T.A. (1776–1822)
1809 Ritter Gluck • 1813 Don Juan • 1813 Beethovens Instrumental-Musik • 1814 Der goldene Topf • 1815 Die Abenteuer der Sylvester-Nacht • 1815/16 Die Elixiere des Teufels • 1816 Nussknacker und Mäusekönig • 1817 Der Sandmann • 1817 Das Majorat • 1818 Meister Martin der Küfner und seine Gesellen • 1818 Doge und Dogaresse • 1819 Die Bergwerke zu Falun • 1819 Das Fräulein von Scuderi • 1819 Lebens-Ansichten des Katers Murr • 1819 Klein Zaches genannt Zinnober • 1820 Prinzessin Brambilla • 1822 Meister Floh

Homer (8. Jahrhundert v. Chr.)
1488 Ilias • 1488 Odyssee

Hugo Viktor (1802–1885)
1826 Oden und Balladen • 1827 Cromwell • 1829 Orientalia • 1829 Marion Delorme • 1831 Notre-Dame von Paris. 1482 • 1831 Herbstblätter • 1832 Der König amüsiert sich • 1840 Strahlen und Schatten • 1843 Die Burggrafen • 1853 Die Züchtigungen • 1856 Die Betrachtungen • 1859 Die Sage von den Jahrhunderten • 1862 Die Elenden • 1864 William Shakespeare • 1866 Die Arbeiter des Meeres • 1869 Der Lachende • 1874 Dreiundneunzig • 1886 Das Ende Satans • 1891 Gott

Huxley, Aldous (1894–1963)
1921 Eine Gesellschaft auf dem Lande • 1923 Narrenreigen • 1925 Parallelen der Liebe • 1925 Nach dem Feuerwerk • 1928 Kontrapunkt des Lebens • 1932 Schöne neue Welt • 1936 Geblendet in Gaza • 1939

Nach vielen Sommern • 1941 Die graue Eminenz • 1944 Zeit muss enden • 1948 Affe und Wesen • 1952 Die Teufel von Loudun • 1955 Das Genie und die Göttin

Joyce, James (1882–1941)

1914 Dubliner • 1916 Ein Porträt eines Künstlers als jungen Mann • 1918 Verbannte • 1918–1920 Ulysses • 1939 Finnegans Wake

Kafka, Franz (1883–1924)

1909 Beschreibung eines Kampfes • 1913 Betrachtung • 1913 Das Urteil • 1913 Der Verschollene • 1915 Die Verwandlung • 1917 Ein Bericht für eine Akademie • 1918 Ein Landarzt • 1919 In der Strafkolonie • 1922 Ein Hungerkünstler • 1925 Der Prozess • 1926 Das Schloss • 1931 Der Bau • 1931 Beim Bau der Chinesischen Mauer • 1931 Forschungen eines Hundes • 1931 Der Jäger Graccus

Keller, Gottfried (1819–1890)

1856 Die drei Kammacher • 1854/55 Der grüne Heinrich • 1861 Das Fähnlein der sieben Aufrechten • 1872 Sieben Legenden • 1874 Kleider machen Leute • 1877 Der Landvogt von Greifensee • 1878 Hadlaub • 1856 Romeo und Julia auf dem Dorfe

*Kertész, Imre (*1929)*

1990 Mensch ohne Schicksal • 1990 Kaddisch für ein nicht geborenes Kind • 1993 Galeerentagebuch • 1994 Eine Geschichte. Zwei Geschichten • 1995 Meine Rede über das Jahrhundert • 1995 Eine Zurückweisung • 1996 Roman eines Schicksallosen • 1998 Ich – ein anderer • 1999 Die englische Flagge • 2000 Fiasko • 2003 Liquidation • 2004 Detektivgeschichte

Kipling, Rudyard (1865–1936)

1892 Balladen aus dem Biwak • 1897 Brave Seeleute • 1894/95 Die Dschungelbücher • 1899 Staaks und Genossen • 1901 Kim • 1902 Nur so Geschichten für Kinder • 1906 Puck vom Buchsberg

Kleist, Heinrich von (1777–1811)

1803 Die Familie Schroffenstein • 1807 Amphitryon • 1807 Jeronimo und Josephe • 1808 Robert Guiskard, Herzog der Normänner • 1808 Penthesilea • 1808 Das Käthchen von Heilbronn • 1808 Der zerbrochne Krug • 1808 Die Marquise von O... • 1810 Michael Kohlhaas • 1810 Das Bettelweib von Locarno • 1810 Die heilige Cäcilie oder die Gewalt der Musik • 1810 Über das Marionettentheater • 1811 Die Verlobung in St. Domingo • 1811 Der Findling • 1811 Der Zweikampf • 1821 Die Hermannsschlacht

La Fontaine, Jean de (1621–1695)

1661 Elegie an die Nymphen von Vaux • 1665 Erzählungen und Novellen in Versen • 1668 Fabeln • 1669 Die Liebe der Psyche und des Cupido • 1669 Der Zauberkelch

Lawrence, D. H. (1885–1930)

1913 Söhne und Liebhaber • 1914 Der preußische Offizier • 1915 Der Regenbogen • 1918/19 Studien zur klassischen amerikanischen Literatur • 1920 Liebende Frauen •1923 Die Hauptmanns-Puppe • 1923 Der Fuchs • 1923 Känguru • 1925 Der Hengst St. Mawr • 1926 Die gefiederte Schlange • 1926 Das Mädchen und der Zigeuner • 1928 Lady Chatterley und ihr Liebhaber • 1929 Pornographie und Obszönität • 1931 Apokalypse • 1931 Der Mann, der gestorben war

Lem, Stanislaw (1921–2006)

1959 Eden • 1961 Solaris • 1964 Summa technologiae • 1964 Robotermärchen • 1968 Pilot Pirx • 1969 Erzählungen • 1971 Die vollkommene Leere • 1996 Die Technologiefalle

Lessing, Gotthold Ephraim (1729–1781)

1753 Fabeln • 1754 Der junge Gelehrte • 1754 Die Juden • 1755 Der Freigeist • 1755 Miss Sara Sampson • 1755 Der Misogyn • 1759 D. Faust • 1766 Laokoon • 1767 Minna von Barnhelm • 1777 Die Erziehung des Menschengeschlechts • 1778 Anti-Goeze • 1779 Nathan der Weise

Lindgren, Astrid (1907–2002)
1945 Pippi Langstrumpf • 1946 Meisterdetektiv Blomquist • 1947 Wir Kinder aus Bullerbü • 1954 Mio, mein Mio • 1955 Karlsson vom Dach • 1960 Madita • 1963 Michel in der Suppenschüssel • 1981 Ronja Räubertochter

Mann, Thomas (1875–1955)
1897 Der kleine Herr Friedemann • 1901 Buddenbrooks • 1903 Tonio Kröger • 1903 Tristan • 1909 Königliche Hoheit • 1912 Der Tod in Venedig • 1918 Betrachtungen eines Unpolitischen • 1919 Herr und Hund • 1921 Wälsungenblut • 1924 Der Zauberberg • 1925 Unordnung und frühes Leid • 1930 Mario und der Zauberer • 1933–1943 Joseph und seine Brüder • 1939 Lotte in Weimar • 1947 Doktor Faustus • 1951 Der Erwählte • 1953 Die Betrogene • 1954 Bekenntnisse des Hochstaplers Felix Krull

Manzoni, Alessandro (1785–1873)
1815–1822 Heilige Hymnen • 1820 Der Graf von Monte Carmagnola • 1822 Adelgis • 1825/26 Die Verlobten

Maupassant, Guy de (1850–1893)
1880 Fettklößchen • 1882 Mamsell Fifi • 1883 Ein Leben • 1883 Miss Harriet • 1884 Mondschein • 1884 Die Schwestern Rondoli • 1884 Yvette • 1885 Bel Ami • 1887 Der Horla • 1887/88 Pierre und Jean • 1889 Stark wie der Tod • 1890 Unser Herz

Melville, Hermann (1819–1891)
1924 Billy Budd, Vortoppmann • 1846 Taipi • 1847 Omu • 1849 Mardi und eine Reise dorthin • 1849 Redburn. Seine erste Reise • 1850 Weissjacke oder die Welt auf einem Kriegsschiff • 1851 Moby Dick oder Der Wal • 1852 Pierre oder die Doppeldeutigkeiten • 1853 Bartleby der Schreiber • 1854/55 Israel Potter

Miller, Henry (1891–1980)
1934–1939 Wendekreis des Krebses – Wendekreis des Steinbocks • 1939 Das kosmologische Auge • 1941 Der Koloß von Maroussi • 1945 Der klimatisierte Alptraum • 1949 Die fruchtbare Kreuzigung • 1957 Big Sur und die Orangen des Hieronymus Bosch

Molière (1622–1673)
1661 Die Schule der Ehemänner • 1663 Die Schule der Frauen • 1666 Die Liebe als Arzt • 1667 Arzt wider Willen • 1668 Amphitryon • 1669 George Dandin oder Der beschämte Ehemann • 1671 Der Bürger als Edelmann • 1682 Der Geizige • 1682 Don Juan • 1682 Das Impromptu von Versailles • 1672 Die gelehrten Frauen • 1673 Der eingebildete Kranke

Musil, Robert (1880–1942)
1906 Die Verwirrungen des Zöglings Törleß • 1911 Vereinigungen • 1921 Die Schwärmer • 1924 Drei Frauen • 1931–1952 Der Mann ohne Eigenschaften

Nabokov, Vladimir (1899–1977)
1935/36 Einladung zur Enthauptung • 1937-1952 Die Gabe • 1947 Das Bastardzeichen • 1955 Lolita • 1957 Pnin • 1962 Fahles Feuer • 1967 Sprich Erinnerung, sprich • 1969 Ada oder Das Verlangen • 1974 Sieh doch die Harlekins!

Neruda, Pablo (1904–1973)
1924–1932 Zwanzig Liebesgedichte und ein Lied der Verzweiflung • 1933–1947 Aufenthalt auf der Erde • 1937 Spanien im Herzen • 1950 Der Große Gesang • 1954 Elementare Oden • 1974 Ich bekenne, ich habe gelebt

Orwell, George (1903–1950)
1938 Mein Katalonien • 1939 Auftauchen, um Luft zu holen • 1945 Die Farm der Tiere • 1949 Nineteen Eighty-Four (1984)

Pasternak, Boris (1890–1960)
1922 Meine Schwester, das Leben • 1922 Lüvers Kindheit • 1922 Briefe aus Tula • 1926 Das Jahr 1905 • 1929 Geleitbrief • 1931 Spektorskij • 1957 Doktor Schiwago

Paz, Octavio (1914–1998)
1950 Das Labyrinth der Einsamkeit • 1972 Der sprachgelehrte Affe

Petrarca, Francesco (1304–1374)
um 1468 Heilmittel gegen Glück und Unglück • 1470 Das Buch der Lieder • 1473 Über das einsame Leben • Von berühmten Männern • 1496 Afrika • 1501 Von der Muße der Mönche

Poe, Edgar Allan (1809–1849)
1833 Das Manuskript in der Flasche • 1838 Ligeia • 1838 Der Bericht des Arthur Gordon Pym aus Nantucket • 1839 Der Untergang des Hauses Usher • 1839 William Wilson • 1840 Der Massenmensch • 1841 Der Doppelmord in der Rue Morgue • 1842 Die Maske des Roten Todes • 1842/43 Der Fall Marie Rogêt •1843 Das verräterische Herz • 1843 Die Grube und das Pendel • 1843 Der Goldkäfer • 1843 Die schwarze Katze • 1844 Der entwendete Brief • 1845 Der Rabe

Proust, Marcel (1871–1922)
1896 Tage der Freuden • 1913–1927 Auf der Suche nach der verlorenen Zeit • 1952 Jean Santeuil • 1954 Gegen Sainte-Beuve

Racine, Jean (1639–1699)
1664 Die Thebais oder die feindlichen Brüder • 1666 Alexander der Große • 1668 Andromache • 1669 Die Prozeßsüchtigen • 1670 Britannicus • 1671 Berenice • 1672 Bajazet • 1673 Mithridates • 1675 Iphigenie • 1677 Phädra und Hippolyt • 1689 Esther • 1690/91 Athalia

Rilke, Rainer Maria (1875–1926)
1902–1906 Das Buch der Bilder • 1904 Die Weise von Liebe und Tod des Cornets Christoph Rilke • 1905 Das Stunden-Buch • 1907 Neue Gedichte • 1908 Der neuen Gedichte anderer Teil • 1909 Requiem • 1910 Die Aufzeichnungen des Malte Laurids Brigge • 1923 Duineser Elegien • 1923 Die Sonette an Orpheus

Roth Joseph (1894–1939)
1923 Das Spinnennetz • 1930 Hiob • 1932 Radetzkymarsch • 1934 Tarabas • 1936 Beichte eines Mörders, erzählt in einer Nacht • 1938 Die Kapuzinergruft • 1939 Die Legende vom heiligen Trinker

*Roth, Philip (*1933)*
1959 Goodbye Columbus • 1969 Portnoys Beschwerden • 1972 Die Brust • 1973 Der große amerikanische Roman • 1974 Mein Leben als Mann • 1977 Professor der Begierde • 1979 Der Ghostwriter • 1981 Zuckermans Befreiung • 1983 Die Anatomiestunde • 1987 Das Gegenleben • 1988 Tatsachen. Autobiografie eines Schriftstellers • 1993 Operation Shylock • 1995 Sabbath's Theater • 1996 Die Prager Orgie: Ein Epilog • 1997 Amerikanisches Idyll • 1998 Mein Mann, der Kommunist • 2000 Der menschliche Makel • 2001 Das sterbende Tier • 2004 Verschwörung gegen Amerika • 2006 Jedermann

Saint-Exupéry, Antoine de (1900–1944)
1929 Südkurier • 1931 Nachtflug • 1939 Wind, Sand und Sterne • 1942 Flug nach Arras • 1943 Der kleine Prinz

Sartre, Jean-Paul (1905–1980)
1938 Der Ekel • 1939 Die Kindheit eines Chefs • 1939 Die Mauer • 1943 Die Fliegen • 1943 Das Sein und das Nichts • 1945–1949 Die Wege der Freiheit • 1946 Ist der Existentialimus ein Humanismus? • 1946 Tote ohne Begräbnis • 1946 Die respektvolle Dirne • 1947 Was ist Literatur? • 1947 Das Spiel ist aus • 1948 Die schmutzigen Hände • 1951 Der Teufel und der liebe Gott • 1960 Kritik der dialektischen Vernunft • 1964 Die Wörter • 1971/72 Der Idiot der Familie

Schiller, Friedrich (1759–1805)
1781 Die Räuber • 1784 Kabale und Liebe • 1786 Der Verbrecher aus Infamie • 1786 Ode an die Freude • 1787/88 Don Karlos. Infant von Spanien • 1791–1973 Geschichte des Dreißigjährigen Krieges • 1797 Die Kraniche des Ibykus • 1800 Wallenstein • 1801

Maria Stuart • 1801 Die Jungfrau von Orléans • 1803 Die Braut von Messina oder Die feindlichen Brüder • 1804 Wilhelm Tell

Schnitzler, Arthur (1862–1931)
1893 Anatol • 1894 Sterben • 1896 Liebelei • 1899 Der grüne Kakadu • 1901 Leutnant Gustl • 1903 Reigen • 1908 Der Weg ins Freie • 1924 Fräulein Else • 1926 Traumnovelle • 1926/27 Spiel im Morgengrauen • 1928 Therese

Shakespeare, William (1564–1616)
1594 Heinrich VI. • 1594 Titus Andronicus • 1597 Romeo & Julia • 1597 Richard II. • 1597 Richard III. • 1598 Verlorene Liebesmüh • 1598 Heinrich IV. • 1600 Ein Sommernachtstraum • 1600 Der Kaufmann von Venedig • 1600 Viel Lärm um Nichts • 1600 Heinrich V. • 1602 Die lustigen Weiber von Windsor • 1603 Hamlet • 1608 König Lear • 1609 Perikles, Fürst von Tyrus • 1609 Troilus und Cressida • 1622 Othello • 1623 Heinrich VIII. • 1623 König Johann • 1623 Die Komödie der Irrungen • 1623 Der Widerspenstigen Zähmung • 1623 Die beiden Veroneser • 1623 Was ihr wollt • 1623 Wie es euch gefällt • 1623 Ende gut, alles gut • 1623 Maß für Maß • 1623 Ein Wintermärchen • 1623 Cymbeline • 1623 Der Sturm • 1623 Julius Cäsar • 1623 Antonius und Cleopatra • 1623 Coriolan • 1623 Timon von Athen • 1623 Macbeth

Shaw, George Bernard (1856–1950)
1882 Cashel Byrons Beruf • 1892 Die Häuser des Herrn Sartorius • 1898 Man kann nie wissen • 1898 Helden • 1898 Frau Warrens Gewerbe • 1898 Candida • 1901 Der Teufelsschüler • 1901 Caesar and Cleopatra • 1901 Kapitän Brassbounds Bekehrung • 1903 Mensch und Übermensch • 1907 John Bulls andere Insel • 1907 Major Barbara • 1911 Der Arzt am Scheideweg • 1913 Pygmalion • 1914 Fannys erstes Stück • 1916 Androkolus und der Löwe • 1919 Haus Herzenstod • 1921 Zurück zu Methusalem • 1924 Die Heilige Johanna • 1930 Der Kaiser von Amerika

Singer, Isaac Bashevis (1904–1991)
1934 Der Satan in Goraj • 1950 Die Familie Moschkat • 1957 Gimpel der Narr • 1962 Jakob der Knecht • 1969 Das Erbe • 1967 Das Landgut • 1972 Feinde, die Geschichte einer Liebe

*Solschenizyn, Alexander (*1918)*
1962 Ein Tag im Leben des Iwan Denissowitsch • 1963 Matrjonas Hof • 1968 Im ersten Kreis • 1968 Krebsstation • 1971 August Vierzehn • 1973–1975 Der Archipel GULAG • 1984 November sechzehn • 1986 März siebzehn

Steinbeck, John (1902–1968)
1935 Tortilla Flat • 1936 Stürmische Ernte • 1937 Von Mäusen und Menschen • 1939 Früchte des Zorns • 1947 Die Perle • 1952 Jenseits von Eden

Stendhal (1783–1842)
1822 Über die Liebe • 1823 Racine und Shakespeare • 1823 Rossinis Leben • 1827 Armance • 1830 Rot und Schwarz • 1832 Die Äbtissin von Castro • 1839 Die Kartause von Parma • 1855 Lucien Leuwen • 1890 Das Leben des Henry Brulard • 1892 Erinnerungen aus dem Leben eines Egoisten

Strindberg, August (1849–1912)
1879 Das rote Zimmer • 1887 Die Leute auf Hemsö • 1887 Der Vater • 1888 Fräulein Julie • 1889 Gläubiger • 1898–1904 Nach Damaskus • 1890 Am offenen Meer • 1901 Der Totentanz • 1902 Ein Traumspiel • 1907 Gespenstersonate • 1904 Die gotischen Zimmer • 1907 Schwarze Fahnen

Tagore, Rabindranath (1861–1941)
1910 Gora • 1910 Der König der dunklen Kammer • 1912 Das Postamt • 1916 Das Heim und die Welt

Tolstoi, Leo (1828–1910)
1852 Kindheit • 1854 Knabenjahre • 1856 Der Morgen eines Gutsbesitzers • 1857 Jugendzeit • 1859 Drei Tode • 1863 Poli-

kuschka • 1863 Die Kosaken • 1868/69 Krieg und Frieden • 1875–1877 Anna Karenina • 1882 Beichte • 1885 Der Leinwandmesser • 1886 Der Tod des Iwan Iljitsch • 1886 Macht der Finsternis • 1891 Die Kreutzersonate • 1895 Herr und Knecht • 1899 Auferstehung • 1911 Vater Sergej

Tschechow, Anton P. (1860–1904)
1883 Der Tod eines Beamten • 1886 Gram • 1886 Vanka • 1888 Die Steppe • 1888 Der Bär • 1887 Ivanov • 1889 Der Heiratsantrag • 1891 Das Duell • 1892 Krankensaal Nr. 6 • 1892 Meine Frau • 1895 Ariadna • 1896 Mein Leben • 1896 Die Möwe • 1897 Onkel Vanja • 1898 Der Mann im Futteral • 1899 Die Dame mit dem Hündchen • 1900 In der Schlucht • 1901 Drei Schwestern • 1904 Der Kirschgarten

Twain, Mark (1835–1910)
1869 Die Arglosen im Ausland • 1876 Tom Sawyers Abenteuer • 1881 Der Prinz und der Bettelknabe • 1883 Leben auf dem Mississippi • 1884 Huckleberry Finns Abenteuer • 1889 Ein Yankee aus Connecticut an König Artus' Hofe • 1873 Das vergoldete Zeitalter: Eine Geschichte von heute • 1916 Der geheimnisvolle Fremde

*Updike, John (*1932)*
1960–2002 Die Rabbit-Pentalogie: Hasenherz; Unter dem Astronautenmond; Bessere Verhältnisse; Rabbit in Ruhe; Rabbit, eine Rückkehr • 1963 Der Zentaur • 1965 Auf der Farm • 1966 Die Musikschule • 1968 Ehepaare • 1970–1998 Henry Bech Bücher: Henry Bech; Bech in Bedrängnis • 1976 Heirate mich. Eine Romanze • 1978 Der Coup • 1984 Die Hexen von Eastwick • 1986 Das Gottesprogramm • 1988 S • 1989 Selbstbewusstsein • 1992 Erinnerungen an die Zeit unter Ford • 1994 Brasilien • 1997 Gegen Ende der Zeit • 2000 Gertrude und Claudius • 2002 Sucht mein Angesicht • 2004 Landleben • 2006 Terrorist

Verne, Jules (1828–1905)
1863 Fünf Wochen im Ballon • 1864 Reise zum Mittelpunkt der Erde • 1865 Von der Erde zum Mond • 1870 20 000 Meilen unter dem Meer • 1872 Reise um die Erde in 80 Tagen

Wilde, Oscar (1854–1900)
1887 Das Gespenst von Canterville • 1887 Lord Arthur Saviles Verbrechen • 1888 Der glückliche Prinz und andere Märchen • 1890 Das Bildnis des Dorian Gray • 1891 Die Seele des Menschen unter dem Sozialismus • 1893 Salomé • 1893 Lady Windermeres Fächer • 1894 Eine Frau ohne Bedeutung • 1899 Ein idealer Gatte • 1899 Ernst sein ist alles

Wilder, Thornton (1897–1975)
1926 Die Cabala • 1927 Die Brücke von San Luis Rey • 1930 Die Frau aus Andros • 1934 Dem Himmel bin ich auserkoren • 1938 Unsere kleine Stadt • 1948 Die Iden des März • 1957 Alkestiade • 1967 Der achte Schöpfungstag

Woolf, Virginia (1882–1941)
1915 Die Fahrt hinaus • 1922 Jacobs Zimmer • 1925 Mrs. Dalloway • 1927 Die Fahrt zum Leuchtturm • 1928 Orlando • 1929 Ein Zimmer für sich allein • 1931 Die Wellen • 1937 Die Jahre • 1938 Drei Guineen • 1941 Zwischen den Akten

Zola, Émile (1840–1902)
1870 Das Glück der Familie Rougon • 1871 Die Beute • 1873 Der Bauch von Paris • 1874 Die Eroberung von Plassans • 1875 Die Sünde des Abbé Mouret • 1876 Seine Exzellenz Eugene Rougon • 1877 Der Totschläger • 1879/80 Nana • 1882 Ein feines Haus • 1883 Zum Paradies der Damen • 1885 Germinal • 1886 Das Werk • 1887 Die Erde • 1890 Die Bestie im Menschen • 1891 Das Geld • 1892 Der Zusammenbruch • 1893 Doktor Pascal

Zweig, Stefan (1881–1942)
1911 Brennendes Geheimnis • 1920 Angst • 1922 Der Amokläufer • 1922 Die Augen des ewigen Bruders • 1927 Verwirrung der Gefühle • 1927 Sternstunden der Menschheit • 1938 Ungeduld des Herzens • 1942 Schachnovelle • 1942 Die Welt von Gestern

Register

E